Werner Grosskopf • Hans-H. Münkner • Günther Ringle

Unsere Genossenschaft

Idee – Auftrag – Leistungen

3., überarbeitete und erweiterte Auflage

DG VERLAG

3., überarbeitete und erweiterte Auflage 2017

© Deutscher Genossenschafts-Verlag eG, Leipziger Straße 35,
65191 Wiesbaden

Druck und Verarbeitung: Görres-Druckerei und Verlag GmbH, Neuwied

Bestell-Nr. 961 960 DG VERLAG

ISBN 978-3-87151-192-9

Vorwort zur dritten Auflage

Wie alle Unternehmen sind auch Genossenschaften gezwungen, sich weltweit, national und regional wirkenden Trends anzupassen. Trotz des starken Änderungsdrucks dürfen sie aber ihre unverwechselbare Identität als förderwirtschaftliche Unternehmen mit wertegebundenem Management nicht verlieren. Dass sie als bedarfsorientierte, regional verwurzelte und zugleich überregional vernetzte und auf nachhaltiges Wirtschaften ausgerichtete Unternehmen anders wirtschaften als ihre kommerziellen Konkurrenten, ist ihre Stärke – in guten wie in schlechten Zeiten.

Die vorliegende Schrift „Unsere Genossenschaft" bietet einen Überblick über die Herkunft, Gegenwart und Zukunft genossenschaftlicher Kooperation. Sie soll den Mitgliedern in den Organen der Genossenschaften sowie den Mitarbeitern der Genossenschaftsunternehmen im deutschen Sprachraum erlauben, Einblick in die Funktionsweise und Besonderheiten genossenschaftlicher Kooperation im Vergleich zu ihrer erwerbswirtschaftlichen Konkurrenz zu gewinnen oder dazu vorhandenes Wissen aufzufrischen. Jedes Aufsichtsrats- und Beiratsmitglied sollte das Buch ebenso verfügbar haben wie jeder neue Mitarbeiter. So wird gewährleistet, dass in der Zusammenarbeit zwischen Führungspersonen und Mitarbeitern sowie zwischen den Mitgliedern und ihrer Genossenschaft die Grundsätze und Funktionsregeln genossenschaftlicher Kooperation im Tagesgeschäft auch weiterhin klare Anwendung finden. Ebenso ist das Buch in der akademischen Lehre einzusetzen.

Die Autoren haben die Erfahrungen aus den vergangenen, jüngsten Gesellschafts- und Wirtschaftsentwicklungen zum Anlass genommen, eine überarbeitete und erweiterte Auflage herauszubringen. Alle Kapitel sind aktualisiert und zum Teil ergänzt worden. Zwei weitere, neue Kapitel „Werteorientierung – ein Erfolgsfaktor der Genossenschaften" und „Die soziale Funktion von Genossenschaften" sind, gegenwärtige und künftige Entwicklungen aufgreifend, hinzugefügt.

Die Verfasser danken der DZ BANK für die finanzielle Unterstützung bei der Erstellung des Manuskriptes.

Werner Grosskopf   Hans-H. Münkner   Günther Ringle

Inhaltsübersicht

Kapitel I:

„Ohne Herkunft – keine Zukunft!"

1 Beginn der genossen-schaftlichen Zeitrechnung

1.1 Entstehung der Genossenschaftsidee

Das unternehmerische Denken unserer heutigen genossenschaftlichen Unternehmen ist klar nach vorn gerichtet. Doch um das große Zukunftspotenzial der Genossenschaften einordnen und abschätzen zu können, sollte man die *historischen Wurzeln* kennen und verstehen, auch wenn diese schon weit zurückliegen. Die Besonderheiten der Unternehmensform „eingetragene Genossenschaft" (eG) lassen sich auch gegenwärtig nur aus der grundlegenden Idee und deren Entwicklung, die für die Genossenschaften Identität begründen, herleiten.

Vorläufer der Genossenschaften waren z. B. Zünfte und Gilden, danach Wohltätigkeits- und andere Vereine, die zur Verbesserung der sozialen Lage und der geistig-sittlichen Hebung der gesamten Bevölkerung dienen sollten. Bei den Vereinsgründungen stand das ethische Moment im Vordergrund. Diese Zusammenschlüsse wiesen zwar bereits Elemente genossenschaftlichen Denkens und Handelns auf, aber sie stellten noch keine echten Genossenschaften dar.

Die genossenschaftliche Zeitrechnung begann in Deutschland um die *Mitte des 19. Jahrhunderts.* Wie kam es zur Gründung der *modernen Genossenschaften* vor mehr als 150 Jahren? Was bedeutete die Genossenschaft ihren Mitgliedern? Welche Aspekte der Genossenschaftsidee waren auf die damalige Zeit bezogen und sind inzwischen überholt? Was ist andererseits das Zeitlose an der Genossenschaftsidee? Was das feste Gerüst, das immer noch hochaktuell ist und gute Aussichten hat, auch in Zukunft bedeutsam zu bleiben?

Die *modernen Genossenschaften,* die von mehr ökonomischen Motiven beherrscht waren, entstanden um 1860, und zwar aus ganz unterschiedlichen Gründen. Diese waren

▷ für landwirtschaftliche Genossenschaften der Zins- und Warenwucher auf dem Lande,
▷ für städtische Kreditgenossenschaften der Mangel der Gewerbebetriebe an dinglichen Sicherheiten,
▷ für gewerbliche Warengenossenschaften zu hohe Einkaufspreise für die Handwerker und Kleinhändler,
▷ für Konsumgenossenschaften die niedrigen Löhne der Arbeiterschaft und die schlechte Qualität von Lebensmitteln und
▷ für Baugenossenschaften das Wohnungselend in den Städten.

Die Genossenschafter aller Sparten vereinte in dieser Gründerzeit *ein Ziel:* Die Lösung wirtschaftlicher und sozialer Probleme aus eigener Kraft in gemeinsamem Handeln unter Wahrung ihrer Selbstständigkeit. Mit dieser Genossenschaftsidee lässt sich bis heute die Mission aller Genossenschaftsarten erfassen.

1.2 Eine Zeit des Umbruchs

Vieles war in Bewegung geraten – es war eine Zeit der Anpassung und des Wandels. Der Drang nach Freiheit war damals das lebensbestimmende Grundgefühl. *Politische, wirtschaftliche und soziale Freiheit* war der alles prägende Wunsch vieler Menschen im 19. Jahrhundert.

Bauern wurden von der Grundherrschaft befreit und konnten nun selbstständig und frei wirtschaften. Die Gewerbefreiheit eröffnete dem Handwerk neue Chancen. Man hatte nun das Recht, an jedem beliebigen Ort einen Beruf nach freier Wahl auszuüben. Die Landesgrenzen wurden für den Warenverkehr durchlässig bis hin zum freien Warenhandel. Zoll- und sonstige Handelsbeschränkungen wurden aufgehoben. Der Warenaustausch zwischen den Regionen und europäischen Ländern nahm kräftig zu. Der Wettbewerb zwischen den Regionen, aber auch zwischen den einzelnen Betrieben, wurde deutlich schärfer.

Hinzu kam die wirtschaftliche Konkurrenz für die kleinen Gewerbebetriebe durch industrielle Großunternehmen, die dank technischer Neuerungen ihre Produkte günstig anbieten konnten. Um im Wettbewerb mithalten zu können, mussten Kleinbauern und kleine Gewerbebetriebe investieren, Maschinen anschaffen, Ställe und Scheunen errichten, Vieh und Rohstoffe einkaufen. Doch Eigenkapital war kaum vorhanden.

Auf dem Lande waren die kurz zuvor noch vollständig vom Grundherrn abhängigen Bauern in Geldangelegenheiten vollkommen unerfahren und in Rechtsfragen hilflos. Sie nahmen Kredite von Viehhändlern oder örtlichen Geldverleihern zu Wucherzinsen auf, oftmals bis zu 80 Prozent pro Jahr, wie Dokumente aus damaliger Zeit zeigen. Die Folge war Überschuldung bis hin zum Verlust von Haus und Hof.

Bankkredite konnten die Kleinbauern nicht erhalten, da die vorhandenen Banken das Geschäft mit ihnen scheuten. Die Banken hatten keine Erfahrung mit der Bonitätseinschätzung kleiner *landwirtschaftlicher Betriebe.* Oder es handelte sich um geringe Beträge, sodass sich ausführliche Recherchen nicht lohnten. Zumal der Weg zum Kreditobjekt oftmals mehr als eine Tagesreise erforderte. Banken weigerten sich deshalb, kleine landwirtschaftliche Betriebe als Kreditnehmer zu akzeptieren.

Im städtischen Bereich war die Situation der kleinen Handwerks- und Handelsbetriebe ähnlich. Das Interesse der Banken war nicht auf die Gewährung von Kleinkrediten gerichtet. Aufgrund der radikalen Neuausrichtung des städtischen Gewerbes im Zuge der Industrialisierung fiel den Banken eine Bonitätseinschätzung der kleinen Gewerbebetriebe schwer. Dies traf insbesondere auf Betriebsmittelkredite zu. Kleineren Gewerbebetrieben gewährten Banken damals ebenfalls keine Kredite.

Doch der Druck auf Neuausrichtung der Betriebe durch Investitionen in innovative Techniken, den Aufbau von Lagerbeständen und die ausreichende Verfügbarkeit von Betriebsmitteln wurde stärker. Für den neuen Mittelstand stellte sich immer deutlicher die Frage: Wie können wir uns selbst helfen, um diesem Druck effizient zu begegnen?

2 Gründerväter traten der Notlage entgegen

Verantwortungsbewusste Persönlichkeiten erkannten die Not der Menschen auf dem Lande ebenso wie die prekäre Kreditsituation des städtischen Mittelstandes. Sie griffen den Gedanken der **Selbsthilfe** auf und entschlossen sich zum Handeln. So kam es zu ersten Gründungen von Genossenschaften. Die bedeutendsten Gründerväter und bahnbrechenden Gestalter des modernen Genossenschaftswesens waren Hermann Schulze-Delitzsch und Friedrich Wilhelm Raiffeisen. Beide verfolgten die Grundidee, kollektive Selbsthilfe und Solidarhaft zu organisieren und damit den misslichen Umständen abzuhelfen.

Hermann Schulze-Delitzsch   Friedrich Wilhelm Raiffeisen

Abb. 1: Persönlichkeiten der Gründerzeit

(1) **Hermann Schulze-Delitzsch** (1808–1883) war als Richter in seiner kursächsischen Heimatstadt Delitzsch tätig und sah in seinem Amt die reale Not der „kleinen Leute" allzu deutlich. Er wollte helfen und ließ sich von dem Gedanken leiten, dass „eine Verbindung unter den wenig Bemit-

telten zu bilden ist, welche anstrebe, bei wirtschaftlichen Zwecken den einzelnen kleinen und im Verkehr verschwindenden Kräften durch ihre Vereinigung so viel als möglich die Vorteile einer Großkraft zu Gebote zu stellen." Nach seiner Vorstellung sollten solche Zusammenschlüsse nicht von oben mit staatlicher Hilfe geschaffen werden, sondern von unten her entstehen: aus freier Entscheidung und eigener Kraft.

Ende 1849 regte Schulze-Delitzsch die Gründung von *Einkaufsgenossenschaften* („Rohstoffassoziationen") für Tischler und Schumacher an, und 1850 wurde auf seine Initiative die erste *Kreditgenossenschaft,* „Vorschußverein" genannt, errichtet. Dieser Zusammenschluss sollte Handwerkern zu annehmbaren Bedingungen Geld leihen. Dank des tatkräftigen Einsatzes von Schulze-Delitzsch entstanden bald auch in den Nachbarstädten derartige Zusammenschlüsse. Im Jahr 1858 existierten bereits über hundert Kreditgenossenschaften. Die Zahl stieg von Jahr zu Jahr rasch weiter an. Sie nannten sich Volksbanken und waren dem Mittelstand eng verbunden.

Um mit den Großbetrieben konkurrieren zu können, benötigten Handwerk und Einzelhandel qualitativ gute, preiswerte Rohstoffe und Waren. Deren günstige Beschaffung war nur bei Großeinkauf möglich. Daher regte Schulze-Delitzsch an, dass jeweils Handwerker und Händler einer Region gemeinsam einkaufen sollten. Es wurden Einkaufsgenossenschaften für Handwerk und Handel gegründet. Da zu dieser Zeit alle Mitglieder für die Verbindlichkeiten der Genossenschaft unbeschränkt hafteten, gelang es, zu günstigen Bedingungen Großeinkäufe auf Kredit zu tätigen.

(2) Gleichzeitig mit den Gründungen und dem Aufkommen der ersten gewerblich orientierten städtischen Genossenschaften entstanden „ländliche Genossenschaften". Der Mann, der die große Not auf dem Lande erkannte und sich verantwortungsbewusst um Abhilfe bemühte, war *Friedrich Wilhelm Raiffeisen* (1818–1888).

Schon in jungen Jahren wurde er zum Bürgermeister der Gemeinde Weyerbusch (Westerwald) ernannt und erfuhr die Not der ländlichen Bevölkerung in seiner täglichen Arbeit. Er ging selbst auf die Höfe und sah, wie die Menschen oft in Elend und bitterster Not lebten. Als dann 1846/47 eine Missernte einen lebensbedrohlichen Hungerwinter auslöste, organisierte Raiffeisen ein Komitee zur „Selbstbeschaffung von Brod und Früchten". Dessen Aufgabe bestand in der Verteilung von Mehl an Bedürftige auf Vorschuss. Auf Raiffeisens Bemühen hin war dem Bezirk Weyerbusch aus den königlich-preußischen Magazinen eine Ladung Getreidemehl mit der Maßgabe überlassen worden, dieses nur gegen Barzahlung an die Bevölkerung abzugeben. Weil aber den Hungerleidenden das Geld fehlte, setzte sich Raiffeisen über die Anweisung hinweg.

Er ließ Mehl sowie im Vereinsbackhaus hergestelltes Brot an die nicht zahlungsfähigen Leute für die Hälfte des üblichen Preises „auf Vorschuss" abgeben. Nur so konnte die Not gelindert werden. Den Kredit zahlten die finanziell Schwachen erst nach Ende der Hungersnot zurück. Raiffeisen konnte die Mehllieferung aus den Spenden, die er bei den reicheren Bürgern seiner Gemeinde sammelte, bar bezahlen. Die Arbeit des Komitees basierte zwar primär auf karitativem Gedankengut; Raiffeisen selbst betrachtete diesen „Brodverein" aber als die Geburtsstätte der *ländlichen Genossenschaftsbewegung,* denn seine Vorstellung, viele Einzelkräfte zu einem Gesamtwerk zu bündeln, war auch hier die tragende Idee.

1849 übernahm Raiffeisen das Bürgermeisteramt in Flammersfeld, einer größeren Gemeinde. Er organisierte einen Wohltätigkeitsverein, der den Kauf von Vieh, Grundstücken und Geräten sowie von Gebäuden für Landwirte kreditierte, den „Flammersfelder Hülfsverein zur Unterstützung unbemittelter Landwirthe". 1864 gründete Raiffeisen die erste *Kreditgenossenschaft mit Warenverkehr,* den „Heddesdorfer Darlehnskassen-Verein". Dieser wurde streng nach dem Prinzip der Selbsthilfe und rein auf die wirtschaftliche Förderung seiner Mitglieder ausgerichtet. Anliegen der Wohltätigkeit wurden aufgegeben. Bereits existierende städtische Genossenschaften dienten als Vorbild.

(3) Fast gleichzeitig mit den ersten Genossenschaftsgründungen durch Schulze-Delitzsch und Raiffeisen entstanden in Deutschland auch die ersten *Konsumgenossenschaften.* Ihre Aufgabe bestand in der gebündelten Beschaffung preisgünstiger und qualitativ einwandfreier Grundnahrungsmittel für die Konsumenten. *Victor Aimé Huber* (1800–1869) war geistiger Wegbereiter des Genossenschaftsgedankens für Konsumenten. Ab 1847 wurden Assoziationen zur günstigen Beschaffung von Lebensmitteln unter anderem durch Schulze-Delitzsch und *Eduard Pfeiffer*

(1835–1921) gegründet. Auch die ersten Gründungen von Wohnungsgenossenschaften, in Berlin (1848 und 1856), Hamburg (1862) und München (1871), gingen auf die Initiative von Huber zurück. Der eigentliche Aufschwung der Bau- und Wohnungsgenossenschaften setzte aber erst um 1890 ein. Eine Reform des Genossenschaftsgesetzes erlaubte damals den Genossenschaften, eine beschränkte Mitgliederhaftung einzuführen, und ermöglichte damit einem größeren Kreis von Menschen, Mitglied zu werden.

3 Die Genossenschaftsorganisation entstand

1859 fand in Weimar der „erste Vereinstag Deutscher Vorschuß- und Kreditvereine, welche auf der Selbsthilfe der Kreditbedürftigen aus dem kleineren und mittleren Gewerbestande beruhen", statt. Es kam zur Gründung eines überregionalen Beratungsbüros für Genossenschaftsfragen, des „Centralkorrespondenzbüros der Deutschen Vorschuß- und Kreditvereine", geleitet von Schulze-Delitzsch. Aus den dort gewonnenen Erfahrungen bereitete dieser einen Entwurf für ein *Genossenschaftsgesetz* vor. Das erste von Schulze-Delitzsch maßgeblich beeinflusste „Gesetz betreffend die privatrechtliche Stellung der Erwerbs- und Wirtschaftsgenossenschaften" trat *1867* in *Preußen* in Kraft. Es wurde im folgenden Jahr verändert und ergänzt und in den Staaten des Norddeutschen Bundes eingeführt. In reformierter Form ist dieses Gesetz am 1. Mai *1889* als „*Reichsgesetz* betreffend die Erwerbs- und Wirtschaftsgenossenschaften" verabschiedet worden und bis heute die Rechtsgrundlage der Genossenschaften geblieben.

Schon zuvor war es zur *Gründung von Zentralen und Verbänden* gekommen. Mit dem Ziel des überörtlichen Geldausgleichs vor Augen entstanden auf Anregung Raiffeisens in den Jahren 1872 und 1874 drei regionale Zentralkassen. 1876 gründete Raiffeisen die dritte Stufe in der Organisation, die „Landwirtschaftliche Central-Darlehnskasse" in der Rechtsform einer AG.

1877 folgte die Gründung eines eigenen „Anwaltschaftsverbandes ländlicher Genossenschaften" mit Sitz in Neuwied, der sich um die Betreuung und Überwachung der Genossenschaften kümmerte. Ab 1879 erschien das „Landwirtschaftliche Genossenschaftsblatt", das Raiffeisen als Redakteur betreute.

Weitere Impulse zur Entwicklung der genossenschaftlichen Organisation kamen von *Wilhelm Haas* (1839–1913). Er regte die Bildung von Verbänden in den Regionen und auf nationaler Ebene an. Eines seiner Hauptziele war die Einführung des Revisionswesens, also der Prüfung durch einen Verband. Haas gab zudem wichtige Anregungen zur Gründung von ländlichen Bezugs- und Absatzgenossenschaften und von Spezialgenossenschaften, wie Molkerei- oder Winzergenossenschaften.

4 Die Grundprinzipien setzten sich durch

Die *Förderung der Mitglieder* galt und gilt bis heute als oberstes Genossenschaftsprinzip und Leitmaxime. Außerdem stimmten alle Gründerpersönlichkeiten darin überein, dass Genossenschaften zum Zweck der Selbsthilfe zu gründen seien, und sie daraus hergeleitet auch Selbstverwaltung und Selbstverantwortung zu realisieren haben. Die heute noch gültigen drei S-Prinzipien (Selbsthilfe, Selbstverwaltung und Selbstverantwortung) besitzen also sehr tiefe historische Wurzeln. Hinzu kommt das Identitätsprinzip (vgl. Abbildung 2).

Zu den zeitlosen genossenschaftlichen Grundideen zählt, den Einzelnen durch *Selbsthilfe* in der Gruppe zu helfen. Dies bedeutet, staatliche oder fremde Hilfe anderer Institutionen abzulehnen. Dem Einzelnen soll die Möglichkeit geboten werden, mit anderen zusammen zu handeln und sich gesellschaftlich wie wirtschaftlich zu behaupten.

Wesensprinzipien	
Unveränderliches und absolutes Wesensprinzip	Begrenzt variable Wesensprinzipien
Optimale Förderung der Mitglieder:	Selbsthilfe
Förderprinzip,	Selbstverwaltung
zugleich oberste Leitmaxime der	(= Demokratieprinzip)
Genossenschaft	Selbstverantwortung
	Identitätsprinzip

Abb. 2: Genossenschaftliche Wesensprinzipien

Das *Selbsthilfeprinzip* bildete in den Gründerjahren den Schlüssel zur Wahrung der individuellen Freiheit. Hiermit wurde auch die Freiwilligkeit des Ein- und Austritts begründet: Niemand kann zum Beitritt zur Genossenschaft gezwungen werden, und jeder kann frei über seinen Austritt entscheiden. Wer die Selbsthilfe in der Gruppe nicht in Anspruch nehmen will, muss nicht Mitglied werden. In den Gründerjahren konnte man kein passives Mitglied sein, denn die Mitgliedschaft bedeutete ganz klar, dass auch die Leistungsangebote der Genossenschaft in Anspruch genommen werden mussten.

Die Selbsthilfe bedingte auch, dass das Subsidiaritätsprinzip verfolgt wurde: Eine Genossenschaft soll nur diejenigen wirtschaftlichen Funktionen übernehmen und für ihre Mitglieder ausüben, welche die Mitglieder allein nicht besser ausführen können. Kreditierung ohne Sicherung im Wege solidarischer Haftung aller Mitglieder, Einkauf großer Partien, Verarbeitung von Rohstoffen (z.B. Milch) zu Fertigprodukten und Ähnliches kann die Genossenschaft effizienter bewerkstelligen als der Einzelne. Die Entscheidungen auf dem Bauernhof, in der Werkstatt, im privaten Haushalt hingegen trifft der Einzelne besser als die Gruppe. Die Genossenschaft musste sich an den Mitgliedern orientieren und nicht umgekehrt. Sie ist eine Veranstaltung der Mitglieder zu deren eigenem Nutzen.

Das *Selbstverwaltungsprinzip* ist ein Grundsatz, demgemäß die Genossenschaften von den Mitgliedern in eigener Regie zu führen sind – jede Form der Fremdverwaltung wird abgelehnt. Damit verbunden war das Gleichheitsprinzip: In ihrer Stellung als Mitglied waren alle Mitglieder gleich. Ob arm, ob reich: jeder hatte bei Abstimmungen nur eine Stimme. Für alle galten die gleichen Mitgliederrechte und -pflichten. Und letztlich war mit dem Selbstverwaltungsprinzip auch die gegenseitige Solidarität innerhalb der Genossenschaft verbunden. Auf Gedeih und Verderb hielt man zusammen und half dem Schwächeren. Man zog seine Genossenschaft anderen möglichen Geschäftspartnern vor.

Mit dem Grundsatz der Selbstverwaltung folgte man konsequent dem bereits erwähnten Selbsthilfeprinzip. Wenn man Fremdhilfe ablehnt, ist es nur folgerichtig, sich auch selbst zu organisieren und zu verwalten. Die Mitglieder sind für die interne Willensbildung und deren Umsetzung in der Genossenschaft zuständig. Den Mitgliedern stehen die Leitung und die Kontrolle ihrer Genossenschaft zu. Sie formulieren die Unternehmenspolitik, beschließen die Gewinnverwendung und besetzen die Kontrollgremien mit Personen aus ihren Reihen. Die Regularien für die Mitgliederversammlungen und Mitgliederinformation legen sie in der Satzung fest.

Auch das Prinzip der *Selbstverantwortung* zeigt deutlich, dass in Genossenschaften Fremdeinfluss unerwünscht ist. Eigenverantwortlichkeit der Mitglieder ist gefragt. Diese erstreckt sich vor allem auf die Erhaltung ihrer gemeinsamen Organisation und Aktivitäten sowie auf die Vertretung gemeinsamer Interessen nach innen und außen. Jedes Mitglied soll Mitverantwortung in der Genossenschaft tragen und muss daher eine Haftpflicht übernehmen, sollte die Genossenschaft in Konkurs geraten.

In den Gründerjahren umfasste die unbeschränkte Haftpflicht das gesamte Privatvermögen der Mitglieder. Das gab der Genossenschaft finanzielle Stabilität. Gläubiger hatten im Konkursfall die Möglichkeit des Zugriffs auf einzelne Mitglieder. Diese Haftpflichtform war nicht nur als Sicherheit und Eigenkapitalersatz gedacht, sondern band zugleich die Mitglieder aneinander und an ihre Genossenschaft. Genossenschaftsschädliches Verhalten sollte damit ausgeschlossen und der Einfluss möglicher externer Eingriffe abgewehrt werden.

Schließlich galt das uneingeschränkte *Identitätsprinzip.* Dieses besagt, dass nur Mitglieder die Leistungsangebote der Genossenschaft in Anspruch nehmen können und dürfen. Das heißt in heutiger Interpretation: Mitglieder und Kunden haben identisch zu sein. Ein Nichtmitgliedergeschäft gab es ursprünglich nicht – es hätte dem Wesensprinzip der Selbsthilfe widersprochen.

5 Eine typische Kredit-genossenschaft in den Gründerjahren

Wenige Mitglieder, etwa zwischen 50 und 300 an der Zahl, bildeten eine Genossenschaft. Ihr Geschäftsgebiet wurde bewusst klein gehalten, *auf einen Ort oder einen Ortsteil begrenzt.* Damit ließen sich Risiken minimieren, weil umfassende, detaillierte Informationen über die persönlichen Verhältnisse der Kreditsuchenden verfügbar waren. Informationen, deren Beschaffung für Außenstehende mit hohen Kosten verbunden gewesen wäre, standen den Insidern praktisch kostenfrei zur Bonitätseinschätzung der Kreditnehmer zur Verfügung. Man kannte sich untereinander, die Familien und die Betriebe der Mitglieder.

Die Genossenschaft hatte auf lokaler Ebene eine *Art Monopolstellung.* Sie war die einzige Alternative zum Wucherer. Man hing auf Gedeih und Verderb von seiner Genossenschaft ab, was durch die unbeschränkte Haftung der Mitglieder noch betont wurde. Existieren konnte die Genossenschaft deshalb nur, wenn sich alle Mitglieder für das Ganze verantwortlich fühlten. Einzig die Gruppe zählte. „Wir für uns" war das Leitmotiv. Die Mitglieder hatten andererseits auch ein individuelles Interesse daran, selbstständig ein Geschäft zu führen. Hier mussten sie frei in ihren Entscheidungen sein. Die Balance zwischen Gruppensolidarität und geschäftstüchtiger Individualität auf dem Markt wurde das prägende Merkmal der klassischen Genossenschaft.

Da die Gruppe und ihre Zusammensetzung so wichtig waren, konnten die Mitglieder nicht einfach ausgewechselt werden. Nur integre Persönlichkeiten wurden aufgenommen. Einzuzahlende Geschäftsanteile hatten mehr symbolischen Charakter. Wichtig war die unbeschränkte Haftung. Folgerichtig wurde auch nach Köpfen (*„Ein Mitglied – eine Stimme")* und nicht nach Geschäftsanteilen abgestimmt. Dabei war in vielen Fällen die Teilnahme an den Genossenschaftsversammlungen Mitgliederpflicht.

Von Anfang an legte man fest, dass eine Genossenschaft nicht Profitmaximierung auf ihre Fahnen schreiben durfte. Es ging ja im Gegensatz zu den Wucherern darum, monopolartige Situationen nicht auszunutzen.

Das zentrale unternehmerische Ziel der Genossenschaft war, die wirtschaftliche Unabhängigkeit ihrer Mitglieder durch Förderung zu schützen. Gleichzeitig blieb so auch die Existenz des Förderunternehmens „Genossenschaft" gesichert.

Neben den materiellen Vorteilen der gemeinsamen Selbsthilfe stand das Gefühl im Mittelpunkt, die neue Freiheit leben zu können und aus eigener Kraft Unabhängigkeit errungen zu haben. Die Mitglieder waren stolz auf ihre Genossenschaft.

6 Potenzial der heutigen Genossenschaften

In keinem Land mit marktwirtschaftlicher Ausrichtung fehlen heute Genossenschaften mit den Wesensmerkmalen, die oben beschrieben wurden. **Weltweit** sind etwa 800 Mio. Mitglieder an Genossenschaften beteiligt. Ihre genossenschaftlichen Unternehmen sind in vielen Branchen – vornehmlich in Dienstleistungsbereichen – vertreten. Sie beleben den Wettbewerb, fördern und sichern den Mittelstand und sie eröffnen Menschen die Marktteilnahme. Weltweit werden jedes Jahr neue **Genossenschaften gegründet,** die sich ebenso wie die bestehenden Genossenschaften nach wie vor an den drei S-Prinzipien aus der Gründerzeit orientieren.

In der Europäischen Union sind zurzeit 300.000 Genossenschaften mit über 140 Mio. Mitgliedern tätig. In Deutschland ist statistisch jeder vierte Bürger Genossenschaftsmitglied. Über 22 Mio. Menschen sind Teilhaber an einem der rund 8.000 genossenschaftlichen Unternehmen, und etwa 970.000 Mitarbeiter sind für die deutschen Genossenschaften und deren Mitglieder tätig. In zentralen Wirtschaftsbereichen haben genossenschaftliche Unternehmen einen beachtlichen Stellenwert erlangt.

Genossenschaftsprinzipien sind geronnene und weiterentwickelte Erfahrungen. Sie stellten bereits in der zweiten Hälfte des 19. Jahrhunderts die Weichen für die Genossenschaften der Gegenwart. Sie zeigen auch heute noch den Weg, wie erfolgreiche Genossenschaften errichtet und entwickelt werden können. Natürlich wurden im Laufe der Zeit in den Genossenschaften einige Grundsätze aus der Gründerzeit den Entwicklungen angepasst. Aber keines der ursprünglichen Prinzipien wird als vollkommen überholt und für die heutige Zeit als nicht mehr realisierbar angesehen. In den folgenden Kapiteln wird darauf eingegangen, welche Interpretation der genossenschaftlichen Prinzipien heute relevant oder verbindlich zu verwirklichen ist, um den Genossenschaften nach der erfolgreichen Vergangenheit eine vielversprechende *Zukunft zu sichern.*

Resümee

1. In Deutschland begann die genossenschaftliche Zeitrechnung in den 1860er-Jahren. Damals entstanden die ersten sogenannten *„modernen" Genossenschaften.* Die *Gründe* waren für die verschiedenen Genossenschaftszweige unterschiedlich: Zins- und Warenwucher auf dem Lande, Mangel der Gewerbebetriebe an dinglichen Sicherheiten, zu hohe Einkaufspreise für die Handwerker und Kleinhändler, industrielle Revolution, niedrige Löhne der Arbeiterschaft und Wohnungselend in den Städten.

2. In der Gründerphase vereinte die Genossenschafter das *Ziel,* ihre wirtschaftlichen und sozialen Probleme aus eigener Kraft in gemeinsamem Handeln unter Wahrung ihrer Selbstständigkeit zu lösen. Mit dieser *Genossenschaftsidee* lässt sich die Mission aller Genossenschaftsarten bis heute erfassen. Die Verfolgung des Förderprinzips verbunden mit Selbsthilfe, Selbstverwaltung, Selbstverantwortung und Identitätsprinzip waren ihre *tragenden Organisationsgrundlagen.*

3. Schulze-Delitzsch, Raiffeisen, Huber, Pfeiffer und Haas sind als die *Gründerväter* deutscher Genossenschaften anzusehen. Sie gaben Anstöße zur Errichtung von Genossenschaften bestimmter Sparten oder waren selbst an deren Gründung beteiligt.

4. Das *Wesen der ersten modernen Genossenschaften* bestand darin, eine kleine und solidarische Gruppe von Gleichgesinnten zu bilden. Es galt, die wirtschaftliche Unabhängigkeit ihrer Mitglieder primär durch deren ökonomische Förderung zu sichern. Eigeninteresse und Gruppeninteresse waren miteinander verbunden.

5. Die damals entwickelten und realisierten *Grundprinzipien* haben *bis heute Bestand,* wenn auch zum Teil in zeit- und situationsgemäß angepasster Anwendung. Sie sind immer noch wesensbestimmend für den Unternehmenstyp „Genossenschaft".

6. *Genossenschaften sind heute weltweit verbreitet.* Es gibt kein Land mit marktwirtschaftlicher Orientierung ohne Genossenschaften gemäß unserem Verständnis. Genossenschaften in sozialistischen Ländern sind indes von anderer Art.

Kapitel II:

Neugründungen im 21. Jahrhundert

1   Bedarf an Neugründungen

1.1   Fusionsbedingte Abnahme der Zahl von Genossenschaften

Genossenschaften sind in Deutschland in vielen Branchen und jeder Region zu finden. Wie aus der Statistik zur *Entwicklung des Bestandes an Primärgenossenschaften* hervorgeht, ist allerdings bis Ende des Jahres 2008 deren Zahl gesunken. Dieser Schrumpfungsprozess stellte kein neues Phänomen dar; er zog sich vielmehr über mehrere Jahrzehnte hin. Aufgrund der Wiedervereinigung in Deutschland gab es in den 1990er-Jahren ein zahlenmäßiges Zwischenhoch bei allen Genossenschaftszweigen mit Ausnahme des Bankensektors. Danach war jedoch die Zahl der Primärgenossenschaften der meisten Sparten weiter rückläufig.

Abbildung 3 weist die in der Statistik der deutschen Genossenschaften erfassten Veränderungen seit 2000 im Vierjahresabstand aus.

Genossenschaftszweige \ Zahl der Genossenschaften	2000	2004	2008	2012	2015
Bankgenossenschaften	1.794	1.335	1.197	1.101	1.021
Ländliche Genossenschaften	3.780	3.199	2.839	2.371	2.212
Gewerbliche Genossenschaften	1.410	1.299	1.450	2.479	2.734
Konsumgenossenschaften	51	35	35	29	26
Wohnungsgenossenschaften	1.991	2.015	1.936	1.914	1.925
Gesamt	**9.026**	**7.883**	**7.457**	**7.894**	**7.918**

Abb. 3: Entwicklung der Anzahl von Primärgenossenschaften in Deutschland. Quelle: Michael Stappel, Die deutschen Genossenschaften. Entwicklungen – Meinungen – Zahlen (Ausgaben 2001 bis 2016)

Der bis Ende 2008 auf 7.457 abgeschmolzene Gesamtbestand an Primärgenossenschaften geht nur in einem verschwindend geringen Maß auf Liquidationen zurück. *Verursachend* für den Rückgang sind *fast aus-*

schließlich Verschmelzungen, deren Anzahl jene der Neugründungen deutlich übertraf, ferner – allerdings in extrem geringer Zahl – Umwandlungen in eine andere Rechtsform.

1.2 Drohender Imageverlust

Ein nachhaltiger Schrumpfungsprozess wirft außerhalb des Genossenschaftssektors die Frage auf, wo die „kritische Schwelle" liegt, deren Erreichen externe Beobachter als Indiz für einen *Verlust an genossenschaftlicher Substanz* deuten könnten. In der Tat wurde der über einen längeren Zeitraum zu verzeichnende zahlenmäßige Rückgang besonders von Konkurrenten der Genossenschaften als *Einbuße an Bedeutung der eG-Rechtsform* gewertet und innerhalb des Genossenschaftsbereichs darin die Gefahr einer weiter nachlassenden Identifikation von Mitgliedern mit ihrer Genossenschaft gesehen. Dies wiederum konnte hier und da eine zukunftsskeptische Einschätzung der Vereinigungsform eG als ein den Anpassungszwängen der heutigen Wirtschaft nicht mehr gewachsenes „Auslaufmodell" auslösen.

Dabei handelt es sich eindeutig um eine *Fehlinterpretation,* was sich zeigt, wenn man vom Sinn und Zweck der *Fusion als Hauptursache des Konzentrationsprozesses* ausgeht. Verschmelzungen sind mitunter dazu bestimmt, eine drohende Schieflage ökonomisch schwacher Genossenschaften durch deren Übernahme abzuwenden (Sanierungsfusion). Weitaus überwiegend wird aber von der Fusion, neben der langfristigen Existenzsicherung der übernehmenden Genossenschaften, eine Erhöhung sowohl der betriebswirtschaftlichen als auch einer marktbezogenen Effizienz erwartet. Dies soll mittels großbetrieblicher Effekte, durch Verbesserung der Innovations- und Wettbewerbsfähigkeit sowie eine davon ausgehende Stärkung des Förderpotenzials erreicht werden. Die damit angestrebte „Klasse statt Masse" macht die verbreitete Neigung zum Größenwachstum durch Fusion verständlich.

Im Zeitraum von 2000 bis einschließlich 2015 wurden 2.753 Genossenschaften gegründet. Relativ hohe Anteile daran wiesen zuletzt die Energiegenossenschaften und Sozialgenossenschaften auf. Doch erst im Jahr 2009 konnte der langfristige Abwärtstrend beendet werden: Die Zahl der Neugründungen übertraf die Zahl der Fusionen und sonstigen Abgänge. Die aktuell rund 8.000 Genossenschaften mit insgesamt mehr als 22 Mio. Mitgliedern sind ein wichtiger Bestandteil unserer Wirtschafts- und Gesellschaftsstruktur.

2 Förderung von Neugründungen

Im Verlauf des Schrumpfungsprozesses wurden hier und da der Genossenschaftsorganisation Kommunikationsversäumnisse nachgesagt: Es sei nicht genug getan geworden, um für die Genossenschaftsidee zu werben, die Vorzüge der eG-Rechtsform publik zu machen, der genossenschaftlich organisierten Kooperation eine stärkere öffentliche Aufmerksamkeit zu verschaffen, die Rechtsform für Unternehmensgründer attraktiver zu machen und die Neugründungsquote von Genossenschaften zu erhöhen.

2.1 Gründungsinitiativen der Genossenschaftsverbände

Im Jahr 2000 entstand eine angeregte Diskussion zwischen Genossenschaftswissenschaft und genossenschaftlichen Spitzenverbänden. Dabei festigte sich die strategisch orientierte Einsicht, dass mit vereinten Kräften eine Belebung und **stärkere Verankerung der Genossenschaftsidee in Wirtschaft und Gesellschaft** verfolgt und Initiativen zur Förderung von Neugründungen in der eG-Rechtsform ergriffen werden müssen. Ein wichtiger Aspekt war, den Genossenschaften im öffentlichen Bewusstsein ein modernes Image als zukunftsfähige und bürgernahe Rechtsform zu verschaffen.

Dessen bewusst, dass von Neugründungen innovative Anstöße zur Belebung der Genossenschaftsidee ausgehen können, galt es, die bis dahin stiefmütterlich behandelte **Förderung von Neugründungen** in der Unternehmensform der eG zu forcieren. Besonders sollten Neugründungen gefördert werden, von denen innovative Anstöße zur Belebung der genossenschaftlichen Idee ausgehen können. Und zwar mit dem erklärten Ziel, die Anziehungskraft des bewährten genossenschaftlichen Vereinigungsmodells nachhaltig zu erhöhen. Bei fehlendem Zugang zu Informationen über Genossenschaften erschien es unerlässlich, der Öffentlichkeit die Möglichkeiten und Vorzüge, welche die eG-Rechtsform für kleine und mittelständische Unternehmen (KMU), für Unternehmensgründer und die Unternehmensnachfolge bietet, nahezubringen.

Auf dem Gebiet der gründungsbezogenen Public Relations wurden wichtige Schritte getan, um in der breiten Öffentlichkeit, der Politik und in den Medien *für das Modell „Genossenschaft" zu werben,* seine Stärken überzeugend herauszustellen und damit die genossenschaftlich organisierte Kooperation stärker in die öffentliche Wahrnehmung zu rücken. Von entscheidender Bedeutung war, dass vom DGRV bzw. von diesem gemeinsam mit den regionalen Verbänden zahlreiche *Initiativen* zur Verbreitung der Genossenschaftsidee und *Förderung von Gründungen in der eG-Unternehmensform* ergriffen wurden. Dazu zählen

▷ die *Bildung eines Arbeitskreises* „Neue Genossenschaften", der zahlreiche Neugründungshilfen entwickelte;
▷ die *CD-ROM „Arbeitshilfen für neue Genossenschaften* – Zukunft durch Kooperation" zur Unterstützung von Gründungsvorhaben von der Idee bis zum Coaching in der Anfangsphase junger Genossenschaften;
▷ die gemeinsame *Internetplattform www.neuegenossenschaften.de* mit wertvollen Informationen für Gründungsinteressierte über die Genossenschaften, Konzepten und Beispielen für erfolgreiche Vorbilder aus den Regionen. Dort findet der Besucher auch Gründungsberater in seiner Nähe.

Die Regionalverbände begleiten Gründungsvorhaben bei der betriebswirtschaftlichen Planung (Gründungskonzept, Businessplan) unter Berücksichtigung steuerlicher Aspekte, bei der Satzungsgestaltung und mittels Arbeitsunterlagen. Ihre Berater stehen den Gründern auch in der kritischen Anlaufphase nach dem Start unterstützend zur Seite. Neue Genossenschaften gehen also gut gerüstet in den Wettbewerb. Dabei verdienen Merkmale, Faktoren und Sachverhalte, die auf *Vorzüge des förderwirtschaftlichen Organisationstyps* schließen lassen, besondere Aufmerksamkeit:

▷ Vielseitige Anwendbarkeit des Genossenschaftskonzeptes,
▷ Erhaltung der Selbstständigkeit der beteiligten Wirtschaften (Unternehmen, private Haushalte),
▷ Bindekraft des Mitgliedschaftsverhältnisses und
▷ relativ stabile Geschäftsbeziehungen als strategischer Vorteil,
▷ Unterstützung durch Prüfungs- und Beratungsleistungen des Genossenschaftsverbandes,
▷ gegebenenfalls Nutzung von Potenzialen eines regionalen/überregionalen Verbundnetzwerks,
▷ besonders große Insolvenzresistenz und
▷ sicherer Schutz vor feindlichen Übernahmen.

Dies sind Unterschiede, die den *Kooperationstyp „Genossenschaft" unverwechselbar* machen, ihm im Wettbewerb mit anderen Zusammenschlusskonzepten Vorteile verschaffen und Präferenzen herausbilden. Diese Stärken galt es und gilt es weiterhin einem größeren Publikum zu vermitteln, um der Genossenschaftsidee zu neuer Popularität und Wertschätzung zu verhelfen. Es sind Strategien zu entwickeln und werbewirksam zu nutzen, die verdeutlichen, dass die Organisationsform „eG" auch und gerade angesichts zunehmender Umweltkrisen eine wettbewerbsfähige Zusammenarbeit ermöglicht.

2.2 Genossenschaftsgründungen fördernde Neuregelungen

Seit den 2000er-Jahren wuchs das Interesse an genossenschaftlicher Zusammenarbeit. Ursachen waren negative Entwicklungstrends, die besonders in ländlichen Gebieten zu wachsenden Problemen führten. Neue Genossenschaften entstanden zwecks Nutzung von Vorteilen, die vom Gesetzgeber für die Erzeugung erneuerbarer Energien (EEG) und für die Organisation von Gesundheitsdiensten geschaffen wurden. Hinzu kam die *Novelle zum Genossenschaftsgesetz 2006.*

Mit dem neuen Genossenschaftsgesetz geriet die Gründung von Genossenschaften stärker in das Blickfeld und erhielt einen starken Auftrieb. Das revidierte GenG ermöglicht, die eG für kleine Kooperationen, um die es sich bei neuen Genossenschaften meist handelt, und für unterschiedlichste Arbeitsgebiete zu nutzen. Dadurch wird die Wahl der genossenschaftlichen Rechtsform bei Gründungen gefördert. Wichtige gründungsrelevante **Neuregelungen** sind:

▷ Die **Mindestzahl** der für die Gründung und den Fortbestand einer eG erforderlichen **Mitglieder** wurde von zuvor sieben auf **drei** herabgesetzt (§ 4 GenG), was die eG-Unternehmensform auch für kleine Gruppen öffnen und Nachteile gegenüber konkurrierenden Rechtsformen (z. B. KG, GmbH oder AG) vermindern soll.

▷ Der zulässige Zweck von Genossenschaften wurde über die **Förderung** des Erwerbes oder der Wirtschaft ihrer Mitglieder hinaus ausgedehnt. Künftig kann der gemeinschaftliche Geschäftsbetrieb auch auf **soziale oder kulturelle Belange** ausgerichtet sein (§ 1 Abs. 1 GenG), was erheblich mehr Menschen und Institutionen als bisher Gründungsmöglichkeiten bietet.

▷ Attraktivität der genossenschaftlichen Rechtsform entsteht im Weiteren durch die Möglichkeit einer **vereinfachten Organisationsstruktur:** „Kleingenossenschaften" mit nicht mehr als 20 Mitgliedern können gemäß Satzung auf den Aufsichtsrat gänzlich verzichten. Die Kontrollaufgaben einer solchen „aufsichtsratslosen" eG werden dann von der Generalversammlung als „Ersatz-Aufsichtsrat" wahrgenommen (§ 9 Abs. 1 Satz 2 GenG). Für sehr kleine Genossenschaften mit kaum mehr als drei Mitgliedern liegt es auf der Hand, dass eine schlanke Aufbauorganisation schon rein numerisch zwingend erforderlich ist.

▷ Für Genossenschaften, deren Bilanzsumme eine Mio. Euro und deren jährliche Umsatzerlöse zwei Mio. Euro nicht übersteigen, wurde eine **Reduktion des Prüfungsumfangs** vorgenommen. Sie sind gemäß § 53 Abs. 2 GenG von der Prüfung der Rechnungslegung befreit. Weiterhin geprüft werden jedoch die Gründung sowie gemäß § 53 Abs. 1 GenG die wirtschaftlichen Verhältnisse und die Ordnungsmäßigkeit der Geschäftsführung.

▷ Einer **verbesserten Bildung von Geschäftsguthaben** dient die Bestimmung, wonach die Satzung auch **Sacheinlagen** im Rahmen der Gründung und des Beitritts zur Genossenschaft als Einlagen auf den Geschäftsanteil zulassen kann (§ 7a, Abs. 3 GenG). Auf diesem Wege kann gegebenenfalls ein Mitglied ganz oder teilweise seiner Einzahlungsverpflichtung nachkommen.

Dadurch sind die Errichtung und das Betreiben einer Genossenschaft einfacher und kostengünstiger geworden. Vor allem wird es künftig darauf ankommen, allen wirtschaftlichen und gesellschaftlichen Gruppierungen, denen die Genossenschaft weitgehend fremd geblieben ist, Merkmale der Genossenschaften, deren Struktur und Abläufe, insbesondere den Nutzen eines genossenschaftlichen Zusammenschlusses nahezubringen.

3 Gründungsboom 2000 bis 2015

Als Folge von Gründungsinitiativen der Genossenschaftsverbände und der Reform des Genossenschaftsgesetzes 2006 erlebte der Genossenschaftssektor seit der Jahrtausendwende einen Gründungsboom, der gerade auch außerhalb traditioneller genossenschaftlicher Betätigungsfelder in innovativen Branchen stattfand. Diese oft von bürgerschaftlichem Engagement getragene positive Entwicklung zeigt, dass die Rechts- und Unternehmensform „eingetragene Genossenschaft" in die heutige Zeit passt.

Zunächst reichte dieser Zuwachs nicht aus, um die fast ausschließlich fusionsbedingten Abgänge auszugleichen und so die Gesamtzahl der Primärgenossenschaften wenigstens konstant halten zu können. Doch im Betrachtungszeitraum verlangsamte sich bei zugleich steigender Zahl der Neugründungen das Fusionstempo merklich, sodass *2009* mit 7.472 (2008: 7.457) nach langer Zeit wieder ein *leichter Anstieg* der Zahl der Primärgenossenschaften zu verzeichnen war. Abbildung 4 weist die Entwicklung seit dem Jahr 2000 aus.

Wenngleich die Gründungswelle seit 2012 leicht abgeflacht ist, sind nach wie vor hohe Gründungsaktivitäten zu verzeichnen. Das Interesse an der eG als Unternehmensform in unterschiedlichsten Branchen und Aktionsfeldern darf als Indiz dafür angesehen werden, dass die traditionsreiche Idee der genossenschaftlichen Kooperation fortschrittsfähig ist. Als Zugangshemmnis und Nachteil im Rechtsformen-Wettbewerb erwies sich der über lange Zeit starre Gesetzesrahmen. Zu den Aktionen zur Lage- und Imageverbesserung zählte daher das Bemühen insbesondere der Genossenschaftsverbände, im Vorfeld der Novellierung 2006 auf eine *Modernisierung des Genossenschaftsgesetzes* hinzuwirken und neuen bzw. kleinen Genossenschaften sowohl bei den Kosten der Gründungsprüfung als auch bei den Verbandsgebühren einen realisierbaren Rahmen zu schaffen.

Genossen-schaftszweige / Zahl der Neu-gründungen	2000	2004	2008	2012	2015
Bankgenossenschaften	–	–	–	–	–
Ländliche Genossenschaften	17	21	18	13	7
Gewerbliche Genossenschaften	26	51	150	303	182
Konsumgenossenschaften	–	–	–	–	–
Wohnungsgenossenschaften	1	2	10	17	27
Gesamt	44	74	178	333	216

Abb. 4: Neugründungen von Primärgenossenschaften 2005–2015
Quelle: Michael Stappel, Neugründungen von Genossenschaften in Deutschland nach der Reform des Genossenschaftsgesetzes, in: ZfgG Bd. 66 (2016), S. 64.

4 Neue Aktionsfelder

4.1 Ergänzende Aktivitäten in traditionellen Sparten

In neuerer Zeit wurden in der ländlichen und gewerblichen Sparte kaum noch Warengenossenschaften mit klassischen Einkaufs- bzw. Verkaufsfunktionen errichtet. Hingegen entstanden vor allem in den Jahren 2009 bis 2013 zahlreiche neue Genossenschaften in den Bereichen *ökologische Landwirtschaft* und *Energieerzeugung* (Windkraftanlagen, Biomasseheizwerke, Bioenergiedörfer, Fotovoltaik-Genossenschaften u. a.) zwecks regenerativer Energieerzeugung sowie umweltfreundlicher und nachhaltiger Energieversorgung der Region. Weitere Ursache für die Gründungen ist neben den Preisentwicklungen im Energiesektor der Wunsch, die Wertschöpfung in der Region zu halten und den Umweltschutz zu unterstützen.

Die Rechtsform der eG erleichtert dies, da unter ihrem Dach Kommunen, Unternehmen, Bürgergruppen und einzelne Bürger gleichberechtigt integriert sind. Zahlreiche neue Genossenschaften sind insbesondere im Energiebereich entstanden. Gerade in der regional orientierten, dezentralisierten Energieerzeugung mit vielen kleinen Betriebseinheiten haben sich Genossenschaften schon deutlich etabliert und bewährt.

Im Weiteren entstanden Kooperationen in Form der eG überall dort, wo **Bedarfslücken** auftraten (u. a. Gartenpflege, Wohnungsvermietung, Hausmeisterservice und Reinigungsdienste, gewerkeübergreifende Handwerkerkooperationen als Komplettanbieter sowie Dorfgemeinschaftsläden).

4.2 Neue Genossenschaften im Dienstleistungssektor

Weitaus bedeutsamer ist freilich, dass zahlreiche neue Genossenschaften insbesondere in wachstumsintensiven und innovativen Branchen des Dienstleistungssektors entstanden. Diese überwiegend dem gewerblichen Sektor zuzuordnenden Neugründungen genossenschaftlicher Unternehmen erfolgten in beachtlicher Artenvielfalt. Zur Bildung genossenschaftlicher Kooperationen kam es u. a. in den Bereichen Architektur- und Ingenieurbüros, Sicherung von Qualitätsstandards, Entsorgung/ Recycling und Umweltschutz, Tourismus, Informations- und Kommunikationstechnologie, Zeitarbeitsvermittlung, Stadtmarketing, Werbe- und Multi-Media-Agenturen, Design-Studios bis hin zu Reisebüros. Allen Beteiligten gemeinsam war der Wunsch, gleichberechtigt einen gemeinsamen Geschäftsbetrieb aufzubauen, dessen oberstes Ziel die Förderung der Mitglieder ist.

Ein weiterer Gründungsschwerpunkt liegt im Bereich des **Gesundheitswesens** (Ärztenetzwerke, Kliniken und Gesundheitszentren, Apotheken und Laborbetriebe). Vor allem Ärzte haben die Kooperation gesucht, um den wirtschaftlichen Belastungen durch die Gesundheitsreform begegnen zu können.

Das 2006 novellierte GenG hatte neben dem wirtschaftlichen Förderziel die sozialen und kulturellen, also nichtwirtschaftlichen Belange der Mitglieder zum Förderzweck erhoben. Dies ermöglicht Gründungswilligen, die in der Rechtsform der eG firmieren möchten, sich auf die Förderung sozialer oder kultureller Interessen zu konzentrieren. *Sozialeinrichtungen,* wie Seniorenheime, Pflegedienste oder Arbeitsloseninitiativen können nun offiziell die Unternehmensform der eG nutzen. Wie das Beispiel der Seniorengenossenschaften zeigt, ist dies in Einzelfällen zuvor schon praktiziert worden.

Bisher sind nur wenige *Kulturgenossenschaften,* z.B. im Bildungswesen (private Schulen, Seminarmanagement) oder als Theater- und Museumsgenossenschaften entstanden. Ein möglicher Grund für die Zurückhaltung könnte in der noch relativ geringen Bekanntheit der eG, mithin in der mangelnden Kenntnis, dass diese Rechtsform gewählt werden kann, begründet liegen. Zu erwarten ist, dass sich diese Reserviertheit bald verringert, da die Genossenschaft als problemgerechte Form der Zusammenarbeit auch in nichtwirtschaftlichen Feldern einzuschätzen ist.

Dies sind Zeichen dafür, dass das genossenschaftliche Gedankengut flexibel auf verschiedenste Branchenstrukturen angewendet werden kann. So steigt in vielen Bereichen die Notwendigkeit einer Bürgerbeteiligung bei der Bewältigung notleidend gewordener, bislang kommunal geprägter Aufgaben, wobei als Problemlösungsweg verstärkt die genossenschaftliche Vereinigungsform gewählt wird.

5 Gründungsmotive

Eine Analyse des Gründungsgeschehens zeigt, dass heute Genossenschaften errichtet werden, um den Beteiligten durch Bündelung von Angebot oder Nachfrage den *Marktzugang zu sichern* (z.B. Post- und Kurierdienste) bzw. die *Marktposition zu stärken* (z.B. Einkaufsgenossenschaft für die kommunale Wirtschaft und ihre Partner). Ferner kommt es zu eG-Gründungen in Leistungsbereichen, aus denen sich **Kommunen zurückziehen** (z.B. Hallen-/Freibäder, Stadtmarketing, Wasserversorgung, öffentlicher Personennahverkehr, Kindergärten/Tagesstätten, kulturelle Einrichtungen, Wasserversorgung), und in Marktsegmenten, in denen **neue Problemlösungen** gefragt sind (z.b. Erstellung von IT-Dienstleistungen) oder marktfähige Gesamtleistungen, die nur durch Zusammenführung sich ergänzender Kernkompetenzen erbracht werden können (z.B. Wertschöpfungskooperationen).

Weitere Gründungsmotive sind in der autonom gestaltbaren Eigenkapitalaufbringung, Fixkosten-Reduktion, besseren Akquisitionsmöglichkeiten, Glättung und Verbesserung der Kapazitätsauslastung und in der Arbeitsplatzschaffung zu sehen. Es fällt auf, dass gerade neue Genossenschaften hinsichtlich Engagement der Mitglieder, persönlicher Kontakt zu bzw. unter den Mitgliedern, demokratische Entscheidungsprozesse, Transparenz und Kontrollmöglichkeiten für die Mitglieder, klare Förderorientierung des Handels und Identifikation der Mitglieder mit ihrem Gemeinschaftsunternehmen typgemäße „Qualitäten" zeigen, die in größeren Genossenschaften oftmals in dieser Deutlichkeit nicht mehr anzutreffen sind. Ein weiteres Gründungsmotiv ist die sichere Aussicht auf gesetzlich geregelte Vorteile, z.B. bei Energiegenossenschaften die garantierte Einspeisevergütung für Solarenergie.

Bei aller positiven Einschätzung der weiteren Entwicklung des genossenschaftlichen Sektors ist es wichtig, zu bedenken, dass die genossenschaftliche Kooperation **nicht für alle Wirtschaftszweige und Unternehmensgrößen** in gleicher Weise, vor allem nicht für jede vorgesehene **Bestandsdauer** und jeden **Geschäftszweck** geeignet ist. Letzteres zeigt sich darin, dass der Gesetzgeber den eingetragenen Genossenschaften als oberstes Ziel und zwingendes Begriffsmerkmal den mitgliederbezogenen Förderzweck (§ 1 GenG) als Dauerauftrag vorgeschrieben hat.

Das wachsende Interesse an der eG und die Gründungsaktivitäten konzentrierten sich im letzten Jahrzehnt auf Genossenschaftsarten, deren Entstehung noch vor wenigen Jahren nicht vorauszusehen war. Die meisten davon lassen sich der gewerblichen Sparte zuordnen, und dort vorwiegend Funktions- und Geschäftsbereichen, die außerhalb der bisherigen genossenschaftlichen Betätigung liegen. Wie Abbildung 4 zeigt, konnten in drei traditionsreichen Sparten – Kredit-, ländliche und

Wohnungsgenossenschaften – keine oder nur wenige Neugründungen registriert werden. Diese Genossenschaftszweige haben über mehr als 100 Jahre ihren möglichen Marktanteil erreicht und stabilisiert.

6 Von der Gesetzesnovelle 2006 ausgehende Impulse

Das seit 2006 geltende geänderte Gesetz, das durch die vorgenommene Ausweitung der Satzungsautonomie mehr organisatorische Gestaltungsfreiheit gibt, ermöglicht den Genossenschaften, sich besser an ihr wirtschaftliches Umfeld anzupassen. Dies war im Interesse der bestehenden und neu zu gründenden, der kleinen wie auch der großen Genossenschaften überfällig. Wesentliche *Ziele dieser Modernisierung des rechtlichen Rahmens* waren u. a. die Stärkung der Genossenschaften und Erhöhung deren Anziehungskraft im 21. Jahrhundert:

▷ Schaffung von Anreizen zu einer neuen Dynamik bei der Gründung von Genossenschaften durch bessere Rahmenbedingungen,
▷ Vereinfachung des Zugangs zur genossenschaftlichen Unternehmensform insbesondere für Existenzgründer und kleine Kooperationen im mittelständischen Bereich durch Beseitigung von Gründungshemmnissen,
▷ Erleichterung der Kapitalerhaltung und Kapitalbeschaffung für sämtliche Genossenschaften,
▷ Verbesserung des Bekanntheitsgrades und Modernisierung des Images der Genossenschaften sowie Erhöhung der Akzeptanz der eG als zukunftsfähige Unternehmensform,
▷ Bewusstmachen der vielfältigen Eignung der eG durch Vorstoß der genossenschaftlichen Betätigung in erfolgsträchtige neue Wirtschaftsbereiche und Geschäftsfelder sowie durch Öffnung der eG-Rechtsform auch für die soziale und kulturelle Mitgliederförderung.

Die Novelle zum Genossenschaftsgesetz von 2006 sollte im Ganzen bewirken, dass das Genossenschaftswesen in Deutschland einen spürbaren Aufschwung nimmt, die Genossenschaftsidee eine Revitalisierung erfährt, an Glaubwürdigkeit gewinnt und sich als zukunftsfähig erweist.

Nach der Begründung des Entwurfs zur Novellierung durch die Bundesregierung soll durch Genossenschaften ferner ein Angebot geschaffen
werden, an dem die Beteiligten ein soziales und kulturelles Interesse
haben, vorausgesetzt, dass dieses durch einen gemeinschaftlichen Geschäftsbetrieb verfolgt wird.

7 Fazit und Perspektiven

Deutliche Anzeichen sprechen dafür, dass die *Rechtsform der Genossenschaft* neuerdings wieder *an Attraktivität gewonnen* hat sowie stärker
als bisher bekannt gemacht und wahrgenommen wird. Die stark gestie-
gene Zahl von *Anfragen* bei Genossenschaftsverbänden nach Informationen, Beratung und Begleitung des Gründungsprozesses vor allem bei
kleinen Genossenschaften lässt auf größeres Interesse an der eG-Unternehmensform unter potenziellen Existenzgründern schließen. Von entscheidender Bedeutung ist, welche zumindest zu vermutende Wirkung
das veränderte GenG in Form tatsächlicher *Neugründungen* zeigt. Seit
der Novellierung sind vermehrt Genossenschaften gegründet worden.
Immer häufiger werden auch soziale und kulturelle Einrichtungen genossenschaftlich organisiert.

Die Mehrzahl der Neugründungen ist dem gewerblichen Bereich zuzuordnen. Vielfach findet sich eine kleine Gruppe von Menschen mit
gleichartiger Geschäftsidee oder gleichartigem Bedarf zusammen, die
gemeinsam erkennen, dass die Genossenschaft dem entspricht, was sie
realisieren wollen:

▷ neue Wege in der Selbsthilfe,
▷ Kooperation ohne einengenden Rahmen,
▷ neue Partner sollen leicht Zutrittsmöglichkeit haben, und wer ausscheiden möchte, soll dies ohne Einschränkung können,
▷ niemand soll andere dominieren, also kraft höherer Kapitaleinbrin-
  gung überstimmen können,
▷ das mitgliederindividuelle Kapitalengagement und die Haftung sind
  begrenzt.

Die Genossenschaften haben eine erfolgreiche Vergangenheit. Es kann eine ebenso *erfolgreiche Zukunft* folgen. Die eG-Unternehmensform verfügt über genügend Potenzial, die Herausforderungen der Zukunft zu bestehen sowie Wirtschaft und Gesellschaft aktiv zu gestalten. Für das genossenschaftliche Organisationsmodell kann heute von einer günstigen Perspektive ausgegangen werden. Unstrittig ist ein hohes Zuwachspotenzial für genossenschaftliche Neugründungen, vor allem auf dem Sektor der Bewältigung kommunaler Aufgaben sowie in den Bereichen Soziales, Kultur/Sport, Gesundheitswesen, Informations- und Kommunikationstechnologie, neue Medien und Umweltschutz. Mit der Modernisierung des GenG ist auch im Bereich der Unternehmensnachfolge mit der Rechtsform „eG" eine interessante Alternative entstanden.

Resümee

1. In einem jahrzehntelangen fusionsbedingten Schrumpfungsprozess ist in Deutschland die *Zahl der Primärgenossenschaften* bis Ende 2008 auf 7.457 gesunken. Als Folge zunehmender Konzentration drohte Verlust der genossenschaftlichen Substanz. Seitdem zeigt der Bestand eine aufsteigende Tendenz.

2. Hauptsächlich *Gründungsinitiativen der Genossenschaftsverbände* und die *Novelle zum GenG* 2006, die zahlreiche Erleichterungen des Zugangs zur eG-Rechtsform brachten, führten dazu, dass ab 2007 zunehmend Neugründungen registriert wurden. Im Jahr 2011 erreichte die Neugründungswelle mit 353 Primärgenossenschaften ihren Höhepunkt.

3. Seit der Jahrtausendwende stieg das Interesse an genossenschaftlicher Zusammenarbeit. Im Zeitraum *2000 bis 2015* wurden *2.753 neue Primärgenossenschaften* gegründet, wobei der weitaus größte Teil auf die gewerbliche Sparte entfiel.

4. *Neue Genossenschaftsarten und Aktionsfelder* außerhalb traditioneller Genossenschaftssektoren entstanden u.a. in den Bereichen Energieerzeugung, Gesundheitswesen, Sozial- und Kultureinrichtungen. Durch Zusammenarbeit von Bürgergruppen, Unternehmen und Kommunen wurden Multi-Stakeholder-Genossenschaften gegründet. Die *Vielfalt* genossenschaftlicher Betätigung hat sich dadurch deutlich erhöht.

5. *Gründungsmotive* sind unter anderem in der Sicherung des Zugangs zum Markt, der gemeinschaftlichen Umsetzung neuer Problemlösungen, der Schließung von Bedarfslücken sowie in gesetzlich garantierten Vorteilen wie z.B. der Einspeisevergütung für Energiegenossenschaften zu sehen.

6. Durch die beschriebene Entwicklung hat die Unternehmensform eG bei potenziellen Gründern an *Attraktivität gewonnen,* und sie wird in der Öffentlichkeit stärker wahrgenommen. Es zeichnen sich weitere Potenziale für die *Verbreitung der Genossenschaftsidee* ab.

Kapitel III:

Die Genossenschaft als Kooperationsform, Leistungsgemeinschaft und Rechtstyp

1 Leitbild der Genossenschaft

1.1 International anerkannte Ausprägungen

Unter einem *Unternehmensleitbild* versteht man die schriftliche Formulierung der Unternehmenspolitik. Es beantwortet die Fragen nach dem Selbstverständnis sowie den Zukunftsvorstellungen einer Unternehmung und ist damit die Grundlage für die Planung von Zielen und Strategien. Heute wird die ökonomische Dimension häufig durch eine soziale, kulturelle und/oder ökologische Komponente ergänzt, denn ein Leitbild soll auch Klarheit darüber schaffen, welche Rolle das Unternehmen im Wirtschafts- und Gesellschaftssystem spielt.

Das *Leitbild der Genossenschaft* war *ursprünglich* nicht nur ökonomisch, sondern auch sozial-ethisch geprägt. Genossenschaften dienten in Europa und dienen bis heute weltweit als Entwicklungsansatz mit einem wirtschaftlichen und sozialen Reformanspruch. Genossenschaften sind Gruppen von Gleichgesinnten, die sich zu einem gemeinsamen zielbewussten Handeln verbinden.

Vor rund 160 Jahren standen die Beseitigung existenzieller Not, Verbesserung der Arbeits- und Lebensverhältnisse der Schwachen, Befreiung aus der Abhängigkeit von Grundeigentümern, Wucherern und Fabrikherren im Vordergrund. Genossenschaften boten Möglichkeiten, Fähigkeiten zur Anpassung an rasche wirtschaftliche, technologische und soziale Umbrüche zu entwickeln.

Auch aktuell geht es um Anpassung an veränderte Verhältnisse als Folge von Wandel. Heute müssen wir auf die ökologische Problematik, die Notwendigkeit lebenslangen Lernens und vorausschauender Altersvorsorge sowie die Globalisierung und deren Folgen reagieren. Elementares Anliegen mittelständischer Unternehmen ist das Überleben im Wettbewerb mit Großunternehmen auf grenzenlosen Märkten.

Nach internationalen Standards ist das *gegenwärtige Leitbild* einer Genossenschaft durch folgende *Merkmale* charakterisiert:

▷ Es herrscht grundsätzliche Offenheit gegenüber Gleichinteressierten ohne willkürliche Beschränkungen (nicht geschlossene Mitgliederzahl).

▷ Das Mitglied als Person nimmt eine zentrale Stellung ein (Personalitätsprinzip) und ist zugleich Träger und Nutzer der Leistungen des gemeinsam unterhaltenen Genossenschaftsbetriebs (Identitätsprinzip).

▷ Der Leitung des genossenschaftlichen Geschäftsbetriebs ist ein Förderauftrag erteilt, und sie unterliegt der Kontrolle durch die Mitglieder (demokratische Kontrolle).

▷ Das von den Mitgliedern aufgebrachte Eigenkapital hat rein instrumentellen Charakter. Es dient der Erreichung des Förderzwecks und ist weder Messgröße für die Zuteilung von Stimmrechten noch für die Verteilung der Überschüsse (eingeschränkte Rolle des Kapitals).

Dementsprechend prägen folgende *Leitideen* die *Genossenschaftsidentität:*

▷ freiwillige und offene Mitgliedschaft,
▷ demokratische Mitgliederkontrolle,
▷ wirtschaftliche Beteiligung der Mitglieder,
▷ Autonomie und Unabhängigkeit,
▷ Erziehung, Ausbildung und Information,
▷ Zusammenarbeit zwischen Genossenschaften und
▷ Verantwortung für das Gemeinwesen.

Diese weltweit anerkannten Leitgedanken bringen die allgemeine Genossenschaftsidee zum Ausdruck. Sie wurden 1995 vom Internationalen Genossenschaftsbund (IGB) formuliert.

1.2   Abwehr von Verfremdungen

Durch die Veränderung wirtschaftlicher, sozialer und technologischer Rahmenbedingungen kann das Leitbild der Genossenschaft in Gefahr geraten, seine klaren Konturen einzubüßen. In dem Maße, wie das Potenzial zur Abgrenzung gegenüber anderen Organisations- und Rechtstypen nicht genutzt wird, verliert die Genossenschaft an Klarheit ihres Profils und das Genossenschaftskonzept an Glaubwürdigkeit.

Unter anderem können folgende Elemente die Genossenschaftsidentität bedrohen:

▷ Erweiterung des Mitgliederkreises durch Zulassung von fördernden und nicht nutzenden, aber investierenden Mitgliedern, ebenso im Verlauf von Größenwachstum durch Fusionen;
▷ Einschränkung der Rechte und Pflichten des Mitglieds;
▷ Stärkung des mitgliederunabhängigen Kapitals durch verstärkte Rücklagenbildung sowie
▷ Konzessionen an die Kapitalgeber durch Einführung von Mehrstimmrechten und Erhöhung der Attraktivität des Geschäftsanteils als Kapitalanlage.

Mit Sicherheit wird man nicht darauf verzichten können, die eine oder andere Anpassung der herkömmlichen Strukturmerkmale der Genossenschaften an die Anforderungen veränderter Verhältnisse auf den Märkten und in der Gesellschaft vorzunehmen. Gehäuft auftretend können diese Anpassungen jedoch langfristig zur Schwächung statt zur Stärkung von Genossenschaften, zum Verlust ihres besonderen Profils und zu einer bedenklichen Nähe zur Kapitalgesellschaft führen.

Derartige Abweichungen vom konturierten Grundkonzept der Genossenschaft greifen tiefer in deren Funktionsfähigkeit ein, als es auf den ersten Blick erscheinen mag. Sie nehmen der Genossenschaft ihre unverwechselbare Identität, verfremden den Realtyp und machen sie zu einem Unternehmen wie jedes andere. Solche Verfremdungen des Originals können nur abgewehrt werden, wenn die Führungspersonen in den Verbänden und die Vorstände in den Genossenschaften die Gefahren des Profilverlusts erkennen, zielstrebig auf eine Differenzierungsstrategie gegenüber ihren Konkurrenten setzen und die Besonderheiten der Genossenschaft als Wettbewerbsvorteile sehen, die nicht durch Verfremdung gefährdet werden sollten.

2 Kooperation und genossenschaftliche Leistungsgemeinschaft

2.1 Der Trend zur Kooperation

Die **Kooperation** von Unternehmen zählt heute in der Wirtschaft zu den bedeutendsten Diskussionsthemen und Entscheidungsgegenständen. Darunter versteht man ein Zusammenwirken zur Realisierung gemeinsamer wirtschaftlicher, sozialer oder kultureller Ziele durch gegenseitige Hilfe und Förderung. Es lässt sich eine zunehmende Ausbreitung unterschiedlicher **Kooperationsformen** mit fließenden Übergängen beobachten. Erwähnenswert sind z.B. Abstimmungen, Koalitionen, Kartelle, Allianzen, Interessengemeinschaften, Netzwerke, Franchising und Joint Ventures. Bei der Kooperation handelt es sich stets um Zusammenarbeit zum gegenseitigen Nutzen.

Hauptmotive für Kooperationen sind die Erwartung eines besseren Zugangs zu Märkten und Ressourcen, Spezialisierung und Konzentration auf die Kernkompetenz sowie Kosten- und Zeitvorteile. Der **Trend zur Kooperation** hat sechs **Ursachen:**

1. allgemeine Verschärfung des Wettbewerbs, die mehr Kooperation verlangt,
2. Wertewandel in der Arbeitswelt und in der Gesellschaft,
3. Tendenzen zur Internationalisierung,
4. zunehmende Komplexität der Leistungsprozesse,
5. Innovationspotenzial neuer Informations-/Kommunikationstechnologie und
6. günstige Rahmenbedingungen für die Zusammenarbeit von Unternehmen.

An Organisation und Management von Kooperationen werden besondere Anforderungen gestellt, um die Kooperationseffekte (Qualitäts-, Kosten-, Verbund-, Zeit- und Flexibilitätseffekte) zu realisieren. Kooperationsvorteile entstehen aus dem Zusammenwirken von kooperativen Kostensenkungseffekten, Effizienzvorteilen für das Mitglied sowie der gemeinsamen Nutzung der spezifischen Ressourcen und Fähigkeiten sowohl der Mitglieder als auch des Gemeinschaftsbetriebs. Anders als bei der Einzelunternehmung entstehen bei Kooperationen gemeinsame Angelegenheiten. Diese müssen für alle Kooperationspartner zufriedenstellend geregelt werden und bedürfen einer besonderen Zielabstimmung.

2.2 Allgemeine Vorteile der Kooperation

Kooperationen zeigen sich in den unterschiedlichsten Ausprägungen, weisen aber einige gemeinsame Merkmale auf. Es handelt sich immer um freiwillige Zusammenarbeit rechtlich und zumindest teilweise wirtschaftlich unabhängiger Partner, die in Teilbereichen Aufgaben gemeinsam besser durchführen können, als dies allein möglich wäre. *Kooperationswirkungen* sind:

▷ Größenvorteile und Kostendegression (economies of scale),
▷ Verbund- und Synergieeffekte durch gemeinsame Durchführung unterschiedlicher Tätigkeiten (economies of scope),
▷ Verbesserung der Wettbewerbsposition Einzelner durch den Zusammenschluss in der Gruppe (Aufbau gegengewichtiger Marktmacht),
▷ Senkung der Transaktionskosten durch die spezielle Organisationsstruktur und die Sicherung von Abhängigkeiten zwischen den Transaktionspartnern,
▷ Risikoverteilung auf mehrere Schultern und Verringerung von Unsicherheit,
▷ Erschließung neuer Ressourcen und Tätigkeitsfelder, deren Aufbau für das einzelne Unternehmen allein zu zeit- und kostenaufwendig wäre.

Diese Kooperationsvorteile übertreffen in der Regel die Aufwendungen für die Organisation der Zusammenarbeit und deren Kontrolle.

2.3 Genossenschaftliche Kooperation

Genossenschaften sind *typische Kooperationen.* Deren Mitglieder schließen sich – ganz eigennützig – nur deshalb zusammen, weil sie erwarten, gemeinsam mehr zu erreichen, als ihnen im Alleingang möglich wäre. Genossenschaften werden oft als „Kooperation in der Rechtsform der Genossenschaft" bezeichnet. Das ist nicht ganz zutreffend, denn *genossenschaftliche Kooperation* wird häufig *auch in anderem Rechtskleid* praktiziert, z. B. in Erzeugergemeinschaften, einer genossenschaftlichen AG oder GmbH. So können Aktiengesellschaften genossenschaftlich strukturiert sein, indem der Förderzweck in der Satzung festgelegt ist, vinkulierte Namensaktien (mit Leistungspflichten) ausgegeben werden, nur eine Aktie mit Stimmrecht ausgestattet ist (während die übrigen Aktien ohne Stimmrecht bleiben), die Wahl der Organmitglieder auf den Kreis der Nutzer beschränkt wird, die Gewinnverteilung als Rückvergütung nach Umsatz (im Sinne von zurückgewährten Entgelten) erfolgt und die externe Prüfung ein genossenschaftlicher Prüfungsverband vornimmt.

Die Erfahrung zeigt, dass Genossenschaften besonders in Krisenphasen und in Zeiten schnellen Wandels ihre Kraft entfalten. Unter diesem Aspekt sind sie aktuell genauso wichtig wie in ihrer Entstehungsphase. Auch heute arbeiten Menschen, kleine und mittlere Unternehmen unter unsicheren Bedingungen. Sie spüren den Druck permanent neuer Herausforderungen. Für den Kenner genossenschaftlicher Kooperation ist offensichtlich, dass die moderne Betriebswirtschaftslehre der neueren Kooperationsformen auf viele Ideen zurückgreift, die bei Genossenschaften seit Langem praktiziert werden: Betonung kooperativer Führungskonzepte, Berücksichtigung sozialer und gesellschaftlicher Werte, gemeinsame Verantwortung von Eigentümern, Nutzern und Mitarbeitern, dauerhafte freiwillige Zusammenarbeit unter Wahrung der rechtlichen Selbstständigkeit, Homogenität der Kooperationsgruppe oder geographische Nähe der Partner.

2.4 Genossenschaft als Leistungs-gemeinschaft

Bei Wirtschaftsgenossenschaften bildet die Genossenschaft eine Leistungsgemeinschaft der angeschlossenen Mitglieder. In einem derartigen Zusammenschluss lassen sich Ideen gleichzeitig realisieren, die sich üblicherweise als gegensätzlich ausschließen: Freiheit und Bindung, Eigen- und Gruppennutzen, Egoismus und Solidarität, Eigenverantwortung und Einbindung in eine selbst gewählte Ordnung. Daraus entsteht *kooperativer Individualismus*. In ihrer Genossenschaft arbeiten die Mitgliederwirtschaften abgestimmt zusammen. Der Fördererfolg für den Einzelnen hängt vom Erfolg der gemeinsamen Bemühungen ab. Das drückt der bekannte Slogan *„Gemeinsam geht mehr"* aus.

Bei Sozial- oder Kulturgenossenschaften handelt es sich um Leistungsgemeinschaften der zusammengeschlossenen Stakeholder zu einem gemeinsam getragenen Förderbetrieb. Die Mitgliedergruppe besteht vielfach aus ganz unterschiedlichen Teilgruppen: Nutzern, Fördermitgliedern, Investor-Mitgliedern, die natürliche oder juristische Personen des privaten oder öffentlichen Rechts sein können. Entsprechend handelt es sich um *„Multi-Stakeholder-Genossenschaften"* mit heterogener Mitgliedergruppe.

3 Genossenschaft als Rechtstyp

3.1 Rechtstypen und Gestaltungsfreiheit

Der Gesetzgeber stellt für alle Zwecke und Formen der Zusammenarbeit eine geeignete Organisationsform zur Verfügung. Er normiert Gesellschaftstypen für unterschiedliche Motive der Zusammenarbeit: gemeinschaftliche Unternehmensführung, Zusammenlegung von Kapital, Risikobeschränkung, Förderung der Einzelwirtschaften, Vertretung gemeinsamer Interessen bis hin zur Erfüllung gemeinnütziger Zwecke.

Ähnlich wie das Leitbild hat auch der Rechtstyp grundsätzlich nicht zwingenden Charakter. So ist bei der Genossenschaft nicht klar abgrenzbar, was verbindlich ist und was nicht. Aber es gibt einen „kulturellen Kern", den jede echte Genossenschaft haben muss. Dazu gehört unbestritten der Zweck der Genossenschaft, ihre Mitglieder über Leistungsbeziehungen zu fördern. Daraus lässt sich das Identitätsprinzip ableiten, demzufolge in Genossenschaften Träger und Nutzer dieselben Personen sind. Hinzu kommen vier weitere – je nach Sichtweise des Betrachters – Identität prägende, fördernde oder verstärkende *Merkmale:*

1. eine durch Selbsthilfe und organisierte Solidarität motivierte Gruppe,
2. ein fluktuierender Mitgliederbestand als Folge freiwilliger und offener Mitgliedschaft,
3. Teilnahme am Wirtschaftsverkehr mit einem gemeinsam getragenen Geschäftsbetrieb und
4. eine überwiegend wirtschaftliche Förderausrichtung der Gesamtorganisation.

Hieraus ergibt sich eine gesetzlich normierte *Merkmalskombination* mit Modellcharakter und mit unverzichtbarer, gesetzlich geregelter *Abgrenzung* gegenüber anderen Rechtstypen. Die besonderen Merkmale und Strukturelemente werden zu einem Rechtstyp zusammengefasst.

Es gibt im deutschen Gesellschaftsrecht keinen strengen Typenzwang, sondern freie Typenwahl und Möglichkeiten der Typenvermischung. Die Gestaltungsfreiheit der Gesellschafter ist groß, aber nicht grenzenlos. Grenzen lassen sich aus zwingenden Grundsätzen des Vertrauensschutzes, des Gläubigerschutzes, des Gesellschafter- und Minderheitenschutzes, der Funktionsfähigkeit des gewählten Rechtstyps und dem Schutz öffentlicher Interessen herleiten.

Rechtstypen unterscheiden sich nach folgenden *Kriterien:*

▷ Gesetzliche Bestimmung ihres Zwecks: Einige Rechtstypen können für jeden erlaubten Zweck genutzt werden (AG, GmbH). Für andere Rechtstypen ist der Zweck gesetzlich festgelegt. Das gilt besonders für die Genossenschaft, für die nur der Förderzweck zulässig ist. Bei Zweckverfehlung droht Auflösung von Amts wegen.

▷ Geschäftsgegenstand: Einige Rechtsformen eignen sich für die Teilnahme am Wirtschaftsverkehr, andere mehr für nichtwirtschaftliche Zwecke.

▷ Struktur: Personenbezogene Zusammenschlüsse (Gesellschaften) sind eng mit der Person der Gesellschafter verbunden. Demgegenüber sind körperschaftlich organisierte Verbände (Vereine) durch ihre Organe willens- und handlungsfähig, vom Wechsel der Mitglieder unabhängig und für Dauerzwecke geeignet.

▷ Stellung der Vereinigung gegenüber ihren Mitgliedern: Als Organisation mit oder ohne eigene Rechtsfähigkeit.

▷ Art der Beteiligung der Mitglieder: Bei Personengesellschaften steht die persönliche Beteiligung im Vordergrund, bei Kapitalgesellschaften wie der Publikums-AG die Beteiligung mit einem anonymen Geldbetrag in Form von Inhaberaktien.

Diese Kriterien ergeben praktisch das „Rezept" für die genossenschaftsgeeignete Rechtsform: Sie ist auf wirtschaftlichen, sozialen oder kulturellen Förderzweck festgelegt, soll eine Dauerbeziehung zum gemeinschaftlichen Geschäftsbetrieb ermöglichen, die persönliche Teilnahme und Teilhabe eines variablen Mitgliederkreises erlauben und sich am Markt behaupten.

3.2 Genossenschaft zwischen Personengesellschaft und Kapitalgesellschaft

Körperschaften sind für die Verfolgung von Dauerzwecken geeignete und auf Mitgliederwechsel angelegte Organisationen, die in der Regel eigene Rechtsfähigkeit erhalten. Sie erwerben damit die Fähigkeit, als Organisation Träger von Rechten und Pflichten zu sein. Zu den Körperschaften gehören Vereine, aber auch Kapitalgesellschaften wie Aktiengesellschaften sowie Genossenschaften, die früher durchaus zu Recht als „Aktienvereine" und „Spar- und Darlehnskassenvereine" bezeichnet wurden.

Element	Personengesellschaft	Genossenschaft	Kapitalgesellschaft
Gesellschaftszweck	Jeder erlaubte Zweck	Förderung der Mitglieder	Jeder erlaubte Zweck
Gesellschaftsvermögen	Kapitalbeiträge der Gesellschafter und Rücklagen als gemeinsames Vermögen der Gesellschafter (Gesamthandsvermögen)	Kapitalbeiträge: kündbar Rücklagen: gemeinsames Vermögen der Gesellschafter	Festes, in Aktien zerlegtes Grundkapital als Vermögen der Gesellschaft für die Dauer ihres Bestehens
Organisationsstruktur	Vertragsfrage, im Gesellschaftsvertrag zu regeln	Körperschaftliche Verfassung, Satzung, Organe	Körperschaftliche Verfassung, Satzung, Organe
Mitgliedschaftsrechte	Personenbezogen, Kopfstimmrecht, Rechte auf Teilnahme und Teilhabe	Personenbezogen, Kopfstimmrecht, Rechte auf Teilnahme und Teilhabe	Kapitalbezogen, Kapitalstimmrecht, Kapitaldividende, in Aktie als Wertpapier verbrieft
Mitgliedschaftspflichten	Persönliche Mitwirkung und/oder Kapitalbeitrag für die Dauer der Gesellschaft	Persönliche Mitwirkung und Kapitalbeitrag für die Dauer der Mitgliedschaft, Nutzung der genossenschaftlichen Einrichtungen	Leistung des Kapitalbeitrags, keine weiteren Pflichten
Mitgliederwechsel	Löst in der Regel die Gesellschaft auf	Möglich und typisch	Möglich und typisch
Beendigung der Mitgliedschaft	Löst in der Regel die Gesellschaft auf	Kündigung mit Kündigungsfrist, Ausschluss u. a.	Verkauf der Aktie
Prüfung	Vertragsfrage	Gesetzlich vorgeschrieben, Verbandsprüfung, formelle und materielle Prüfung mit Bewertung der Erfüllung des Förderzwecks	Gesetzlich vorgeschrieben durch Wirtschaftsprüfer, formelle Prüfung der Gesetzmäßigkeit und Ordnungsmäßigkeit

Abb. 5: Genossenschaft als Mischform zwischen Personen- und Kapitalgesellschaft

Von der Stellung der Mitglieder in der Organisation sowie von ihrer Kapitalstruktur her sind Genossenschaften deshalb nicht nur ein Mischtyp zwischen Personengesellschaft und Körperschaft, sondern auch zwischen Personengesellschaft und (körperschaftlich organisierter) Kapitalgesellschaft. In der Genossenschaft werden Elemente der Personengesellschaft mit denen körperschaftlich organisierter Zusammenschlüsse kombiniert. Sie verfolgt ausschließlich den gesetzlich festgelegten Zweck der Mitgliederförderung.

Als Personengesellschaft sind die Kernrechte (z. B. Satzungsänderung, Wahl der Amtsträger, Entscheidung über Gewinnverwendung, Fusion) der Mitgliederversammlung vorbehalten. Der Geschäftsanteil ist ein persönlicher Finanzierungsbeitrag für die Dauer der Mitgliedschaft. Er ist nur beschränkt übertragbar und kann nach Ausscheiden aus der Genossenschaft zum Nennwert zurückgefordert werden. Als Körperschaft ist die Genossenschaft auf Dauer angelegt, hat einen fluktuierenden Mitgliederbestand und eigene Rechtsfähigkeit. Sofern eine Genossenschaft auf Teilnahme am Wirtschaftsverkehr ausgerichtet ist, benötigt sie eine professionelle Geschäftsleitung und eine nachhaltig stabile Kapitalgrundlage, eine kaufmännische Rechnungslegung und die regelmäßige Prüfung.

3.3   Erweiterung der Satzungsautonomie

In den Genossenschaftsrechtsnovellen von 1973 und 2006 zeigt sich ein klarer Trend, die Satzungsautonomie zu erweitern, um den Genossenschaften die Anpassung an veränderte Rahmenbedingungen zu ermöglichen. Aber je größer die Satzungsautonomie, umso wichtiger ist das klare Verständnis der genossenschaftlichen Eigenart seitens der Verbände, so z. B. beim Ausarbeiten von Mustersatzungen. Ebenso müssen die Vorstandsmitglieder unbedingt fähig und motiviert sein, die geschriebenen und ungeschriebenen Regeln genossenschaftlicher Zusammenarbeit zu beachten. Ein Mehr an Satzungsautonomie erhöht die Bedeutung sorgfältiger Ausbildung und Auswahl der Führungspersonen in Genossenschaften, Verbänden und Verbundinstituten in Bezug auf Genossenschaftsverständnis und Genossenschaftsbewusstsein.

4 Genossenschaft als organisatorisches und unternehmensrechtliches Unikat

Als Selbsthilfeorganisation zur Förderung der Interessen ihrer Mitglieder durch dauerhafte Zusammenarbeit kann die Genossenschaft besondere innere Antriebskräfte mobilisieren. Dadurch unterscheidet sie sich von anderen Organisationsformen und Rechtstypen. Weltweit wird die *Genossenschaft als eine Organisation* auf Basis der Definition des Internationalen Genossenschaftsbundes (IGB) angesehen, auf die sich die Mitgliedsorganisationen des IGB aus über 100 Ländern 1995 einigten:

> *„Eine Genossenschaft ist eine Gruppe von Personen, die sich freiwillig zusammengeschlossen haben, um gemeinsam wirtschaftliche, soziale und kulturelle Bedürfnisse durch ein gemeinsam getragenes und demokratisch kontrolliertes Unternehmen zu befriedigen."*

Diese Definition entspricht inhaltlich weitgehend dem deutschen Genossenschaftsgesetz. Das kann insofern nicht überraschen, als die Vorstellungen der deutschen Genossenschaftsverbände in die Formulierung eingeflossen sind. Die Genossenschaft ist mehr als nur eine rein funktional betriebene und geregelte Vereinigungsform. Die Zusammenarbeit ist durch *sozial-ethische Werte* geprägt, die zusammen die Unverwechselbarkeit der Genossenschaft ausmachen:

▷ freiwilliger Ein- und Austritt,
▷ freiwillige Bindung an selbst gesetzte Regeln,
▷ Gleichheit der Mitglieder unabhängig von der Höhe ihrer Kapitalbeteiligung,
▷ Eigennutz, der nur in Zusammenarbeit mit anderen zu gemeinsamem Nutzen verfolgt werden kann,
▷ Verteilung der Ergebnisse der gemeinsamen Arbeit im Verhältnis zum Umfang der Leistungsbeziehungen mit dem Gemeinschaftsbetrieb, soweit der Überschuss nicht zur Stärkung der gemeinsamen Organisation benötigt wird.

Es geht nicht nur darum, wie eine Genossenschaft organisationsrechtlich strukturiert sein muss, um ihre Förderziele am wirksamsten zu erreichen. Vor allem kommt es auch darauf an, ob die Genossenschaft ihre Überzeugungskraft als besondere Form des *nutzerorientierten Wirtschaftens* bewahren kann. Dass es dazu nicht zwingend eines speziellen Genossenschaftsgesetzes bedarf, zeigt das Beispiel Dänemarks. Dort sind starke Genossenschaften ohne Genossenschaftsgesetz entstanden. Das Genossenschaftsgesetz soll nur das vorschreiben, was unbedingt zur *Typenabgrenzung* und zum *Schutz* der Eigentümer vor wirtschaftlichen Rückschlägen, der Minderheiten vor Diskriminierung, der Gläubiger vor Forderungsausfall und der genossenschaftlichen Organisationsform in der Öffentlichkeit erforderlich ist. Umfangreiche Satzungsautonomie entspricht der verfassungsmäßig garantierten Vereinigungsfreiheit am besten. Sie darf aber nicht dazu missbraucht werden, zwingende Vorschriften zur Typabgrenzung und Schutzvorschriften zu umgehen. Wichtig ist, dass diejenigen, die von der Satzungsautonomie Gebrauch machen, dies unter Berücksichtigung des Leitbildes und der Funktionsweise der Genossenschaft tun.

Die überwiegende Zahl bestehender Genossenschaften sind *„Fördergenossenschaften"*, deren Zweck es ist, ihre selbstständig bleibenden Mitglieder durch den gemeinschaftlichen Geschäftsbetrieb wirtschaftlich zu unterstützen. Seltener ist solchen Genossenschaften aufgetragen, die sozialen oder kulturellen Belange ihrer Mitglieder zu fördern. Im Unterschied dazu sind *„Produktivgenossenschaften"* eine Genossenschaftsart, bei der die Mitglieder als Beschäftigte voll in das Gemeinschaftsunternehmen eingegliedert, somit zugleich Arbeitgeber und Arbeitnehmer sind. Die Mitgliederförderung besteht hier in der Bereitstellung und Erhaltung des Arbeitsplatzes sowie in der Entlohnung der im Genossenschaftsunternehmen erbrachten Leistungen. Um erfolgreich arbeiten und sich im Wettbewerb behaupten zu können, stellen Produktivgenossenschaften besondere Ansprüche an die Beitragswilligkeit, Kooperationsbereitschaft und an das Genossenschaftsbewusstsein ihrer Mitglieder. Produktivgenossenschaften gelten als die höchste, aber auch als die am schwersten zu realisierende Form genossenschaftlicher Kooperation.

Resümee

1. Die *Genossenschaft* zählt zu den ältesten und am weitesten verbreiteten Formen der wirtschaftlichen und sozialen *Kooperation*. Neuere Unternehmenskooperationen können von ihr lernen.

2. Das *Leitbild* der Genossenschaft bietet Richtlinien für erfolgreiche genossenschaftliche Unternehmenspolitik und Kooperation.

3. Der Gesetzgeber stellt für alle Zwecke und Formen der Zusammenarbeit geeignete *Rechtsformen* zur Verfügung, die zur Anpassung an die praktischen Bedürfnisse in gewissen Grenzen *variiert* und *kombiniert* werden können.

4. Der *geeignete Rechtsrahmen* für genossenschaftliche Kooperation ist eine *Mischung* von Elementen der *Personengesellschaft und* der *Körperschaft,* angereichert durch den spezifisch genossenschaftlichen Förderzweck, das Prinzip der Identität von Trägern und Nutzern sowie Regeln, welche die Genossenschaftsprinzipien in Rechtsnormen übersetzen.

5. Der *Organisationstyp „Genossenschaft"* läuft *Gefahr,* durch Abweichungen von tradierten Wesensmerkmalen *seine klaren Konturen einzubüßen.* Hier sind Wachsamkeit und Gefahrenabwehr durch die in der Genossenschaft Verantwortlichen gefragt.

6. Je größer die *Satzungsautonomie,* desto wichtiger ist die *Auswahl und Ausbildung der Führungspersonen* in Genossenschaften, Verbänden und Verbundinstituten in Bezug auf deren Genossenschaftsverständnis und Genossenschaftsbewusstsein.

Kapitel IV:

Mitgliedschaft in der Genossenschaft

1 Besonderheiten der genossenschaftlichen Mitgliedschaft

1.1 Erwerb der Mitgliedschaft

Der Eintritt von Mitgliedern in eine Genossenschaft kann durch Teilnahme an der Gründung, spätere Aufnahme als Neumitglied, Übergang der Mitgliedschaft auf eine andere Genossenschaft (Fusion) oder auf Erben erfolgen. Gemäß § 1 GenG sind Genossenschaften *„Gesellschaften von nicht geschlossener Mitgliederzahl".* Der Sinn dieses Definitionsmerkmals war jedoch zu keiner Zeit, alle Interessenten aufzunehmen. Bewerber haben keinen Rechtsanspruch auf Zugang zur Genossenschaft. Auf dem Weg dahin sind mehrere *Anforderungen* zu erfüllen:

▷ Da der Schwerpunkt des genossenschaftlichen Mitgliedschaftsverhältnisses auf der Person des Mitglieds liegt (Personalitätsprinzip), wird die Mitgliedschaft nicht durch Kapitalbeteiligung, sondern durch Antrag und Aufnahme erworben – die Pflicht zur Kapitalbeteiligung ist nur eine Folge daraus. Die schriftliche *Beitrittserklärung* (§ 15 Abs. 1 GenG) muss die ausdrückliche Verpflichtung des künftigen Mitglieds enthalten, die nach Gesetz und Satzung geschuldeten Einzahlungen auf den Geschäftsanteil und – wenn die Satzung eine Nachschusspflicht vorsieht – im Insolvenzverfahren anteilige Nachschüsse zu leisten (§ 15a GenG).

▷ Das für die *Zulassung des Beitritts* zuständige Organ der Genossenschaft bestimmt die Satzung. In der Regel entscheidet darüber der Vorstand.

▷ Schließlich kann die Zulassung eines Bewerbers von der *Erfüllung* in der Satzung verankerter *persönlicher oder sachlicher Voraussetzungen* abhängig gemacht werden. Beispiele sind: Entrichtung eines Eintrittsgeldes, Mindestdauer der bisherigen Geschäftsbeziehung als Nichtmitglied, ständiger Wohnsitz bzw. Unternehmensstandort im Geschäftsbereich der Genossenschaft und Zugehörigkeit zu einem bestimmten Beruf oder Wirtschaftszweig.

Durch Steuerung des Zugangs neuer Mitglieder lässt sich die Zusammensetzung des Mitgliederkreises beeinflussen. Aber das *„Prinzip der offenen Tür"* erlaubt keine willkürliche Abschottung.

1.2 Das Original und „Als-ob-Mitgliedschaften"

Mitgliedschaftsverhältnisse bestehen auch bei anderen Vereinigungen. Daher ist die genossenschaftliche Mitgliedschaft nur im Kontext mit der Mitgliederförderung durch den gemeinschaftlichen Geschäftsbetrieb und mit der Selbstverwaltung der Genossenschaft durch ihre Mitglieder ein nicht kopierbares Unikat. Erst dieser Zusammenhang rechtfertigt es, die **Mitgliedschaft als Alleinstellungsmerkmal** von Genossenschaften aufzufassen.

Nichtgenossenschaftliche Unternehmen messen einer mitgliedschaftsähnlichen Geschäftsbeziehung große Bedeutung bei. Dies zeigt sich unverkennbar darin, dass in vielfältiger Ausprägung **Quasi-Mitgliedschaften** entstanden sind: Kundenclubs, Business-to-Business-Clubs oder Bonussysteme der Tankstellen. Mit diesen Versuchen, die „echte" Mitgliedschaft nachzuahmen, wird angestrebt, eine dauerhaft intensive Kundenpartnerschaft aufzubauen und damit verbundene Vorteile zu realisieren.

Es bleibt beim Versuch. Die gesetzlich geregelte genossenschaftliche Mitgliedschaft lässt sich in anderen Unternehmens- und Rechtsformen nicht wirklich „nachbilden". Möglich sind lediglich **Imitationen,** die jedoch an das Original nicht heranreichen. Im Gegensatz zum genossenschaftlichen Mitglied hat ein beliebiger Kunde keine Chance zur Mitwirkung an der Willensbildung und Kontrolle des betreffenden Unternehmens sowie zur Beteiligung mit Kapital. Das sind **zusätzliche Bindekräfte,** über die nur Genossenschaften verfügen. Daraus wird die Sonderstellung der genossenschaftlichen Mitgliedschaft verständlich. Sie bedeutet Teilhaber- und Partnerschaft, die über die geschäftliche Beziehung hinausreicht. Dies ist der ideelle Kern und ein unverwechselbares Merkmal der Genossenschaften.

1.3 Beendigung der Mitgliedschaft

Für das Ausscheiden sind die im Folgenden genannten Gründe, die ausschließlich in der Person des Mitglieds liegen, zu unterscheiden. Einzelheiten hierzu, Sonderfälle und Wirkungen des Ausscheidens regeln das Gesetz (§§ 65–77a GenG) und die jeweilige Satzung.

Im häufigsten Fall endet die Mitgliedschaft durch *Kündigung seitens des Mitglieds* (§ 65 Abs. 1 GenG). Der Austritt aus der Genossenschaft kann nur zum Schluss eines Geschäftsjahres und mindestens drei Monate vor dessen Ablauf in schriftlicher Form erklärt werden. In der Satzung kann eine längere Kündigungsfrist festgelegt sein, die jedoch höchstens fünf Jahre betragen darf. Eine Ausnahme hiervon bilden Genossenschaften, bei denen alle Mitglieder Unternehmer sind. Hier kann die Satzung seit 2006 zwecks Sicherung der Vermögensgrundlage eine Kündigungsfrist von bis zu zehn Jahren bestimmen (§ 65 Abs. 2 GenG). Eine Beendigung der Mitgliedschaft bei *Aufgabe des Wohnsitzes* (§ 67 GenG) ist dem Mitglied ohne Einhaltung einer Frist zum Schluss des Geschäftsjahres möglich.

Ebenfalls nur mit Ablauf eines Geschäftsjahres ist ein *Ausschluss aus der Genossenschaft* zulässig (§ 68 GenG). Dabei scheiden im Regelfall einzelne Mitglieder – nach dem in der Satzung geregelten Verfahren – unfreiwillig aus der Genossenschaft aus. Der Ausschluss kann zum Beispiel aufgrund der Nichterfüllung von Pflichten, genossenschaftsschädigenden Verhaltens oder betriebsbedingter Veränderungen erfolgen. Die Ausschließungsgründe müssen in der Satzung bestimmt sein.

Mit dem *Tod des Mitglieds* geht dessen Mitgliedschaft auf den Erben über und endet mit dem Schluss des Geschäftsjahres, in dem der Erbfall eingetreten ist (§ 77 Abs. 1). Allerdings kann die Satzung bestimmen, dass die Mitgliedschaft durch den Erben fortgesetzt wird, dies jedoch von Voraussetzungen in der Person des Rechtsnachfolgers abhängig machen (§ 77 Abs. 2 GenG).

2 Die Beziehung „Mitglied – Genossenschaft"

2.1 Mehrfachbeziehung des Mitglieds zur Genossenschaft

Wie Abbildung 6 zeigt, kann ein Mitglied auf dreifache Weise mit seiner Genossenschaft verbunden sein:

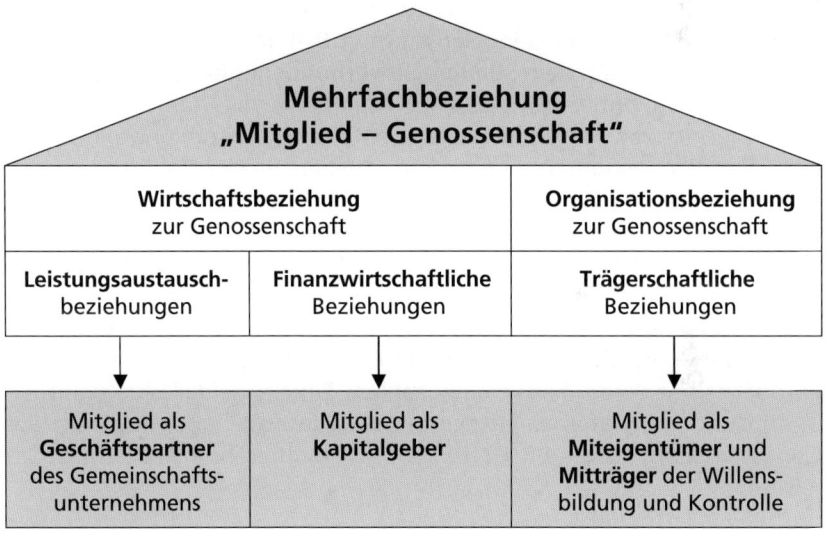

Abb. 6: Mitgliederrollen in der Genossenschaft

Während die geschäftlichen und organisatorischen Beziehungen zur Genossenschaft nach mitgliederindividuellem Ermessen gestaltbar sind, ist das finanzielle Engagement – Einzahlungen auf übernommene Geschäftsanteile und gegebenenfalls Übernahme einer Haftpflicht – ein aus dem Erwerb der Mitgliedschaft resultierendes Muss. Nichtmitglieder stehen demgegenüber nur über den Leistungsaustausch mit der Genossenschaft in Verbindung, weshalb sie auch „Nur-Kunden" genannt werden.

2.2 Rechte und Pflichten des Mitglieds

Die Mitgliedschaft ist als persönliche Rechtsstellung innerhalb der Genossenschaft zu verstehen. Aus diesem personenrechtlichen Verhältnis erwachsen zahlreiche Rechte und Pflichten in den drei Segmenten der *Dreifachbeziehung des Mitglieds* zu seiner Genossenschaft.

Als Träger und Souverän der Genossenschaft sind die Mitglieder mit entsprechenden *Rechten* ausgestattet. Dafür seien hier nur einige Beispiele genannt. Mitgliedern steht das Recht zur Teilnahme am Geschäftsverkehr und an den Vorteilen der Genossenschaft zu, ferner unter anderem die Benutzung der gemeinschaftlichen Einrichtungen, die freiwillige Beteiligung mit mehreren Geschäftsanteilen (falls in der Satzung zugelassen), Mitgestaltung der Genossenschaft (z. B. Teilnahme an der Mitgliederversammlung, mit dem Stimmrecht verbundenes Rede-, Antrags- und Auskunftsrecht, aktives und passives Wahlrecht), die Beteiligung an der Überschussverwendung und gegebenenfalls die Auszahlung eines Auseinandersetzungsguthabens nach Ausscheiden aus der Genossenschaft.

Den Rechten stehen *Mitgliederpflichten* gegenüber. Das Mitglied ist gehalten, mit der Genossenschaft vereinbarte, in der Satzung festgelegte und eventuell durch eine Geschäftsanweisung näher bestimmte Liefer-, Abnahme- oder Benutzungspflichten zu erfüllen. Weitere Verpflichtungen bestehen darin, die satzungsgemäß vorgesehenen Geschäftsanteile zu übernehmen und darauf einzuzahlen, Eintrittsgelder und eventuelle Konventionalstrafen zu entrichten sowie im Falle einer Insolvenz der Genossenschaft aus deren Haftungsform resultierende Nachschüsse zu leisten.

Aus der Mitgliedschaft folgt ferner eine aus allgemeinen Grundsätzen des Gesellschaftsrechts sich ergebende Treuepflicht gegenüber der Genossenschaft, deren Sinn sich aus dem Förderzweck und einem dem Zusammenschluss inbegriffenen gegenseitigen Vertrauensverhältnis herleitet. Diese Binnenloyalität erfordert, sowohl Handlungen zu unterlassen, die für die Genossenschaft schädlich sind, als auch sich gegenüber der Genossenschaft positiv zu verhalten (Rücksichtnahme, Teilnahme am Fördergeschäftsverkehr der Genossenschaft, Mitarbeit in der Selbstverwaltung).

3 Mitgliedschaft muss sich für das Mitglied lohnen

Für den *Beitritt* zu einer Genossenschaft können mehrere *Motive* bedeutsam sein, darunter persönliche Bindungen an Führungskräfte/Mitarbeiter des genossenschaftlichen Geschäftsbetriebs, lokale Tradition oder Familientradition sowie der Bedarf an Gruppenzugehörigkeit (Freunde, Nachbarn u.a. sind bereits Mitglied). In der Regel dürfte jedoch die Erwartung wirtschaftlicher oder nichtökonomischer Förderung für die Zugehörigkeit zu einer Genossenschaft an erster Stelle stehen.

Verlässliche Partnerschaft zwischen den Mitgliedern und dem von ihnen gemeinsam getragenen Geschäftsbetrieb verlangt, dass eine Genossenschaft die Bedürfnisse, Erwartungen und Probleme der Mitglieder in das Zentrum ihrer Arbeit stellt. Da die Genossenschaft eine Einrichtung der Mitglieder zu deren Nutzen darstellt, ist die Wertigkeit der Mitgliedschaft zu betonen. Das Mitgliedergeschäft sollte nach der Devise „Das Mitglied als Kunde mit seinem Förderanspruch ist König" gestaltet werden.

Daraus folgt: Die Förderung der Mitglieder darf nicht nur „auf dem Papier" der Satzung stehen. Mitgliedschaft ist attraktiv, wenn das Mitglied daraus einen Nutzen zieht. Falls besonders *wirtschaftliche Exklusivvorteile* zum Erwerb der Mitgliedschaft motivieren, hätte der Vorstand zu prüfen, welche Möglichkeiten der geschäftspolitischen Differenzierung zwischen Mitglied und Nur-Kunde bestehen. Daher sollten im Förderportfolio neben den allgemeinen Vorteilen zusätzliche Anreize für Geschäftspartner aus dem Mitgliederkreis angeboten werden *(„Mitglieder-Marketing")*.

Vorstand und Mitarbeiter richten ihr Handeln aufgrund des dauerhaft dem Genossenschaftsunternehmen erteilten Förderauftrags darauf aus, *Werte für die Mitglieder* (Member Value) zu schaffen und deren Zufriedenheit zu sichern. In der wahrgenommenen Fördereffizienz verwirklicht sich der Sinn der genossenschaftlichen Betätigung und der Mitgliedschaft.

Auch bei Wirtschaftsgenossenschaften muss – da das Mitglied mehr als nur ein Kunde ist – der Wert der Mitgliedschaft nicht allein auf ökonomischen Vorteilserwägungen beruhen. Wenngleich im Normalfall das Kundenbewusstsein gegenüber dem Trägerbewusstsein überwiegt, kann die Mitgliedschaft auch auf der *immateriellen Ebene* attraktiv sein. Dies trifft zu, wenn sie der Mitgliederbasis und den ehrenamtlich Tätigen ermöglicht, über die Mitarbeit in der Selbstverwaltung *soziale und Selbstfindungsbedürfnisse* zu befriedigen. Denn die Funktionsfähigkeit einer Genossenschaft bedarf zwingend der aktiven Mitwirkung ausreichend vieler Mitglieder in ihren Willensbildungs- und Vertretungsorganen.

4 Mitglied ist nicht gleich Mitglied

4.1 Aktive (nutzende) Mitglieder

Mitgliedschaften in der Genossenschaft finden seit jeher ihre Grundlage darin, dass die Miteigentümer mit ihrem Gemeinschaftsbetrieb Leistungsbeziehungen unterhalten. Im nutzenstiftenden Geschäftsverkehr wird die wichtigste Komponente der Bindung an die „Zweckgemeinschaft mit Förderauftrag" gesehen. Die erwartete Förderung soll nach dem Willen des Gesetzgebers primär über die Geschäftsebene erfolgen oder wenigstens in erkennbarem Zusammenhang mit dieser stehen. Danach dürfen als aktive (oder echte) Mitglieder solche gelten, die mit der Genossenschaft in *Leistungsbeziehungen* treten können und dies auch tun – also die Mitglieder-Kunden. Darin wird das Genossenschaftsprinzip, wonach die Mitglieder zugleich Nutzer sind (Identitätsprinzip), verwirklicht.

4.2 Passive (nicht nutzende) Mitglieder

Mitglieder, die *keine Leistungskontakte* (mehr) zum gemeinschaftlichen Geschäftsbetrieb unterhalten, bilden die Gruppe der passiven (oder unechten) Mitglieder. Diese Nichtkunden-Mitglieder werden auch „Formalmitglieder" genannt. Genossenschaften fühlen sich generell der Freiwilligkeit verpflichtet und erlauben Mitgliedschaften und damit zwangsläufig verbundene Kapitalbeteiligungen, ohne dass es zu einer nennenswerten Geschäftsverbindung und/oder zu einer Mitwirkung dieser Mitgliedergruppe an der Selbstverwaltung kommt.

Zu den Nichtnutzern zählen *kapitalverwertende Mitglieder.* Sie erwerben die Mitgliedschaft ausschließlich, um mit den periodisch zufließenden Mitteln (Dividenden, Zinsen) eine möglichst hohe Rendite auf das in die Genossenschaft eingebrachte Kapital zu erzielen. Die Novellierung des deutschen Genossenschaftsgesetzes 2006 ermöglicht es, Personen, für die Leistungsbeziehungen zur Genossenschaft nicht in Betracht kommen, als *investierende Mitglieder* zuzulassen (§ 8 Abs. 2 GenG). Deren Einfluss auf die Selbstverwaltung der Genossenschaft soll allerdings beschränkt bleiben.

Gleichfalls den nicht nutzenden Mitgliedern zuzuordnen sind gleichgültig gewordene, besonders bei zunehmender Größe der Genossenschaft von dieser *entfremdete Mitglieder.* Sie haben ihre Verbindung zum Gemeinschaftsbetrieb und die Partizipation an Willensbildung und Kontrolle nach und nach eingestellt. Weitere Nichtnutzer sind schließlich Mitglieder, welche die Leistungen der Genossenschaft betriebsbedingt nicht mehr nutzen können.

Wo aktive (nutzende) und wie oben dargelegt unterschiedlich bedingt passive (nicht nutzende) Mitglieder anzutreffen sind, ist die Mitgliedergruppe mehr oder weniger durch Heterogenität der Mitgliederbeziehungen zur Genossenschaft geprägt. Es erscheint opportun, in diesem Fall von einer „Multi-Stakeholder-Genossenschaft" zu sprechen. Bezieht man in Abbildung 7 neben den Mitgliedern (1–4) auch die Nur-Kunden (5) und sonstigen Nichtmitglieder (6) in die Betrachtung ein, so ergibt sich folgendes Bild der unterschiedlichen Intensität eines Engagements in der Genossenschaft:

Mitgliedertyp	Teilhaber	Kunde der Genossenschaft	Mitträger der Willensbildung
1 Aktives Mitglied	Ja	Ja	Ja
2 Kunden Mitglied	Ja	Ja	Nein
3 Passives Mitglied	Ja	Nein	Nein
4 Interessiertes Mitglied	Ja	Nein	Ja
5 Nur Kunde	Nein	Ja	Nein
6 Potenzieller Kunde	Nein	Nein	Nein

Abb. 7: Kategorien von Mitgliedern und Nichtmitgliedern

5 Bedeutung und Wertschätzung der Mitgliedschaft

Im Unterschied zu allen anderen Organisationen mit Mitgliedern ist die Mitgliedschaft in einer Genossenschaft etwas Besonderes. Genossenschaften sind die einzigen Unternehmen, deren Kunden/Lieferanten zugleich in einer formal verankerten (Genossenschaftsgesetz, Satzung) mitgliedschaftlichen Beziehung zu ihnen stehen. Weil sich eine eingetragene Genossenschaft ohne die Institution Mitgliedschaft nicht errichten lässt, stellt diese als langfristige partnerschaftliche Beziehung angelegte freiwillige Verbindung ein markantes *Identifikationsmerkmal* des förderwirtschaftlichen Kooperationstyps dar. Die Mitgliedschaft verleiht Genossenschaften ein unverwechselbares Gesicht. Nach innen wirkt sie integrierend und nach außen ist sie ein herausragendes *Differenzierungsmerkmal.* Mit der inhaltlich zeitgemäß gestaltbaren Marke „Mitgliedschaft" verfügen Genossenschaften exklusiv über ein Potenzial, das zwecks Erreichung dauerhafter Bindungseffekte strategisch herausgearbeitet werden kann.

Der *Wert der Mitgliedschaft* bildet einen zentralen Aspekt in der heutigen Diskussion über Zukunftschancen der Genossenschaften. Dies erscheint insofern bemerkenswert, als nicht nur genossenschaftliche Verbände, sondern vereinzelt auch Genossenschaften in ihren Leitbildern auf notwendige Kernelemente einer Genossenschaftsphilosophie hinweisen. Mit dem Blick auf eine Schärfung des *genossenschaftlichen Selbstverständnisses*

▷ wird der Hervorhebung der Mitgliedschaft ungebrochene Aktualität zugesprochen und
▷ die Mitgliedschaft als „Chance zur Profilierung im Wettbewerb" erkannt,
▷ werden überzeugende Argumente für eine gebührende Beachtung der Mitgliedschaft präsentiert,
▷ wird zur Pflege der Mitgliedschaft, zur Aufwertung und Aktivierung des Mitgliedschaftsgedankens aufgerufen und
▷ eine „aktive Mitgliederpolitik" empfohlen, um die Stärken der Genossenschaften (wieder) in das Zentrum ihrer Unternehmensstrategie zu stellen.

Solche Appelle und Empfehlungen zeigen die *Wertschätzung der Mitgliedschaft* und die Anerkennung der maßgebenden und zentralen Figur des Mitglieds. Sie weisen in Richtung auf Intensivierung der Verbindung zwischen Mitgliederwirtschaften und Gemeinschaftsunternehmen, Ausrichtung der genossenschaftsbetrieblichen Aktivitäten an den Bedürfnissen, Wünschen und Problemen der Mitglieder mit dem Ziel der Mitgliederbindung und einer nachhaltigen Erfüllung des Förderauftrags. Aktive, erlebbar gemachte Mitgliedschaft ist für die Genossenschaft ein zentrales Anliegen.

In der Beziehung zur Genossenschaft sollte das Mitglied nicht nur an der Überschussverteilung (Dividende) oder an der Einladung zur Mitgliederversammlung merken, dass es Miteigentümer und Mitträger der Genossenschaft ist. Besonders durch *Exklusivleistungen* auf der Hauptleistungsebene (z. B. Produktqualitäts-, Preis- und Servicevorteile) und/oder betreuerischer Natur (z. B. kompetente individuelle Beratung), die auf den Kreis der Mitglieder beschränkt sind, erfahren die Mitglieder, dass sie die *Primärzielgruppe* ihrer Genossenschaft bilden.

6 Das Interesse an aktiver Mitgliedschaft

6.1 Manager und Mitarbeiterinteresse

Wer könnte mit welcher *Nutzenerwartung* an aktiver Mitgliedschaft interessiert sein? Die im Genossenschaftsbetrieb Beschäftigten müssen bedenken, dass jede Genossenschaft zur Funktions- und Erfolgsfähigkeit ihres Unternehmens die „Beiträge" ihrer Mitglieder auf den Ebenen des Leistungsaustauschs und der finanziellen Trägerschaft braucht. Zudem ist eine ausreichende Zahl partizipationswilliger Mitglieder zur Sicherung der Selbstverwaltung notwendig. Insofern stellt die Mitgliedergruppe das Rückgrat der Genossenschaft dar.

Andererseits werden am Geschehen in der Genossenschaft interessierte und darüber informierte, aktiv mitwirkende und ihre Meinungen äußernde Mitglieder in der Praxis mitunter als ein den *Betriebsablauf hemmendes* und *Kosten verursachendes Element* gesehen. Einem eigenverantwortlich operierenden professionellen Management wäre dann nicht unbedingt daran gelegen, ein im Mitgliederkreis latent vorhandenes Mitgestaltungspotenzial zu aktivieren. Die Führungskräfte und Mitarbeiter könnten befürchten, ausgeprägtes Engagement eines größeren Teils der Mitgliedergruppe auf der Selbstverwaltungsebene bringe Nachteile mit sich. Dabei wird argumentiert, es könnten hohe Kosten durch zeitaufwändige kooperative Entscheidungsprozesse, Einschränkung der Reaktionsfähigkeit des Genossenschaftsbetriebs und entsprechendes Zurückfallen im Wettbewerb eintreten.

Dieser defensiven, zum Teil abwehrenden Haltung ließe sich entgegensetzen, aktive Mitgliedschaft besitze die *Qualität einer Kernkompetenz* genossenschaftlicher Unternehmen. Daraus zu erwartende Vorteile in Form von Erlös- und Kosteneffekten könnten das Leitungsorgan dazu bewegen, einen hohen Aktivitätsgrad der Mitgliedschaft als nützlich zu erachten und zu fördern. Dahinter wiederum stehen Einflussfaktoren, die aus Managementsicht als *Nutzen der Mitgliedschaft für den Geschäftsbetrieb* zu werten sind:

▷ Verbesserung der Entscheidungsvorbereitung und Alternativen-Auswahl durch Anregungen aus dem Mitgliederkreis,

▷ höhere Akzeptanz von Entscheidungen eines um Mitgliederaktivierung und Mitgliederorientierung bemühten Managements im Mitgliederkreis,

▷ Präferenzbildung bei den Mitgliedern und Erhöhung ihres Engagements als Partner des Kooperationsunternehmens sowie

▷ höhere Zufriedenheit der Mitglieder-Kunden.

Das Alleinstellungsmerkmal „aktive Mitgliedschaft" wird dann nicht als „Klotz am Bein", sondern als – auch unter Marketing- und Wettbewerbsaspekten – unterstützender Faktor eines erfolgreichen Genossenschaftsmanagements angesehen.

6.2 Mitgliederinteresse

Auch auf der Mitgliederseite gibt es unterschiedliche Einstellungen. Nach gesicherter allgemeiner Erkenntnis wünschen nicht alle Kunden eine geschäftliche Bindung. Mitgliederkunden einer Genossenschaft machen diesbezüglich keine Ausnahme. Besonders bei Genossenschaften, deren Leistungen gegen Konkurrenzangebote austauschbar sind, ist keine nennenswerte Verbundenheit der Mitglieder festzustellen. Eine *geringe Intensität der Leistungsbeziehung zur Genossenschaft* zeigt sich besonders dort, wo Genossenschaften sich zu größeren „Marktgenossenschaften" mit heterogen zusammengesetztem Mitgliederkreis entwickelt haben und/oder ausgedehnte Beziehungen zu Nur-Kunden bestehen. Die Mitglieder können dann nicht darauf vertrauen, aufgrund ihrer Miteigentümerposition aus dem Kundenkreis „ihres" Unternehmens herausgehoben und bevorzugt behandelt zu werden. Verschwimmt die Grenze zwischen beiden Kundengruppen, fühlt sich das Mitglied wie ein beliebiger Geschäftspartner. Es schwindet die Bereitschaft, sich in der Genossenschaft zu engagieren.

Unter welchen Umständen könnte das Mitglied einen engeren Kontakt zur Genossenschaft, also eine aktive Mitgliedschaft wünschen? Stärkster Anreiz ist eine zufriedenstellend *nutzenstiftende Leistungsbeziehung.* Die Anziehungskraft einer Genossenschaft geht fast ausschließlich vom

Profil ihrer ökonomischen Anpassungs- und Fortschrittsfähigkeit aus. Langfristig können daher mit einer *Bereitschaft zu aktiver Mitgliedschaft* vor allem förderstarke Genossenschaften rechnen. Deren Mitglieder profitieren vom Erfolg ihres Gemeinschaftsunternehmens durch wirtschaftliche Vorteile und Stärkung ihres eigenen Leistungsvermögens. Entsprechend hoch wird die Motivation im Mitgliederkreis sein, dauerhaft intensive Umsatzkontakte zur Genossenschaft zu pflegen, sich an der Selbstverwaltung zu beteiligen und zur Kapitalversorgung beizutragen.

Aktive Mitgliedschaft ist unter anderem für *neu gegründete Genossenschaften* in den Bereichen Gesundheits- und Sozialwesen, Umweltschutz, Energiegewinnung, neue Informationstechniken, Medien, Bildung sowie betriebliche Beratung und Projektierung kennzeichnend. Gleichfalls starke Mitgliederkontakte weisen *etablierte Genossenschaften auf,* die zumindest mit Teilen ihres Leistungsprogramms die Stellung eines Exklusivpartners einnehmen. Sie unterhalten stabile Umsatzbeziehungen zu ihren Mitgliedern und weichen in relativ geringem Umfang vom Identitätsprinzip ab, sodass ihre Kunden überwiegend auch Mitglieder sind. Diese Situation trifft man nicht selten bei Genossenschaften der landwirtschaftlichen Sparte, bei Apothekergenossenschaften oder bei Genossenschaften steuerberatender Berufe, also bei berufsbezogenen Zusammenschlüssen an.

6.3 Gesamtinteresse an aktiver Mitgliedschaft

Ob es zu einer Aktivierung der Mitgliedschaft kommt, entscheidet sich vornehmlich an den Einstellungen der hauptamtlichen Akteure im Genossenschaftsunternehmen. Gute Chancen hierfür bestehen, wenn Vorstand und Mitarbeiter nicht nur Nachteile, sondern ebenso die Vorteilhaftigkeit einer Aktivierung der Mitglieder im Interesse einer effizienten Funktionserfüllung der Genossenschaft erkennen. Mitgliederinteresse an einer Intensivierung der Beziehungen zur Genossenschaft besteht, wenn Aktivierungsmaßnahmen bei den Mitgliedern auf Akzeptanz treffen, weil sie sich davon einen Nutzen versprechen (Abbildung 8, *Feld 1*).

Ist das Interesse der im Genossenschaftsbetrieb Beschäftigten an aktiver Mitgliedschaft im Gegensatz zur Mitgliederseite groß *(Feld 2)*, wäre aus gleichen Gründen wie in der zuvor geschilderten Situation ein Bemühen des genossenschaftlichen Vorstands um Belebung der Beziehung „Mitglied – Genossenschaft" in dem Maße wahrscheinlich, wie auf der Mitgliederseite ein Aktivierungs- und Nutzenpotenzial gesehen wird.

In den weiteren Situationen bestehen keine günstigen Aussichten für aktive Mitgliedschaft. Ist das Interesse der Führungskräfte und Mitarbeiter im Gegensatz zur Mitgliederseite gering *(Feld 3)*, wird höchst ungewiss sein, ob vom „aktiven Kern" der Mitgliedergruppe ausgehende Bemühungen zum Erfolg führen, wenn Unterstützung vom Genossenschaftsunternehmen her ausbleibt. Schließlich kann beiden Seiten eine aktive Mitgliedschaft die Mühe nicht wert sein *(Feld 4)*. Mangelndes Interesse wird vermutlich auf fehlender Überzeugung von der Erreichbarkeit allseits zufriedenstellender Nutzeffekte oder auf mangelnder Kenntnis vom Funktionieren des Genossenschaftsmodells und seiner internen Antriebskräfte beruhen.

Interesse an aktiver Mitgliedschaft		Mitgliederseite	
		groß	gering
Vorstand und Mitarbeiter der Genossenschaft	groß	1 Von allen internen Anspruchsgruppen getragenes Streben nach aktiver Mitgliedschaft	2 Bemühen des Vorstands und der Mitarbeiter um Mitgliederaktivierung
	gering	3 Bemühen des „aktiven Kerns" der Trägerschaft (z. B. Ehrenamtliche) um Mitgliederaktivierung	4 Beiderseitiges Desinteresse an aktiver Mitgliedschaft

Abb. 8: Einstellungen zu aktiver Mitgliedschaft und daraus folgende Strategien

7 Bausteine eines Konzepts für aktive Mitgliedschaft

Die Genossenschaft ist eine Zweckgemeinschaft. Leistungs- und Fördereffizienz liegen danach vor allem in der funktionalen Verbindung von Gemeinschaftsbetrieb und Mitgliederinteresse begründet. Attraktivität der Mitgliedschaft resultiert nahezu ausschließlich aus dem Handeln und Verhalten der Genossenschaft als Geschäftspartner. Ein umfangreiches „Fremdgeschäft" mit Nur-Kunden führt zu einer Verwässerung der Mitgliedschaft bis hin zur bloßen Formalität und weicht die Genossenschaftsidee auf. Dagegen weist die *mitgliedschaftsbasierte Geschäftspartnerschaft* im Durchschnitt ein größeres Bindungspotenzial als bloße Kundenkontakte auf. Daher sollte sowohl in die Fördergeschäftsbeziehung zu den Mitgliedern als auch in die Mitgliedschaft „investiert" werden.

Wie wiederholt empirisch nachgewiesen wurde, sind Mitglieder im Vergleich zu Nichtmitgliedern treuere, das Leistungsportfolio der Genossenschaft stärker nutzende Kunden, die höhere Beiträge zu deren Geschäftserfolg leisten – mithin wirtschaftlich „wertvollere" Kunden.

Sie neigen zudem weniger zur Fremdablenkung durch Konkurrenten, die temporär günstigere Konditionen bieten. Außerdem identifizieren sie sich eher mit der Genossenschaft, als dies auf Nur-Kunden zutrifft.

Diesen Erkenntnissen zufolge haben wir es bei den in Abbildung 9 erfassten Beispielen für Strategien zur engeren Bindung an die Genossenschaft mit *Instrumenten zur Sicherung von Erfolg und Zukunftsfähigkeit* der Genossenschaft zu tun: Intensivierung des Mitgliedergeschäfts durch Fördereffizienz und Motivation zur Partizipation an demokratischen Prozessen. Es sind an Kernmerkmalen der Genossenschaften anknüpfende Ansätze. Sie zeigen, wie aktive Mitgliedschaft herzustellen und in das Strategiekonzept einer Genossenschaft zu integrieren ist.

Elemente eines Konzepts zur Herstellung aktiver Mitgliedschaft	
Herkömmliche Elemente	**Angestrebte Effekte**
1. Intensivierung der Geschäftsbeziehungen zu den Mitgliedern	Dauerhaft enge, partnerschaftliche leistungsmäßige Zusammenarbeit
2. Erzielung hoher mitgliederbezogener Fördereffizienz bei starker Kooperativbindung	Förderplus gegenüber der Konkurrenz, dgl. im Vergleich zur geschäftspolitischen Behandlung der Nur-Kunden
3. Belebung der genossenschaftlichen Selbstverwaltung	Gewährung von Zusatznutzen durch Anerkennung und Förderung der Mitgliederpartizipation
Innovative Elemente	**Angestrebte Effekte**
4. Mitgliedschaftsbasierte Erschließung neuer Produkt-/Geschäftsfelder für aktuelle oder neue Mitglieder	Schließung strategischer Lücken durch „Zuschnitt" neuer Leistungsangebote auf die Mitgliederbelange
5. Identitätsstiftende Herausbildung der Mitgliedschaft als eine Art Marke	Entwicklung, Kommunikation und Erleben der Mitgliedschaft als strategischer Erfolgsfaktor der Genossenschaft
Sicherung der Leistungs- und Förderfähigkeit der Genossenschaft durch Nutzung des strategischen Wettbewerbsvorteils „aktive Mitgliedschaft"	

Abb. 9: Ansätze zur Aktivierung der Mitgliedschaft

Resümee

1. Die verbreitete *Nachahmung* der „echten" *genossenschaftlichen Mitgliedschaft* durch nichtgenossenschaftliche Unternehmen (z. B. in Form von Kundenclubs) bezeugt die herausragende *Bedeutung der Mitgliedschaft* im Wettbewerb.

2. Das Mitglied kann auf dreifache Weise mit seiner Genossenschaft verbunden sein: leistungsmäßig, finanziell und trägerschaftlich. Auf diese *Mitgliederpositionen* beziehen sich die *Rechte und Pflichten* eines Mitglieds. Innerhalb des Mitgliederkreises sind aktive und passive Mitglieder sowie auf der Leistungsebene Mitglieder-Kunden und Nichtkunden-Mitglieder zu unterscheiden.

3. Vor allem *Exklusivvorteile für Mitglieder* auf der Leistungsebene lassen die Zugehörigkeit zur Genossenschaft „lohnend" erscheinen. Ein Nur-Kunde, der sich dadurch diskriminiert fühlt, wird aus ökonomischer Sicht ein Interesse daran haben, der Genossenschaft als Mitglied beizutreten. Die Mitgliedschaft hat nur dann einen Wert, wenn sie Mitglieder und Nur-Kunden voneinander abgrenzt. Die Vorteilhaftigkeit der *Mitgliedschaft muss* erkennbar, nützlich und klar *erlebbar sein.*

4. Der Wert der Mitgliedschaft bildet einen zentralen Aspekt in der heutigen Diskussion über Zukunftschancen der Genossenschaften. Da die Mitgliedschaft als wesentliches Identifikationsmerkmal ein größeres Bindungspotenzial aufweist als bloßer Kundenkontakt zum Genossenschaftsunternehmen, ist die *profilbildende Mitgliedschaft* als eine Art *Kernkompetenz* weiterzuentwickeln und deutlich zu kommunizieren.

5. Die *Attraktivität der Mitgliedschaft* resultiert aus konsequenter Mitgliederbezogenheit des genossenschaftlichen Handelns und Verhaltens: *Kooperation* mit den Mitgliederwirtschaften auf hohem Intensitätsniveau, die Mitglieder zufriedenstellende *Nutzenstiftung,* Förderung der *Mitgliederpartizipation* in der Selbstverwaltung und Anerkennung von *Mitgliederengagement* durch das Genossenschaftsmanagement. Bei Genossenschaften gleich welcher Art ist die Mitgliedschaft ein unverzichtbares Instrument zur Sicherung von Erfolg und Zukunftsfähigkeit.

Das Besondere ist der Förderauftrag

1 Die Förderung des Mitglieds – das zentrale Ziel

Das Genossenschaftsgesetz gibt das *zentrale Unternehmensziel* jeder Genossenschaft vor. Durch die Novellierung des Genossenschaftsgesetzes 2006 ergab sich ein Spielraum für neuartige Genossenschaftstypen. Denn neben den bis dahin traditionell nach wirtschaftlicher Förderung strebenden Genossenschaften waren nun auch Genossenschaften mit dem Ziel der Förderung sozialer oder kultureller Belange ihrer Mitglieder möglich. Es liegt nahe, dementsprechend die Gesamtheit der Genossenschaften in Wirtschafts-, Sozial- und Kulturgenossenschaften einzuteilen, nachdem davor üblicherweise zu Recht zwischen Förder- und Produktivgenossenschaften unterschieden wurde.

Ausgehend von der Zielstruktur empfiehlt es sich, bezogen auf den deutschen Genossenschaftssektor die folgenden drei Segmente zu unterscheiden:

Genossen-schaftsbereiche	Wirtschafts-genossenschaften	Sozial-genossenschaften	Kultur-genossenschaften
Hauptziel: Förderung der ...	wirtschaftlichen Mitgliederbelange	sozialen Mitgliederbelange	kulturellen Mitgliederbelange
Typische Beispiele für Genossenschaftsarten	Kredit-, ländliche, gewerbliche, Konsum- und Wohnungsgenossenschaften	Arbeitslosen- und Seniorengenossenschaften	Theater- und Künstlergenossenschaften
Nebenziele	soziale und/oder kulturelle Belange	wirtschaftliche und Gemeinwohlbelange	wirtschaftliche und Gemeinwohlbelange

Abb. 10: Übersicht über Genossenschaftsbereiche

Wie der genossenschaftliche Förderauftrag aus juristischer und ökonomischer Sicht von den Genossenschaften zu verstehen und in der heutigen Zeit konkret umzusetzen ist, kann nicht eindeutig für alle Genossenschaften und alle Zeiten festgelegt werden. Es gibt jedoch viele Wege und Ansätze der realen *Ausgestaltung des Förderauftrags*. Aber ohne Zweifel ist von der Gedankenkette „ohne Mitglieder keine Genossenschaft, und ohne Mitgliederförderung keine Mitglieder" auszugehen. Allein der Mitgliedergruppe steht es zu, dem Gemeinschaftsunternehmen einen jeweils eigenen, konkreten Auftrag zur Förderung zu erteilen.

Förderung der Mitglieder ist die **oberste Leitmaxime** jeder Genossenschaft. Ihre Existenzberechtigung hängt von der Verwirklichung dieser Maxime ab. Die Mitgliederförderung ist die Grundlage der Unternehmensphilosophie einer Genossenschaft und der Kern ihres Unternehmensleitbildes. Im Mittelpunkt jeder Genossenschaftspolitik hat das Mitglied mit seinen Bedürfnissen und Wünschen zu stehen. Die gesetzlich verordnete Verpflichtung zur Mitgliederförderung primär über Leistungsbeziehungen ist deshalb mit konkreten Inhalten zu füllen.

Dabei soll betont werden, dass der Förderauftrag auf lange Sicht angelegt ist. Es handelt sich um einen **Dauerauftrag der Mitglieder** an ihr gemeinschaftliches Unternehmen. Es gilt also stets abzuwägen, ob die Genossenschaft so wirtschaftet und fördert, dass sie dazu auch in einer überschaubaren Zukunft noch fähig sein wird.

Nicht die Förderung Dritter oder der Allgemeinheit ist das vorrangige genossenschaftliche Bestreben, sondern ausschließlich die langfristige Förderung der Mitglieder. Sollten Genossenschaften beginnen, andere Anliegen als Hauptziel zu verfolgen, so geben sie sich damit selbst auf. Nach § 81 des GenG droht ihnen sogar die Auflösung von Amts wegen.

Zur **inhaltlichen Ausfüllung des Förderauftrags** bieten sich verschiedene generelle Ansätze an. Einige hier und da praktizierte sollten allerdings aus folgenden Gründen abgelehnt werden:

▷ Es wird argumentiert, dass allein durch die Existenz genossenschaftlicher Unternehmen der **Wettbewerb intensiviert** werde, und schon dadurch eine Förderleistung erbracht sei. Da diese aber allen am Markt Beteiligten zugutekommt, also auch den Nur-Kunden und sogar den Nicht-Kunden, ist dieser Ansatz zur Beschreibung eines mitgliederbezogenen Verständnisses von genossenschaftlicher Förderung ungeeignet.

▷ Eine ähnliche Einschätzung gilt für den gelegentlich vorgetragenen Förderansatz, demzufolge in der umfassenden Bereitstellung von

Dienstleistungen in der Fläche und in Kundennähe zu marktüblichen Bedingungen der Förderauftrag erfüllt sei. Da es bei dieser Interpretation des Förderauftrags nicht möglich ist, zwischen Vorteilen für Mitglieder- und Nichtmitglieder-Kunden zu unterscheiden, liegt auch hier keine genossenschaftsspezifische Mitgliederförderung vor. Denn ohne Zweifel muss der Förderauftrag so ausgestaltet sein, dass er für die Mitglieder, und vor allem für diese, einen spürbaren Vorteil bringt. Dabei lässt sich der Begriff „Förderung" unterschiedlich deuten.

▷ Erfolgt eine effektive Förderung der Mitglieder, die selbst Unternehmer sind, so wird deren Wettbewerbsstellung am Markt gestärkt und verbessert. Es liegt dann *„Mittelstandsförderung"* durch Genossenschaften vor. Aber auch hier ist nicht auszuschließen, dass Nichtmitglieder von dieser Förderung profitieren. Eine klar zentrierte Mitgliederförderung ist folglich nicht gegeben.

▷ Bisweilen wird sogar die Unterstützung in der Region, z. B. von Vereinen, karitativen Institutionen, Künstlern, kommunalen Projekten, als Förderung interpretiert. Diese Aktivitäten der Genossenschaften *zugunsten der Allgemeinheit* sind nützlich, auch um das Image und die Wertschätzung des genossenschaftlichen Unternehmens positiv zu beeinflussen. Sie lassen sich aber nicht der genossenschaftlichen Mitgliederförderung zuordnen.

Mitgliederförderung über Leistungsbeziehungen verlangt, dass die Mitglieder das Leistungsangebot der Genossenschaft in Anspruch nehmen. Förderung durch Leistung bedeutet, dass das Mitglied in seiner Mehrfachfunktion aktiv sein muss: als Teilhaber am Genossenschaftsunternehmen und als dessen Kunde. In beiden Bereichen der Beziehung „Mitglied – Genossenschaft" kann Förderung erfolgen.

Der *Förderauftrag* kann dadurch *erfüllt* werden, dass den Mitgliedern Leistungen angeboten werden, die sie anderweitig nicht erhalten. Die Genossenschaft kann ihren Mitgliedern aber auch Leistungen anbieten, die qualitativ den Angeboten der Konkurrenten überlegen sind. Weiterhin kann die Genossenschaft bei gleicher Leistung wie jene der Konkurrenz ihren Mitgliedern auch Preisvorteile und Verlässlichkeit bieten. In der Regel wird eine Mischung aus den verschiedenen Ansätzen in einem „Förderportfolio" zum Tragen kommen.

Eine zentrale Aufgabe der Genossenschaftsvorstände ist die Planung und Umsetzung des Förderportfolios, wie es den Bedürfnissen der Mitglieder bestmöglich entspricht. Der Förderauftrag verlangt das Erzielen eines möglichst hohen exklusiven Mitgliedernutzens, auch „Member Value" genannt (als Gegenstück zum „Shareholder Value" etwa einer Aktiengesellschaft).

2 Förderung in Wirtschaftsgenossenschaften

2.1 Förderportfolio

Ein Förderportfolio enthält Angebote zur Basisförderung und Exklusivförderung. In vielen Genossenschaften sind marktfähige Leistungen für alle, ob Mitglied oder nicht, verfügbar. Das Angebot von Produkten und Dienstleistungen wird als unmittelbare Förderung interpretiert. Streng genommen gilt dies aber nur, wenn es kein Nichtmitgliedergeschäft gibt und Nichtmitglieder-Kunden keine gleichen Angebote in Anspruch nehmen können. Eine Gleichbehandlung von Mitglied und Nichtmitglied als Geschäftspartner wäre mit einer auf die spezielle Förderung von Mitgliedern ausgerichteten Zielsetzung nicht vereinbar.

Im Vordergrund sollten die *Exklusivvorteile* stehen. Sie werden nur Mitgliedern gewährt, die mit ihrer Genossenschaft in Geschäftsbeziehung stehen, also das Identitätsprinzip befolgen. Es handelt sich um Leistungsangebote der Genossenschaft ausschließlich für Mitglieder sowie Rückvergütungen, die als eine nachträglich gewährte Kaufpreisreduzierung zu verstehen sind. Ähnlich sind auch mitgliederexklusive Angebote von externen Kooperationspartnern der Genossenschaft einzuordnen. Sie werden in sogenannten Mehrwertprogrammen nur den Mitgliedern angeboten.

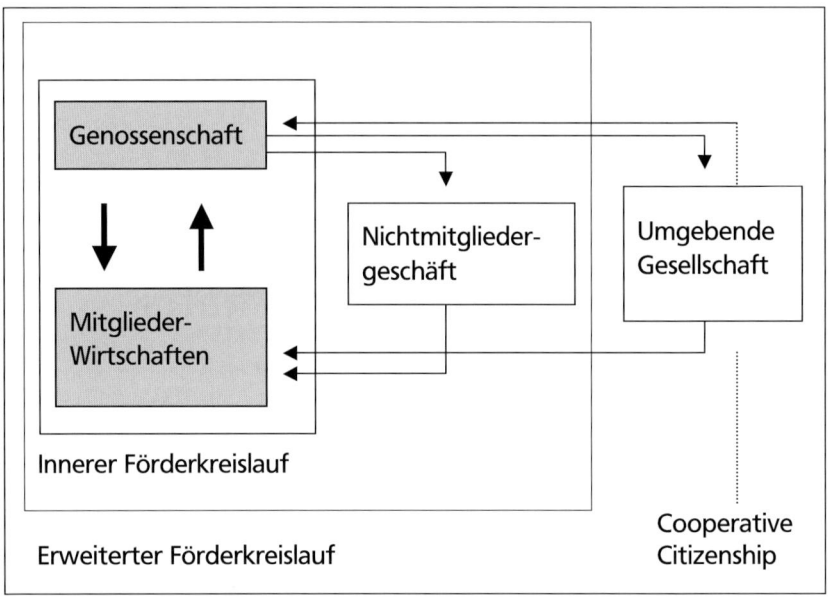

Genossenschaft

Mitglieder-
Wirtschaften

Nichtmitglieder-
geschäft

Umgebende
Gesellschaft

Innerer Förderkreislauf

Erweiterter Förderkreislauf

Cooperative
Citizenship

Abb. 11: Förderkreisläufe
Quelle: In Anlehnung an Beuthien, V./Hanrath, S./Weber, H.-O. 2008, S. 11

Zusätzlich werden **Basisvorteile** nur für die Mitglieder offeriert, unabhängig davon, ob sie Geschäftsbeziehungen mit der Genossenschaft unterhalten oder nicht, und zwar durch die Zahlung von Dividenden, ebenso durch das aktive und das passive Wahlrecht. Je nach Interessenlage und Motivationsstruktur eines Mitglieds wird Letzteres mehr oder weniger als Vorteil gesehen.

Wie Abbildung 12 zeigt, lassen sich nicht alle Vorteile in Geldeinheiten bewerten, also objektiv darstellen. Eine Reihe von ihnen ist nur einer subjektiven Bewertung zugänglich.

	Basisvorteile		Exklusivvorteile für Mitglieder	
	Objektiv bewertbar	Subjektiv bewertbar	Objektiv bewertbar	Subjektiv bewertbar
Kunden-Mitglieder-vorteile	Niedrige Preise, günstige Gebühren, gute Konditionen	Beratung, günstige Geschäftszeiten, freundliche Bedienung, Informationsangebote	Rückvergütung, Sonderkonditionen (z. B. günstigere Preise, Boni oder Leistungen nur für Mitglieder)	Veranstaltungen nur für ausgewählte Mitglieder Vorteile aus Mehrwert-Programmen
Anteils-eigner-Mitglieder-vorteile	Dividende auf Geschäftsguthaben, Bewirtung auf der General-/Vertreterversammlung	Information über und Partizipation an Entscheidungsvorbereitung und -findung, Mitwirkung im genossenschaftlichen Demokratiesystem		

Abb. 12: Beispiele für das Förderportfolio einer Genossenschaft

Mitglieder-Mehrwert-Programme bieten Mitgliedern Vorteile gegenüber der normalen Mitgliedschaft („Weil Sie unser Mitglied sind!"), so bei VR-PLUS-Leistungen aus den Bereichen Finanzen, Freizeit, Service und Technik. Beispiele dafür sind niedrige Mobilfunktarife, Hotelübernachtungen zu Sonderkonditionen, Reise- und Schlüsselservice. Beachtenswert dabei ist, dass die Genossenschaft nicht selbst über eigene Leistungsbeziehungen fördert. Vielmehr lässt sie ihre Mitglieder in der Absicht fördern, dass die Vorteile vom Mitglied positiv für die Genossenschaft „verbucht" werden.

2.2 Gewinnerzielung muss sein

Mit Recht wird zwischen förderwirtschaftlichen und den erwerbswirtschaftlichen Unternehmen auch hinsichtlich der Gewinnorientierung unterschieden. Genossenschaften schließen die Gewinnerzielung keineswegs aus, sind daher keine Non-Profit-Organisationen. Sie streben jedoch „nur" nach einem *angemessenen SEF-Gewinn* zur Sicherung ihrer Existenz, Entwicklung und zur Teilhabe am Fortschritt. Erwerbswirtschaftliche Unternehmen verfolgen hingegen die Erwirtschaftung eines *möglichst hohen Gewinns.* Insofern stehen Genossenschaften für ein anderes Wirtschaften, das sie vom Prinzip der Gewinnmaximierung abhebt. Aber ohne Zweifel gilt für beide Unternehmensarten: Gewinnerzielung muss sein.

Der Einwand, ein hoher Gewinn von Genossenschaften schmälere die mitgliederbezogene Förderleistung, ob am Preis oder an der Leistungsqualität gemessen, kann – wenn überhaupt – nur in Genossenschaften mit eindeutiger Mitglieder-Identität und in kurzsichtiger Einordnung gelten. Entfällt jedoch ein großer Teil des Geschäftsvolumens auf das Nichtmitgliedergeschäft, so kann durchaus ein deutlicher Gewinn die Förderleistung im Mitgliedergeschäft verbessern. Und wird nachhaltig gedacht, kann ein deutlicher Gewinn durchaus existenzsichernd eingesetzt werden. Letzteres gilt, soweit Gewinn dazu Verwendung findet, wirtschaftlich sinnvolle Investitionen vorzunehmen und damit die Abhängigkeit von Fremdkapital zu reduzieren. Der damit erreichbare Doppeleffekt sichert die Existenz einer Genossenschaft auch in schwierigen Zeiten: Die Zinslast für Fremdkapital wird verringert und die getätigten Investitionen stärken die Wettbewerbsfähigkeit.

Generell gilt: Gewinnerzielung muss sein! Aber sie ist in Genossenschaften nur Mittel zum Zweck der auf Dauer angelegten Förderung der Mitglieder.

2.3 Förderorientierte Gewinnverwendung

In der AG stellen Vorstand und Aufsichtsrat den Jahresabschluss fest und sie können im Rahmen der gesetzlichen und satzungsmäßigen Regelungen über Teile des Gewinns verfügen. Anders bei der Genossenschaft: Die Feststellung des Jahresabschlusses und die Beschlussfassung über die Verwendung des Jahresüberschusses (einschließlich eines eventuellen Gewinnvortrags) liegen ausschließlich in der Zuständigkeit der Mitglieder.

Zu den Möglichkeiten der Gewinnverwendung bestimmt das GenG, dass der im Jahresabschluss sich ergebende Gewinn grundsätzlich auf die Mitglieder zu verteilen ist. Die Satzung kann jedoch andere Regelungen für die Gewinnverwendung treffen. Sie kann vorsehen, dass der Gewinn ganz oder teilweise den Rücklagen zugewiesen wird, um die langfristige

Stabilität der genossenschaftlichen Förderwirtschaft zu gewährleisten. Zu beachten ist ferner die Bestimmung, wonach die Satzung zwingend eine Regelung der Bildung und Dotierung einer gesetzlichen Rücklage enthalten muss.

Für die *Gewinnverwendung* bestehen aus Sicht der Mitgliederförderung folgende *Möglichkeiten:*

▷ Einstellung in die gesetzliche Rücklage und andere Ergebnisrücklagen und/oder
▷ Zahlung einer Dividende auf die Geschäftsguthaben und/oder Gewährung von Rück- oder Nachvergütung im Verhältnis zum Umsatz mit dem Genossenschaftsunternehmen und/oder
▷ Vortrag auf neue Rechnung.

Manche Genossenschaften zahlen weder Dividenden noch gewähren sie eine Verzinsung der Geschäftsguthaben. Es gibt aber auch Genossenschaften, in denen die Zahlung einer Geschäftsguthabendividende als zentraler Aspekt der Mitgliederförderung angesehen wird.

Dabei stellt sich die *Frage,* ob Mitglieder vorrangig als Anteilseigner durch hohe Dividenden oder primär als Nutzer durch entsprechende Leistungen gefördert werden wollen und sollen. Welchem Vorgehen der Vorzug gegeben wird, ist bei der strategischen Ausrichtung der Genossenschaft von größter Bedeutung.

Werden die Anteilseigner in den Vordergrund gestellt, so rückt die Genossenschaft verstärkt in Richtung einer Kapitalgesellschaft. Denn die Gewährung nur einer angemessenen Dividende ist nicht grundsätzliches Unternehmensziel, sondern resultiert daraus, dass die Mitglieder Beteiligungskapital zur Verfügung stellen und auch Haftung übernehmen.

Derartige „Dividendengenossenschaften" klagen oft über das Beteiligungskapital als teures Eigenkapital, da mangels anderer verfügbarer bzw. genutzter Ansätze zur Mitgliederförderung hohe Dividenden gezahlt werden müssen. Gleichzeitig beklagen sie die verbreitete Nichtinanspruchnahme des genossenschaftlichen Leistungsangebots durch einen Teil der Mitglieder, also die Existenz der sogenannten Nichtkunden-Mitglieder. „Die hohe Dividende müssen wir dann auch noch auf ein

Konto bei der Sparkasse überweisen", hört man von manchem Genossenschaftsvorstand zum Verhalten dieser Passivmitglieder.

Wie im folgenden Teil 2.4 auszuführen sein wird, ist für alle Genossenschaften unter Beachtung der Kundenbindung und der Sortimentssteuerung die Gewährung einer *Rückvergütung* im Vergleich zu einer hohen *Dividendenzahlung* der geeignetere Weg einer Mitgliederförderung. Abgesehen davon besagt das genossenschaftliche Identitätsprinzip, dass Leistungsintensität belohnt und zugleich steuerlich als genossenschaftsadäquate Form der Mitgliederförderung anerkannt wird.

Zwar werden den Mitgliedern durch die Rück- und Nachvergütung nur aufgrund ihrer mitgliedschaftlichen Stellung Vermögensvorteile gewährt. Dies bedeutet aber nicht, dass es sich dabei automatisch um eine *verdeckte Gewinnausschüttung* handelt. Anders zu bewerten sind Sonderzuwendungen an einzelne Mitglieder, z.B. der Verkauf einer Eigentumswohnung zu einem unangemessen niedrigen Preis, der vom Förderauftrag nicht gedeckt ist. Ein ordentlicher und gewissenhafter Geschäftsleiter einer Genossenschaft würde dies nicht tun.

Daraus folgt im Umkehrschluss, dass Zuwendungen, die mitgliedschaftsrechtlich mitveranlasst sind, aber sowohl dem Förderzweck gegenüber den Mitgliedern als auch dem Gemeinschaftsbetrieb der Genossenschaft dienen, keine verdeckte Gewinnausschüttung sein können. Weder Exklusivvorteile und Sonderkonditionen noch Rück- und Nachvergütung sind steuerlich als verdeckte Gewinnausschüttung zu behandeln.

Die Anwendung der mit Bezug auf Kapitalgesellschaften entwickelten Grundsätze zur verdeckten Gewinnausschüttung auf Genossenschaften verkennt deren besonderen Förderzweck und die Tatsache, dass sich bei Genossenschaften die gesellschaftsrechtlichen und betrieblichen Belange der Mitglieder überlagern. Bei Genossenschaftsmitgliedern sind mitgliedschaftliche Beziehungen und Kundenbeziehungen nach dem Identitätsprinzip untrennbar.

2.4 Mitgliederförderung und Kundenbindung

In Gesprächen mit Vorständen wirtschaftsgenossenschaftlicher Unternehmen wird ohne jeden Vorbehalt immer wieder betont, dass man sein Unternehmen am Markt differenziert von den Wettbewerbern aufstellen und dessen Andersartigkeit in den Vordergrund bringen müsse. Bei Nachfragen wird allerdings eingeräumt, der Wettbewerb lasse hierfür wenig Spielraum und der Markt liefere die Vorgaben. Man werde mit den Konditionen der Wettbewerber verglichen und könne sich keine Extraposition erlauben.

Anpassung bedeutet: Dem Markttrend folgen und dem Handeln der Anderen nacheifern, sich also hinten anstellen. *Differenzierung* heißt dagegen, anders als die Anderen zu sein. Das existenziell Andere sind der Förderauftrag als Leitmaxime der Genossenschaft und die Mitgliedschaft. Differenzierungsbemühungen müssen genau hier ansetzen. Mit dem Auftrag der Genossenschaften verträgt sich nicht, die Anwerbung neuer Mitglieder einzustellen, Mitgliederkapital als „teures" Eigenkapital einzustufen und gering zu halten sowie Mitgliedern und Nichtmitgliedern konditionengleiche Leistungen anzubieten.

Umgesetzt in das tägliche Handeln besagt Differenzierung gegenüber den Mitbewerbern, dass die handelnden Personen die *Besonderheit der Mitgliederbeziehungen* akzeptieren:

▷ Der Vorstand muss deutlich machen, dass das von ihm geführte Unternehmen anders als dasjenige der Wettbewerber ist. Er hat neben dem Markterfolg auch den Fördererfolg als Zielgröße. So strebt er nicht nach größtmöglichem Gewinn, vielmehr steht die langfristige Existenzsicherung des Unternehmens im Vordergrund seines Handelns. So hat er Solidarität mit dem Verbund zu beachten, und so stehen ihm kompetente Prüfungen durch den eigenen Verband zur Unternehmenssicherung zur Verfügung.

▷ Die Mitarbeiter müssen wissen, dass sie in einer Genossenschaft arbeiten. Sie sollten die Besonderheiten dieser Unternehmensform kennen bzw. erfahren können – auch durch das Vorbild des Vorstands. Ihnen sind diese Besonderheiten vom ersten Tag ihrer Tätigkeit an nahezubringen.

▷ Mitglieder sind zugleich Anteilseigner und Kunden. Diese Doppelfunktion muss ihnen gegenüber betont und „erlebbar" gemacht werden.

Mancher Vorstand mag sich zwar fragen, welche dieser beiden Funktionen stärker als Förderansatz zu gewichten ist. Sollen die Mitglieder vorrangig als Anteilseigner durch hohe, im Zeitablauf stabile Dividenden oder als Kunden/Nutzer durch entsprechende Leistungen gefördert werden?

Antworten darauf sind aus dem Selbstverständnis einer Genossenschaft heraus eindeutig. Werden die **Mitglieder als Anteilseigner** in den Vordergrund gestellt, so rückt die Genossenschaft in die Nähe einer Kapitalgesellschaft. Im Selbstverständnis des genossenschaftlichen Unternehmens werden dann die Konturen verwischt. Anteilseigner haben nämlich – wie Aktionäre – ein primäres Interesse an möglichst hohen Dividenden und an Dividendenkontinuität. Auch aus diesem Grund gewähren viele Genossenschaften bewusst keine oder eher geringe, an den Kapitalmarktzins angepasste Dividenden.

Diese Genossenschaften wissen, dass eine herausgehobene Dividende, notfalls auch zulasten der nutzenden Mitglieder, nicht das Ziel der unternehmerischen Bemühungen einer Genossenschaft sein kann. Sie wissen auch, dass die Förderung der **Mitglieder als Kunden** zum Kern der genossenschaftlichen Identität gehört. Diese Förderung kann in Genossenschaften mit mehreren Tausend Mitgliedern nicht auf eine umfassende Mitgliederbeteiligung an der Willensbildung wie zu Gründerzeiten ausgelegt werden. Die Förderung kann bei intensivem Branchenwettbewerb auch nicht aus Preis- und sonstigen Konditionenvorteilen gegenüber Nichtmitglieder-Kunden und im Vergleich zu den Wettbewerbern bestehen. Sie kann sich aber auch nicht nur auf Dividendenzahlungen gründen.

Wie sollte die **heutige Interpretation des Förderauftrags** einer modernen Genossenschaft aussehen, die nicht vom Wettbewerber nachahmbar ist, zur Bindung der Mitglieder als Kunden führt und Konkurrenzvorteile verschafft? Zwei Elemente erscheinen für die Praxisumsetzung geeignet und nicht imitierbar:

▷ Erstens ist die Tradition der *Mitgliederorientierung* von genossenschaftlichen Unternehmen zu betonen und so auszugestalten, dass dem Mitglied hieraus ein Vertrauensvorschuss der Genossenschaft gegenüber Mitbewerbern entsteht. Natürlich ist bei Tausenden von Mitgliedern einer Genossenschaft kein stark ausgeprägtes Wir-Gefühl mehr erzeugbar und der Gedanke der großen genossenschaftlichen Familie verblasst. Aber die Verlässlichkeit mitgliederorientierter Beratung ist in den Vordergrund zu stellen und zu praktizieren. Die Mitarbeiter müssen von den Besonderheiten ihrer Genossenschaft wissen und diese akzeptieren, um im täglichen Geschehen entsprechend motiviert zu sein. Eine Genossenschaft muss dem zu Beratenden dauerhaft das Gefühl geben können, dass sie nicht für anonyme Kapitaleigner und Managerinteressen, sondern für ihre Mitglieder handelt.

▷ Das zweite Element ist in der *Art der Gewinnverteilung* zu sehen. Nicht den Anteilseignern, sondern den nutzenden Mitgliedern steht der ausschüttungsfähige Teil des Periodengewinns (Überschuss) zu. Sie haben ihn durch ihre Inanspruchnahme der Leistungen des Genossenschaftsunternehmens mit erwirtschaftet. Je mehr sie zur Gewinnerzielung beigetragen haben, umso mehr sollen sie auch vom Gewinn profitieren. *Rückvergütung ist das Zauberwort* – in der Praxis leicht missverständlich gelegentlich auch „GENOBonus" oder „GENOMehrwert" genannt.

Für eine Kreditgenossenschaft, die überlegt, ob sie „umsteigen" soll von der reinen „Dividenden-Förderung" auf die Förderung durch Rückvergütung, sind die Risiken eines solchen Schrittes abzuschätzen. Dann wäre zu fragen, ob das Produktportfolio anzupassen ist und wie dieser Schritt EDV-technisch umgesetzt werden kann. Zudem stehen steuerliche Aspekte sowohl bei den Mitgliedern als auch in der Genossenschaft immer noch in der Diskussion. Letztlich sind Fragen der Jahreserfolgsdarstellung durch den Vorstand und der Auswirkungen auf die genossenschaftliche Organisation insgesamt zu beantworten.

Damit wird deutlich, dass ein einfaches, grundsätzliches Ja oder Nein zu dem Vorschlag, die Rückvergütung als eine genossenschaftsgemäße Förderung auch in Kreditgenossenschaften einzusetzen, nicht möglich ist. In der Praxis sind bisher nur von ganz wenigen Kreditgenossenschaften Versuche unternommen worden, diese Fördermöglichkeit zu etablieren. Es waren eher kleinere Banken im ländlichen Raum, die diesen Schritt gewagt haben. Große Volksbanken und Raiffeisenbanken mit einem hohen Anteil des Nichtmitgliedergeschäfts scheuten bisher die Risiken des Umstiegs. Neben diesem objektivierbaren Aspekt steht, dass nach subjektiver Einschätzung die Einführung der Rückvergütung wohl nicht die Interessenlage der Mehrheit der Vorstände widerspiegelt.

Im Sinne einer Abgrenzung gegenüber den stark in die Kritik geratenen Investmentbanken und einer Herausstellung eines klaren, unverwechselbaren und von der Konkurrenz nicht imitierbaren Alleinstellungsmerkmals sollte die Option „Rückvergütung" dennoch ernsthaft immer wieder geprüft werden. Welcher Mitbewerber ist in der Lage, einen Teil des möglichen Gewinns an seine Kunden auszuschütten? Auch aus rein betriebswirtschaftlicher Sicht stellt sich die Frage, welchen Nutzen das genossenschaftliche Unternehmen von Mitgliedern hat, die keine Geschäftsbeziehung mit ihrer Genossenschaft unterhalten und nur auf hohe Dividende warten. Und es sind in manchen Kreditgenossenschaften nicht wenige, die zu dieser Mitgliedergruppe der Passivmitglieder oder sogenannten „Dividendenjägern" zählen.

2.5 Fördererfolg erfordert Markterfolg

Primäres Unternehmensziel einer Genossenschaft ist zweifelsfrei die Erfüllung des Förderauftrags. Das impliziert aber auch die Notwendigkeit, Gewinn zu erzielen. Entsprechend sind Wirtschaftsgenossenschaften aber nicht dahingehend orientiert, den maximal möglichen, sondern den *fördernotwendigen Gewinn* zu erwirtschaften. Das Erfordernis dazu ergibt sich aus der Rückvergütung, der Dividendenzahlung und einer Rücklagenbildung. Daher steht nicht im Fokus, ob Gewinne erzielt werden sollen oder nicht, sondern es stellt sich die typisch genossenschaftliche Frage nach der Höhe des anzustrebenden Gewinns.

Das Streben nach einem maximalen Gewinn wäre in höchstem Maß ungenossenschaftlich. Da es sich beim Gewinn um eine Ertrag-Aufwand-

Differenz handelt, würde dies bedeuten, dass die Genossenschaft in ihrer Geschäftspolitik danach strebt, auch im Mitgliedergeschäft hohe Preise zu fordern und kostensparende Dienstleistungen anzubieten. Es versteht sich von selbst, dass eine Genossenschaft mit dieser Verhaltensweise ihren Mitgliedern unattraktiv erscheinen müsste. Statt mit Hinwendung wäre mit Abwanderung zu rechnen. Genossenschaftlich vertretbar kann nur ein Gewinn sein, der für Sicherung, Entwicklung und Fortschritt (SEF-Gewinn) erforderlich ist.

Die Erzielung eines solchen *„angemessenen" Gewinns* weist darauf hin, dass den Marktbedürfnissen nach genossenschaftlichen Dienstleistungen erfolgreich begegnet wurde. Ist damit zwangsläufig auch eine hohe Förderleistung für die Mitglieder verbunden? Diese Frage wird oft gestellt. Sie ist nur bedingt zu beantworten. *Zwei Fälle* sind dabei zu unterscheiden:

a) Genossenschaft mit reinem Mitgliedergeschäft

In diesem Fall kann eine *Förderung der Mitglieder* in dreifacher Weise erfolgen:

▷ über die Marktkonditionen und/oder
▷ über Rückvergütungen und Dividende aus erzieltem Gewinn und/oder
▷ über die Rücklagen aus erzieltem Gewinn.

Es ist nicht von vornherein klar und daher von der Genossenschaft zu erkunden, welchen Weg die Mitglieder bevorzugen.

b) Genossenschaft mit starkem Nichtmitgliedergeschäft

Man kann gegenwärtig beobachten, dass in einer Reihe von Genossenschaften das Nichtmitgliedergeschäft überwiegt. Die stark gewachsene Bedeutung der Leistungsbeziehungen zu Außenstehenden macht deutlich, dass sich genossenschaftliche Unternehmen heute im Rahmen der Gewinnerzielung offenbar nicht anders verhalten als ihre nichtgenossenschaftlichen Konkurrenten. Am Markt werden Mitglieder-Kunden und *Nichtmitglieder-Kunden in der Regel gleich behandelt.* Dies hat zur Folge, dass die Nichtmitglieder-Kunden in diesen Marktgenossenschaften im Rahmen der Leistungsbeziehungen in aller Regel ebenso wirtschaftlich gefördert werden wie die Mitglieder-Kunden – genossenschaftspolitisch ein zumindest bedenklicher Vorgang. Die Frage des „richtigen" Verhältnisses von Nichtmitgliedergeschäften zu Mitgliedergeschäften bleibt jedenfalls stets aktuell. Das Identitätsprinzip als spezifisches Merkmal der Genossenschaft bildet den geeigneten und genossenschaftstheoretisch eindeutigen Maßstab für eine sachgerechte Lösung.

Die Satzungen der meisten Genossenschaften lassen Geschäfte mit Nichtmitgliedern unbegrenzt zu. Dies ist zum einen gerechtfertigt, um mit der Herstellung einer Kundenbeziehung langfristig neue Mitglieder zu gewinnen (werbendes Nichtmitgliedergeschäft). Zum anderen führen Wettbewerbsgründe und bessere Kapazitätsauslastung zur Ausdehnung auch des Nichtmitgliedergeschäfts (ergänzendes Nichtmitgliedergeschäft) und stärken die *Basis für die Erzielung von Markterfolg.*

In diesem Fall kann es sein, dass der Markterfolg vornehmlich im Nichtmitgliedergeschäft entsteht. Die besonderen Bedürfnisse und Interessen der Mitglieder werden zumindest nicht vorrangig berücksichtigt. Dann ist „nur" noch eine Förderung über die Dividende erkennbar. Ist die Dividende die einzige Förderleistung, nähert sich die Genossenschaft der Shareholder-Value-Strategie.

Fördererfolg setzt Markterfolg mit genossenschaftlich angemessener Gewinnerzielung voraus. Dabei ist zu beachten, dass Genossenschaften eher risikoscheu handeln, um ihre Existenz nicht zu gefährden. In der Regel sind Gewinnchancen und Risikohöhe gleichgerichtet verbunden: je höher die Chancen, umso größer das Risiko. Da Genossenschaften auf Dauer „eingerichtet" sind, verbietet sich für sie die Realisierung jeder Gewinnchance, welche die Existenz des genossenschaftlichen Unternehmens bedroht. Hochspekulative Geschäfte zu tätigen, kann deshalb nicht zu den Aufgaben einer Genossenschaft zählen.

Bei *Genossenschaften mit Nichtmitgliedergeschäft* ergeben sich *besondere Probleme,* wenn Mitgliedern Exklusivvorteile und Sonderkonditionen geboten werden, also Nichtmitglieder-Kunden eine andere geschäftspolitische Behandlung als Mitglieder erfahren. In Anlehnung an die Rechtsprechung der Finanzgerichte in Bezug auf Kapitalgesellschaften wird häufig angenommen, es handele sich dabei um *verdeckte Ge-*

winnausschüttung (vGA) und eine Verletzung des Gleichbehandlungsgebots.

Diese Auffassung verkennt, dass bei Genossenschaften der gesetzlich vorgeschriebene Zweck gerade darin liegt, den Mitgliedern durch Zusammenarbeit Vorteile zu verschaffen, denen Mitgliedschaftspflichten gegenüberstehen, sodass angemessene Sonderkonditionen für Mitglieder gerechtfertigt sind. Ein ordentlicher und gewissenhafter Leiter einer Genossenschaft verletzt deshalb nicht seine Sorgfaltspflicht, wenn er die Mitglieder besonders fördert. Er verfolgt vielmehr den Zweck, zu dem die Genossenschaft besteht. Die Nichtmitglieder können gleiche Umstände herbeiführen, indem sie die Mitgliedschaft erwerben.

2.6 Planung und Kontrolle des Fördererfolgs

Im Rahmen der Gesamtunternehmensplanung und -steuerung in Wirtschaftsgenossenschaften bedarf es der Einbindung eines Förderportfolios. Zusammen mit der *Gewinnplanung* erfolgt die *Förderplanung*. Die Frage nach der Verwendung des Gewinns ist zu beantworten. Dabei sind Art und Umfang der Rückvergütung, die Höhe der Dividendenzahlung, Gewährung von Sonderkonditionen für Mitglieder, Art und Teilnahme an Mitgliederveranstaltungen u. Ä. einzuplanen.

Ist die Förderstrategie festgelegt und sind die umzusetzenden Fördermaßnahmen ausgewählt, schließt sich die Realisierung durch das Genossenschaftsunternehmen an. Dabei kann es vorkommen, dass im Laufe des Jahres Anpassungen der Strategie, Maßnahmen und deren Umsetzung erforderlich werden.

Im Rahmen des Jahresrückblicks ist die *Kontrolle des Fördererfolgs* notwendig. Plan und Realität müssen abgeglichen und Erfolge messbar gemacht werden, nicht zuletzt, um notwendige Korrekturen bei der Neuplanung berücksichtigen zu können. Eine breite Kommunikation des Fördererfolgs in den regionalen Medien schließt diese Strategie ab.

3 Förderung in den Sozial- und Kulturgenossenschaften

Das Förderziel in *Sozialgenossenschaften* kann sehr verschiedenartig sein. Eine Nachbarschaftsgenossenschaft konzentriert sich auf die Erreichung eines stabilen, sich gegenseitig helfenden Miteinanders. Eine Arbeitslosenhilfegenossenschaft hat das Ziel vor Augen, möglichst viele Arbeitslose in den Arbeitsprozess zu integrieren. Im ersten Fall sind die Genossenschaftsmitglieder zu fördern. Im zweiten Fall fördern die Mitglieder Teile der Gesellschaft.

Vergleichbare Situationen gibt es bei den *Kulturgenossenschaften.* Diese Kooperative „produzieren" Kunst oder unterstützen Kunstschaffende. Sie können zum einen Mitgliederförderung betreiben, aber auch zentrale Gemeinwohlziele verfolgen, um es der Gesellschaft, also allgemein Menschen zu ermöglichen, Kunst zu verstehen, zu genießen und auch für deren Förderung einzutreten. So haben sich Genossenschaften von Theater- oder Musikergruppen gebildet. In ihnen sind die Künstler zugleich Mitglieder und Kulturschaffende. Daneben sind Kulturgenossenschaften entstanden, deren Ziel es ist, einzelne Kultureinrichtungen zu fördern. Die Mitglieder unterstützen also nicht nur ihre eigenen Interessen, sondern diejenigen des Gemeinwohls in Bezug auf das Kulturangebot.

Bei den beiden vornehmlich nicht wirtschaftlich orientierten Genossenschaftsarten treten Schwierigkeiten auf, den Fördererfolg zu messen. Denn in Art und Umfang der Jahresprüfungen der einzelnen Genossenschaftstypen steht traditionell neben der Prüfung des Förderzwecks und des Förderumfanges mehr noch die Prüfung der Wirtschaftlichkeit und Ordnungsmäßigkeit bei der Prüfung durch die Genossenschaftsverbände im Vordergrund. Bei den mitgliederorientierten Sozial- und Kulturgenossenschaften ist der Förderumfang noch eingrenzbar. Auch die Wirtschaftlichkeit und Ordnungsmäßigkeit sind prüfbar.

Bei auch gemeinwohlorientierten Genossenschaften wird auch die Wirtschaftlichkeit nur sehr vage beurteilt werden können, da sich eine Prüfung der wirtschaftlichen Verhaltensweise äußerst schwierig gestaltet, da diese noch nicht einmal als Nebenziel vorhanden ist. Allerdings ist die Ordnungsmäßigkeit beurteilungsfähig.

In Zukunft werden die nicht zentral auf wirtschaftliche Belange orientierten Genossenschaften, also die Sozial- und Kulturgenossenschaften, möglicherweise an Bedeutung gewinnen. Drei Entwicklungen werden den Bedeutungszuwachs bestimmen: die demografische Entwicklung, die Absenkung der Arbeitszeit in vielen Berufen (z. B. 35-Stunden-Woche) durch Digitalisierung der Arbeitswelt und das weitere Auseinandergehen der Einkommen – Letzteres auch z. T. durch die Digitalisierung (Wirtschaft 4.0) verursacht. Wenige werden über ein hohes Einkommen verfügen und viele nur über ein niedriges, da ihre Produktivität vergleichsweise gering ausfällt. Diese Entwicklung wird für alle Genossenschaften im Hinblick auf ihre sozialen und kulturellen Aktivitäten neue Anforderungen stellen. Sie dürfte besonders zu einem Anstieg der Zahl der Sozial- und Kulturgenossenschaften führen.

4 Der moderne Begriff des „Member Value"

Der aus dem Amerikanischen stammende Begriff „Member Value" stellt den Wert der Aktivitäten der Genossenschaft aus Sicht des Mitglieds dar. Ist dieser *„Wert für die Mitglieder"* gleich null bzw. sehr klein, fehlt ein Anreiz, Mitglied zu werden oder zu bleiben. Member Value ist zwar nicht handelbar, genau bezifferbar oder bilanzierbar, muss aber materiell wie emotional erlebt und erkannt werden können. Er gilt als zentrale Erfolgsgröße genossenschaftlicher Tätigkeit, bringt den Gesamtwert des Mitgliedernutzens zum Ausdruck und besteht im Wesentlichen aus zwei Elementen:

▷ dem Wert der *direkten (unmittelbaren) Förderung,* also der geschätzten Werthaltigkeit und des individuellen Mitgliedernutzens des gesamten Leistungsangebots des Genossenschaftsunternehmens. Darin enthalten sind preisliche und leistungsmäßige (qualitative, quantitative) Vorteile, soziale und kulturelle Nutzen, in deren Genuss ein Mitglied in der Beziehung mit seiner Genossenschaft kommen kann.

▷ dem Wert der *indirekten (mittelbaren) Förderung,* also des Nutzens, der erst in Wirtschaftsgenossenschaften nach Abschluss einer Geschäftsperiode (Rückvergütung, Umsatzdividende, Boni) und zum Teil ohne Bezug zu den Leistungsprozessen (Dividenden oder Zinsen auf das Geschäftsguthaben) den Mitgliedern zugutekommt. Dazu gehören auch sonstige Angebote, wie Gruppenversicherungen, Mitgliederzeitschriften und Leistungen aus Mehrwertprogrammen. In den Sozial- und Kulturgenossenschaften gehört dazu der Nutzen aus dem Bewusstsein und Gefühl, etwas Gutes für sich und insbesondere für die Allgemeinheit zu tun bzw. Kunst zu verstehen oder zu erlernen.

Auf jeden Fall muss der Member Value für die Mitglieder wahrnehmbar sein. Durch Rücklagenbildung im Wege der Gewinneinbehaltung wird zwar das langfristige Förderpotenzial in allen Genossenschaftstypen gestärkt, um heutige und zukünftige Mitglieder attraktiv fördern zu können. Diese Vorsorge wird jedoch aus Mitgliedersicht allenfalls als nicht transparente „Eventualförderung der Zukunft" gesehen. Es liegt daher nahe, diese Komponente nicht als eine in den Member Value einzubeziehende Größe zu behandeln.

Aus diesen Förderelementen resultiert die Notwendigkeit, ein positives Ergebnis, also einen Gewinn oder eine verbesserte Sozialsituation oder ein entsprechendes Kulturereignis, zu erzielen. Die Elemente des Member Value sind somit nicht unabhängig voneinander zu sehen, sondern vielmehr in eine Gesamtstrategie für das genossenschaftliche Unternehmen einzubinden. Jede Genossenschaft hat also die Aufgabe, ein entsprechendes *Member-Value-Konzept* zu entwerfen, zu operationalisieren und zu kommunizieren. Die Umsetzung dieses Konzepts ist regelmäßig zu überprüfen. Das kann in Form eines Förderplans und nachfolgenden Förderberichts geschehen, wobei die Mitglieder an der Erstellung und Weiterentwicklung des Förderplans aktiv beteiligt werden können.

Resümee

1. *Oberstes Ziel* einer Genossenschaft ist die *Mitgliederförderung.* Sie bestimmt die genossenschaftliche Unternehmensphilosophie. Das gilt gleichermaßen für Wirtschafts-, Sozial- und Kulturgenossenschaften.

2. Die Erfüllung des Förderauftrags in *Wirtschaftsgenossenschaften* hat vielfältige Facetten: von der Zahlung von Dividenden auf das eingebrachte Mitgliederkapital (was als alleiniger Förderansatz nicht genossenschaftlichen Grundsätzen entspricht) bis hin zu einem in sich abgestimmten breiten Förderportfolio unter Einbeziehung metaökonomischer Förderelemente.

3. *Fördererfolg bedingt Markterfolg:* Nur eine im Wettbewerb erfolgreich positionierte, einen angemessenen Gewinn erzielende Genossenschaft wird in der Lage sein, ihre Mitglieder fördern.

4. Das Förderziel in *Sozial- und Kulturgenossenschaften* kann sehr verschiedenartig sein. Bei beiden vornehmlich nicht wirtschaftlich orientierten Genossenschaftsarten treten Schwierigkeiten auf, den Fördererfolg zu messen.

5. Die *Mitgliederförderung* ist in die *Gesamtunternehmensplanung einzubeziehen* und nach Ablauf jeder Periode zu bewerten.

Kapitel VI:

Kapital ist nicht alles – aber ohne Kapital geht nichts

1 Elemente der Finanzstruktur von Unternehmen

Im Zentrum der **Unternehmensfinanzierung** steht die Beschaffung von längerfristig verfügbarem, haftendem **Eigenkapital** und von **Fremdkapital**, das von externen Geldgebern auf Zeit überlassen wird. Die Fremdfinanzierung, die bei Genossenschaften kaum Spezifika aufweist, wird im Folgenden ausgeklammert. Zum Eigenkapital zählen **Beteiligungskapital** und **Rücklagen** (Reserven). Zur Ergänzung des Eigenkapitals können die Eigentümer eine Haftung für die Verbindlichkeiten ihres Unternehmens übernehmen. Das sind die Elemente der Finanzstruktur und die wichtigsten Finanzierungsquellen.

Ausprägung und Bedeutung der einzelnen Elemente der Eigenkapitalstruktur hängen mit dem gewählten Organisationstyp, dem jeweiligen Unternehmenszweck und dem Kreis der Gesellschafter zusammen. Besonderheiten der genossenschaftlichen Finanzierung resultieren unter anderem aus dem Unternehmensziel, dem in der Regel begrenzten Mitgliederkreis, dem variablen Beteiligungskapital und der grundsätzlichen Unteilbarkeit der Reserven. Das Kapital dient der Mitgliederförderung, doch müssen Genossenschaften im Wettbewerb ebenso solide finanziert werden wie ihre erwerbswirtschaftlichen Konkurrenten, um am Markt erfolgreich zu sein. Markterfolg ist Voraussetzung für Fördererfolg.

Die Entwicklung in den letzten Jahrzehnten zeigt wie bei anderen Unternehmen auch für Genossenschaften einen **wachsenden Kapitalbedarf**. Für deren Stabilität und Entwicklung als Wirtschaftseinheiten, die Erzielung eines angemessenen Mindestgewinns, die Sicherung der Liquidität sowie ein ökonomisch sinnvolles Verhältnis von Eigen- und Fremdkapital sind Vorstand und Mitglieder gemeinsam verantwortlich. Aber anders als bei Kapitalgesellschaften gibt es bei Genossenschaften Begrenzungen, die sich aus ihrer Eigenart als nutzerorientierte Förderunternehmen oder aus der Möglichkeit einer Förderung sozialer bzw. kultureller Interessen der Mitglieder ergeben.

An der **Kapitalaufbringung von Genossenschaften** beteiligen sich die Mitglieder im Allgemeinen nicht wegen einer erwarteten Rendite, sondern um zu ermöglichen, das Mitgliederkapital zur Sicherung der Leistungs- und Förderfähigkeit des Gemeinschaftsunternehmens einzusetzen. Das ist ein entscheidender Unterschied gegenüber dem Normaltyp einer Aktiengesellschaft als Prototyp der Kapitalgesellschaft, die sich als eine Art „Kapitalsammelstelle" an ein breites, anonymes Publikum wendet. Weder an einer Kapitalverwertung interessierte Investoren noch der Staat können in einer Genossenschaft beherrschenden Einfluss ausüben.

Bei der Diskussion über die finanzielle Ausstattung von Genossenschaften ergeben sich eine Reihe von *Fragen:*

▷ Ist die Genossenschaft eine schwächere Form der AG? Liegt in ihrer besonderen Finanzstruktur eine strukturelle Schwäche des Organisationstyps „Genossenschaft"?

▷ Stellt der genossenschaftliche Geschäftsanteil eine schlecht konstruierte Beteiligungsform oder eine zweckmäßige Gestaltung der Kapitalbeteiligung der Mitglieder an ihrer Genossenschaft dar?

▷ Lässt sich die Stellung der Genossenschaft im Wettbewerb dadurch verbessern, dass ihre Finanzierung jener der Kapitalgesellschaften angeglichen wird?

Die folgenden Antworten auf diese Fragen weisen auf die genossenschaftlichen Besonderheiten der Finanzierung hin.

2 Die Eigenfinanzierung von Aktiengesellschaften und Genossenschaften im Vergleich

Die Genossenschaft ist keine abgewandelte Kapitalgesellschaft, sondern ein eigenständiger Organisationstyp. Anders als die auf Rendite angelegte Aktiengesellschaft ist sie auf die Mitgliederförderung ausgerichtet. Während die AG ebenso wie die meisten anderen Typen des Gesellschaftsrechts jeden erlaubten Zweck verfolgen kann, ist der einzige nach dem Genossenschaftsgesetz zulässige Zweck einer Genossenschaft die

Förderung ihrer Mitglieder mittels gemeinsam getragenen Geschäftsbetriebs.

Genossenschaften sind ein Organisationstyp zwischen Personen- und Kapitalgesellschaft (vgl. Abbildung 13). Die Unterschiede der *Finanzstruktur gegenüber Kapitalgesellschaften* lassen sich wie folgt zusammenfassen:

▷ Motiv für die Beteiligung ist bei Kapitalgesellschaften die Investition von Kapital mit Renditeerwartung. Bei Genossenschaften besteht hingegen eine mitgliedschaftliche Pflicht zur finanziellen Beteiligung für die Dauer der Mitgliedschaft im Zusammenhang mit der Erwartung von Förderleistungen des Genossenschaftsunternehmens.

▷ Zentrale Messgrößen für die Zuteilung von Einfluss und Teilhabe am Gewinn sind bei Kapitalgesellschaften die finanzielle Beteiligung, das Kapitalstimmrecht und die Kapitaldividende. Bei Genossenschaften zählt die Beteiligung als Person: Kopfstimmrecht oder beschränktes Mehrstimmrecht und Überschussverteilung möglichst gemäß Inanspruchnahme der genossenschaftlichen Einrichtungen.

▷ Rücklagenbildung und Gewinnverwendung sind bei Kapitalgesellschaften investorfreundlich. Vermögenswert des Unternehmens und Höhe der Kapitalrendite dienen als Maßstäbe zur Bestimmung des Marktwerts der in der Regel frei übertragbaren Aktie. Bei Genossenschaften sind Rücklagenbildung und Gewinnverwendung nutzerfreundlich. Die Förderleistung steht im Vordergrund. Unteilbare Reserven und beschränkte Kapitalentlohnung schließen spekulative Kapitalgewinne aus. Geschäftsanteile sind nicht frei übertragbar. Die Überschussverteilung kann nach der Betriebsbeteiligung in Form einer Rück- bzw. Nachvergütung erfolgen.

Dieser Vergleich bringt die Besonderheiten der personenbezogenen Finanzierung von Genossenschaften zum Ausdruck.

Element	Genossenschaft	Aktiengesellschaft
Beteili-gungs-kapital	▷ Finanzieller Beitrag des Mitglieds für die Dauer der Mitgliedschaft ▷ Mitgliederabhängige Komponente des Eigenkapitals schwankt mit Beitritt und Ausscheiden von Mitgliedern ▷ Beschränkte Kapitalrendite ▷ Rückzahlbar zum Nennwert ▷ Eingeschränkter Kreis von Beitragenden (Nutzer der genossenschaftlichen Einrichtungen)	▷ In Aktien zerlegtes Grundkapital, Anlagemöglichkeit für Rendite suchende Investoren ▷ Stabil, nicht kündbar, aber in der Regel frei übertragbar ▷ Attraktivität zeigt sich in der Kapitaldividende ▷ Veräußerung zum Marktwert, der Vermögenszuwachs des Unternehmens berücksichtigt ▷ Beliebiger, anonymer Interessentenkreis
Rück-lagen	▷ Nach herkömmlichen Regeln: unteilbar, „Stiftungsfonds" ▷ Mitgliederunabhängige Komponente des Eigenkapitals ▷ Kollektives, neutralisiertes Kapital zur Verfolgung des Gesellschaftszwecks ▷ Stabiles Gegengewicht zum variablen Beteiligungskapital	▷ Von der AG verwalteter Teil des Gesellschaftsvermögens ▷ Maßgeblich für die Berechnung des Marktwerts der Aktien ▷ Bei aufgelöster AG: Verteilung des Liquidationserlöses unter den Berechtigten im Verhältnis zur Höhe ihrer Kapitalbeteiligung
Verwendung von Gewinn	▷ Auf Vorschlag des Vorstands von Mitgliederversammlung beschlossen ▷ Zuweisung zu den Rücklagen ist eine für die Finanzierung des Genossenschaftsunternehmens erforderliche Thesaurierung ▷ Sammlung von Rücklagen zur Stabilisierung des variablen Beteiligungskapitals und zur Erhöhung der Kreditwürdigkeit ▷ Rück- oder Nachvergütung im Verhältnis zum Umsatz	▷ Entscheidung des Vorstands ▷ Höhe der Kapitaldividende als zentrales Element der Bestimmung des Marktwerts der Aktie ▷ Werbung mit hoher Kapitaldividende

Abb. 13: Elemente der Eigenfinanzierung von Unternehmen

3 Eigenkapitalaufbringung bei Genossenschaften

3.1 Beteiligungsfinanzierung des Genossenschaftsunternehmens

3.1.1 Spezifische Regeln

Aus den folgenden *Grundregeln zur Beteiligungsfinanzierung der Genossenschaft* hat sich in Theorie und Praxis ein Konzept herausgebildet, das in vielen Aspekten bis heute gilt:

▷ Nur potenzielle Nutzer und seit 2006 auch nicht-nutzende Investorenmitglieder können Geschäftsanteile übernehmen. Die Zahl der als Mitglieder in Betracht kommenden Personen („Mitglieder-Zuwachspotenzial") ist vielfach begrenzt.

▷ Bei der Festlegung der Höhe des Geschäftsanteils muss berücksichtigt werden, dass die finanzielle Leistungsfähigkeit bzw. -bereitschaft derjenigen, die sich Genossenschaften anschließen und Förderung suchen, mehr oder weniger große Unterschiede aufweisen kann.

▷ Mitglieder sind unabhängig von der Höhe ihrer Kapitalbeteiligung gleichberechtigt. Die Mitgliedschaftsrechte sind personenbezogen. Bereits die Mindestbeteiligung gewährt die vollen Mitgliedschaftsrechte.

▷ Die Beteiligung an der Finanzierung genossenschaftlicher Einrichtungen besteht nur für die Dauer der Mitgliedschaft. Bleiben die Förderleistungen aus, kann die Mitgliedschaft gekündigt und das Geschäftsguthaben zurückgefordert werden. Bei offener Mitgliederzahl hat die Genossenschaft deshalb im Unterschied zur AG ein variables Beteiligungskapital.

▷ Auf die Rücklagen haben die Mitglieder keinen Anspruch. Es handelt sich um kollektives Kapital, das allen gegenwärtigen und künftigen Mitgliedern dient.

Solange das **Grundkonzept** nicht verlassen wird, bleibt die Genossenschaft als Organisationstyp von ihrer Finanzstruktur her auf ein relativ langsames Wachstum angelegt. Daher eignet sich die Genossenschaft nicht für kapitalintensive Unternehmen, für die schnell große Kapitalbeträge aufgebracht werden müssen. Im Bemühen, die Kapitalbasis der Genossenschaften zu stärken und die Beteiligung an ihnen attraktiver zu machen, wurden allerdings immer mehr Ausnahmen von diesen klaren Regeln zugelassen. Beispiele sind die Zulassung nicht nutzender Investorenmitglieder (§ 8 Abs. 2 GenG), Festsetzung eines Mindestkapitals (§ 8a Abs. 1 GenG) und Auszahlung eines Anteils an einer zu diesem Zweck gebildeten Ergebnisrücklage bei Beendigung der Mitgliedschaft (§ 73 Abs. 3 GenG).

3.1.2 Geschäftsanteil und Geschäftsguthaben

Der **Geschäftsanteil** ist der Betrag, bis zu dem sich ein Mitglied bei Übernahme eines Kapitalanteils an der Genossenschaft beteiligen kann. Geschäftsanteile sind nur eingeschränkt übertragbar, nämlich nur unter Mitgliedern und künftigen Mitgliedern mit Zustimmung des Vorstands. Das effektiv der Genossenschaft zugeführte Kapital ist das **Geschäftsguthaben.** Dieses wird durch Pflicht- und weitere Einzahlungen sowie durch Gutschriften (Rück- bzw. Nachvergütung, Dividende) erhöht und durch Abbuchung von Verlustanteilen der Mitglieder verringert.

Die **Höhe des einzelnen Geschäftsanteils** und der Pflichteinlagen richtet sich nach den zu erfüllenden Aufgaben und der Leistungsfähigkeit der Mitglieder, die je nach Art der Genossenschaft variieren. Bei Verbrauchergenossenschaften mit großer Mitgliederzahl ist es oft ein Bagatellbetrag, der zudem in Raten eingebracht werden kann. Bei Wohnungsgenossenschaften oder Genossenschaften von Handwerkern, Händlern oder Landwirten hingegen ist die Höhe des Geschäftsanteils oft beträchtlich.

Anreiz zur Kapitalbeteiligung ist die Aussicht auf Förderung durch günstige Konditionen bei Leistungsbeziehungen zum Genossenschaftsunternehmen. Anders als bei Kapitalgesellschaften gewährt eine über die

Mindestbeteiligung hinausgehende freiwillige Kapitalbeteiligung keine zusätzlichen Mitgliedschaftsrechte. Alternativ zur Beendigung der Mitgliedschaft ist die Kündigung einzelner Geschäftsanteile möglich, also eine Teilkündigung.

Wenn eine Genossenschaft für die Übernahme von Geschäftsanteilen mit der Aussicht auf eine hohe Dividende wirbt, bringt sich die Genossenschaftsleitung selbst unter Zwang, notfalls zulasten der Fördereffizienz gegenüber den nutzenden Mitgliedern verteilbare Gewinne zu erzielen. Aber auch bei hoher Dividende ist der Geschäftsanteil bei näherem Hinsehen *als Kapitalanlage nicht besonders attraktiv.* Er verbrieft keine Rechte, hat keinen Marktwert, ist unverkäuflich, nur beschränkt übertragbar und wird bei Kündigung zum Nennwert abzüglich eventueller Verlustbeteiligung nach Ablauf einer Kündigungsfrist erstattet. Eine Beteiligung ausscheidender Mitglieder an besonderen Rücklagen der Genossenschaft ist zwar gemäß § 73 GenG prinzipiell möglich, sie wird aber kaum praktiziert. Solange der Geschäftsanteil nicht frei übertragbar ist, keine Mitgliedschaftsrechte und insbesondere Kapitalstimmrechte verbrieft und keinen Marktwert entwickelt, kann er als Anlagemöglichkeit nicht mit der Inhaberaktie konkurrieren.

3.1.3   Zusätzliches Beteiligungskapital aufbringen

Die einzig zuverlässige Grundlage der Genossenschaft sind ihre Mitglieder in ihrer Rolle als Träger und Nutzer. Es sollte deshalb das Ziel sein, bei Eigenkapitalbedarf *neue Mitglieder* aufzunehmen bzw. möglichst viele vorhandene Mitglieder zur freiwilligen *Übernahme zusätzlicher Geschäftsanteile* zu bewegen. Dafür muss geworben werden. Die Mitglieder müssen die Bedeutung verstehen, die ihre Kapitalbeteiligung für die Entwicklung der Genossenschaft hat. Geschäftsanteile ohne zusätzliche Haftung übernehmen zu können, erleichtert dem Mitglied die Entscheidung. Die Satzung kann die Pflicht zur *Beteiligung* eines Mitglieds *mit mehreren Anteilen* im Verhältnis zur Inanspruchnahme der Einrichtungen der Genossenschaft vorsehen (Staffelbeteiligung).

Wenn mit einer hohen Kapitaldividende geworben wird, ist das „teure Beteiligungskapital" für Genossenschaftsvorstände häufig ein Grund, sich bei der Aufnahme neuer Mitglieder und bei der Werbung für die Übernahme weiterer Geschäftsanteile zurückzuhalten, um eine faktische

Herrschaft kapitalkräftiger Mitglieder zu vermeiden. Dies gilt insbesondere in Zeiten sehr niedriger Kapitalmarktzinsen. Die Kapitalbeteiligung einzelner Mitglieder ist zudem nicht in beliebiger Höhe möglich, weil die Satzung oft Obergrenzen festlegt.

Seit der Novelle zum GenG 2006 können Genossenschaften in ihrer Satzung vorsehen, Personen, die nicht als Nutzer der genossenschaftlichen Einrichtungen infrage kommen, als *investierende Mitglieder* zuzulassen. Zugleich enthält das Gesetz aber Regeln, die verhindern sollen, dass die investierenden Mitglieder die nutzenden Mitglieder überstimmen oder den Aufsichtsrat dominieren können. Allerdings gibt es für die Wahl investierender Mitglieder in den Vorstand keine Beschränkungen. Eine weitere Neuerung, die es ermöglicht, Beteiligungskapital aufzubringen, ist die Zulässigkeit von Sacheinlagen als Einzahlungen auf den Geschäftsanteil.

3.1.4 *Beteiligungskapital stabilisieren*

Wie kann erreicht werden, dass das grundsätzlich variable Beteiligungskapital der Genossenschaft möglichst lange zur Verfügung steht? Hierzu werden die **Kündigungsfristen** für die Beendigung der Mitgliedschaft verlängert und damit die Auszahlung der Geschäftsguthaben hinausgezögert. Seit 2006 kann diese Frist für Genossenschaften, in denen alle Mitglieder Unternehmer sind, auf zehn Jahre erhöht werden (§ 65 Abs. 2 Satz 3 GenG). Diese lange Kapitalbindung wird allerdings durch ein außerordentliches Kündigungsrecht (§ 65 Abs. 3 GenG) relativiert.

Seit der Novelle 2006 ist es möglich, in der Satzung die Höhe eines *Mindestkapitals* und die Art seiner Berechnung festzusetzen (§ 8 a Abs. 1 GenG). Dieses könnte ein prozentualer Mindestanteil der Summe der Geschäftsguthaben am Ende des vorangegangenen Geschäftsjahres oder ein Fixbetrag sein. Der über das Mindestkapital hinausgehende Betrag der Geschäftsguthaben würde dann in der Bilanz nicht als Eigenkapital, sondern als Verbindlichkeit ausgewiesen. Durch die Möglichkeit, ein Mindestkapital einzuführen, rückt die Genossenschaft näher an das Modell der Kapitalgesellschaft heran. Das typisch genossenschaftliche Merkmal des „variablen Beteiligungskapitals" wird damit teilweise aufgegeben.

3.2 Besonderheiten der genossenschaftlichen Selbstfinanzierung

Bei den Rücklagen unterscheidet man gesetzliche und freie, offene und stille, Ergebnis- und Kapitalrücklagen. § 7 Abs. 2 GenG verlangt, in der Satzung einen Mindestprozentsatz der jährlichen Zuweisungen und eine Obergrenze für die Bildung gesetzlicher Reserven festzulegen. Damit ist vorgeschrieben, dass Regeln zur Erhaltung der finanziellen Stabilität des Genossenschaftsunternehmens eingehalten werden müssen. *Gesetzliche Rücklagen* sind nicht frei verfügbar; sie können nur zum Ausgleich eines in der Bilanz ausgewiesenen Verlusts eingesetzt werden. Die Bildung darüber hinausgehender *freier Rücklagen* kann in der Satzung vorgesehen (satzungsmäßige Rücklagen) oder von den Mitgliedern im Zusammenhang mit der Verwendung des Jahresergebnisses beschlossen werden (freiwillige Rücklagen).

Gesetzliche und freie Reserven werden in der Bilanz ausgewiesen (offene Rücklagen). *Stille Reserven* entstehen durch vorsichtige Bewertung von Vermögen und Verbindlichkeiten, sind aus der Bilanz der Genossenschaft nicht ersichtlich und können z. B. durch Verkauf unterbewerteter Aktiva oder durch Neubewertung aufgelöst werden. Das Steuerrecht zieht Grenzen für zulässige Bewertungsspielräume.

Die Bildung von Reserven aus unverteilten Gewinnen setzt die Erwirtschaftung von Gewinn voraus. Zweck jeder Genossenschaft ist es, den Mitgliedern Förderleistungen zu günstigen Konditionen zu bieten, was die Möglichkeiten der Gewinnerzielung im Zweckgeschäft einschränkt. Die Bildung von Rücklagen muss mit dem Grundsatz der fördergerechten Überschussverteilung vereinbar sein. Eine Reservenpolitik, der zufolge möglichst hohe Rücklagen den Ausgleich zu relativ kleinen Kapitalbeteiligungen der Mitglieder bringen sollen, verringert den Spielraum für direkte Förderung und Dividendenzahlungen. Zudem schadet sie dem Image des Geschäftsanteils, weil hohe Rücklagen, die dem Zugriff der Mitglieder entzogen sind („Gemeinschaftskapital"), deren Kontrollrecht schwächen.

Feste *Regeln zur optimalen Eigenkapitalstruktur* der Genossenschaft gibt es nicht. Das angemessene Verhältnis von stabilen Reserven zu variablem Beteiligungskapital ist fallweise zu bestimmen. Praktiker präferieren häufig hohe Rücklagen, weil die Mitglieder auf diese Reserven keinen Zugriff haben, während die Geschäftsguthaben als teure Form des Eigenkapitals gelten, da hierfür jährlich Dividendenzahlungen anfallen können. Tatsächlich ist die Zuweisung von Überschüssen zu den Rücklagen zunächst eine relativ teure Form der Kapitalbildung, für die der volle Körperschaftssteuersatz anfällt. Einmal gebildete Rücklagen stehen der Genossenschaft dann aber ohne Zinsbelastung zur Verfügung.

4 Problembereiche der Eigenfinanzierung bei Genossenschaften

4.1 Strukturelle Besonderheiten

Die Genossenschaften fühlen sich oftmals in einem *Dilemma* zwischen Marktanpassung und Identitätserhaltung. Um ein Organisationstyp mit Zukunft zu sein, müssen sie sich an die veränderten Markt- und Wettbewerbsbedingungen anpassen und zugleich ein klares Profil als mitgliederorientierte Organisation wahren.

Bei steigendem Kapitalbedarf *fehlen attraktive Bedingungen* für Investoren, soll doch die dominierende Stellung der nutzenden Mitglieder erhalten bleiben. Unterschiedliche Genossenschaften finden bei der Anpassung an ein sich änderndes Umfeld unterschiedliche Lösungen. Die Frage ist, inwieweit eine Anpassung der herkömmlichen Genossenschaftsstruktur an veränderte Bedingungen möglich ist, ohne das genossenschaftliche Grundkonzept zu verlassen.

Andererseits benötigen viele Genossenschaften mehr Kapital, als die Mitglieder aufbringen können oder wollen. Soweit sich dieser Kapitalbedarf nicht durch Verbundfinanzierung decken lässt, stehen die Genossenschaften vor einer *Richtungsentscheidung.* Sollen sie nicht nutzende, nur investierende Mitglieder zulassen und damit vom Identitätsprinzip abweichen oder nicht?

Verglichen mit der Kapitalgesellschaft, an der sich Rendite suchende Investoren beteiligen, hat die Genossenschaft auf den ersten Blick strukturelle Schwächen. Aber dieser Vergleich hinkt. Die Genossenschaft ist keine Kapitalgesellschaft und kann auch keine werden, ohne ihre Eigenart als förderwirtschaftliches Unternehmen einzubüßen.

4.2 Variables Beteiligungskapital

Die schleichende Angleichung der genossenschaftlichen Finanzierung an Regeln der Kapitalgesellschaften, z. B. durch Abdingbarkeit der Mitgliederhaftung, Teilkündigung und Beteiligung ausscheidender Mitglieder an dazu bestimmten Rücklagen, hat dazu beigetragen, dass in der Diskussion über internationale Rechnungslegungsstandards (IAS) besonders bei den Genossenschaftsbanken der *Eigenkapitalcharakter des* variablen genossenschaftlichen *Beteiligungskapitals infrage gestellt* wird. Reaktionen darauf sind weitere Anpassungen an kapitalgesellschaftliche Regelungen im Genossenschaftsrecht und in der Praxis.

Ein *Ausweg* könnten die *Einschränkung der Variabilität* des Beteiligungskapitals durch Einführung eines Mindestkapitals, also eines unkündbaren Kapitalsockels, und eine Verlängerung der Kündigungsfristen für Mitgliedschaft und Geschäftsanteile sein. Ein anderer Weg ist die Erschließung neuer Kapitalquellen, indem investierende Mitglieder zugelassen und übertragbare Wertpapiere ohne Stimmrecht ausgegeben werden. Es gibt Bemühungen, die Attraktivität der Geschäftsanteile zu erhöhen, indem eine Beteiligung am Vermögenswert der Genossenschaft für ausscheidende Mitglieder angeboten wird. Diese haben aber den negativen Effekt, auch die Reserven als den bisher stabilen Teil des Eigenkapitals variabel zu machen.

4.3 Eingeschränkte Selbstfinanzierungs-möglichkeiten

Auf die in der Finanzstruktur zum Eigenkapital zählenden, in der Regel unteilbaren *Reserven,* die ein *stabiles Gegengewicht zur Variabilität des Beteiligungskapitals* (Summe der Geschäftsguthaben) bilden, haben die Mitglieder keinen Anspruch. Dieses entpersönlichte Kapital verbleibt in der Genossenschaft, um das Leistungspotenzial zu stärken. Es ist notwendig, um alle aktuellen und künftig beitretenden Mitglieder auf längere Sicht attraktiv fördern zu können.

Die durchweg „mitgliederunabhängigen" gesetzlichen und freien – satzungsmäßigen oder freiwilligen – *Reserven* sind wichtig, weil es sich im Gegensatz zum Beteiligungs- und Fremdkapital um Dauerkapital ohne Rückzahlungsverpflichtung handelt. Weitere *Vorteile für die Genossenschaft* sind dabei das Fehlen von Dividendenverpflichtungen aus diesem über Selbstfinanzierung gebildeten Eigenkapital, die Erhöhung der finanziellen Unabhängigkeit der Genossenschaftsleitung und die Stärkung der Kreditwürdigkeit.

4.4 Haftung der Mitglieder

Wenn es Genossenschaften besonders in der Gründungsphase an Beteiligungskapital mangelt und Rücklagen fehlen, kann Mitgliederhaftung die Rolle von „Ersatzkapital" einnehmen. Diese Haftung erhöht die Kreditwürdigkeit der Genossenschaft und festigt den Zusammenhalt zwischen Mitgliedern und Genossenschaft. Mit der Entwicklung der Genossenschaften, wachsenden Rücklagen und steigendem Wettbewerb erschien die Mitgliederhaftung zunehmend als Belastung und wurde schrittweise verringert, bis sie schließlich im Rahmen erweiterter Satzungsautonomie ganz zur Disposition der Genossenschaften gestellt war.

Heute bedeutet Mitgliederhaftung entweder beschränkte Nachschusspflicht oder „Anteilshaftung". *Beschränkte Nachschusspflicht* kann die Satzung in verschiedener Form vorsehen. Entweder als zusätzliche Haftsumme für jeden übernommenen Geschäftsanteil oder als Haftsumme in Höhe des ersten Geschäftsanteils oder in Höhe eines bestimmten Geldbetrags. Das Mitglied muss seiner Nachschusspflicht nur bei Insolvenz der Genossenschaft nachkommen, und nur, wenn für die Befriedigung der Gläubigerforderungen kein ausreichendes Vermögen zur Verfügung steht. Nur dann werden die nachschusspflichtigen Mitglieder nach einem bestimmten Plan zur Haftung herangezogen. *Anteilshaftung* bedeutet dagegen, dass Mitglieder bei Volleinzahlung der gezeichneten Geschäftsanteile keine Nachschussverpflichtungen gegenüber der Genossenschaft haben. Satzungsgemäß fällige, aber rückständige Einzahlungen auf Geschäftsanteile müssen geleistet werden.

Die Einschränkung oder der vollständige Wegfall der Nachschusspflicht machen es leichter, neue Mitglieder zu werben. Bei Kreditgenossenschaften spielt der Haftsummenzuschlag als Ergänzung des Eigenkapitals bis heute eine wichtige Rolle. Viele Mitglieder machen sich keine konkrete Vorstellung von ihrer Nachschusspflicht, denn heute ersetzen Verbundfinanzierung sowie regionale und nationale Sicherungseinrichtungen (auch „Solidaritätsfonds" genannt) weitgehend die Mitgliederhaftung.

5 Ansätze zur Lösung genossenschaftlicher Finanzierungsprobleme

5.1 Finanzierungsquellen innerhalb des Genossenschaftskonzepts

Es gibt eine große Zahl von Instrumenten zur Eigenkapitalbeschaffung, teils innerhalb, teils außerhalb des Genossenschaftskonzepts. Gefunden werden muss ein Interessenausgleich zwischen Nutzern, Kapitalgebern und Kapital benötigendem Gemeinschaftsunternehmen, ohne das Genossenschaftskonzept verlassen und das Profil der Genossenschaft als förderwirtschaftliche Selbsthilfeorganisation verändern zu müssen. Der genossenschaftliche Geschäftsanteil ist eine auf die Bedürfnisse von nutzerorientierten Förderunternehmen ausgerichtete Konstruktion.

Wenn die Förderung der nutzenden Mitglieder im Vordergrund steht, braucht die Genossenschaft eine Stärkung des mitgliederabhängigen Kapitals. Hierfür muss sie eine Anteilspolitik entwickeln, die zum Erwerb zusätzlicher Anteile anregt. Damit wird das Kapital aufgebracht, das den Ausbau effizienter Förderpotenziale erlaubt. Die Werbung neuer Mitglieder bringt zwar Zufluss von Beteiligungskapital, fordert aber auch, falls keine Förderkapazität vorhanden ist, deren Erweiterung, was wiederum Kapital bindet.

Maßnahmen, die *zur Aufbringung zusätzlichen Beteiligungskapitals* führen, sind z. B. die Einführung einer Staffelbeteiligung proportional zur Nutzung der genossenschaftlichen Einrichtungen, Gratisanteile aus aufgelösten Reserven, stimmrechtslose Genussrechte aus wiederangelegten Rückvergütungen, Kapital ersetzende Mitgliederdarlehen, stille Beteiligungen oder Verbundanteile. Mit solchen Lösungen innerhalb des Genossenschaftskonzepts wird die Eigenständigkeit des Organisationstyps im Finanzierungsbereich als Wettbewerbsvorteil betont. Bei dieser Option passen die Genossenschaften ihre Finanzierungsstrategie ihrer Struktur an. Maßnahmen zur *Umsetzung einer derartigen Anteilspolitik* sind:

▷ Hervorhebung der Bedeutung des Geschäftsanteils als besondere Form des nutzerkontrollierten Eigenkapitals mit Teilnahme an Nutzen und Risiko,
▷ Erhöhung des Ansehens des Geschäftsanteils und bessere Information der Mitglieder über die Rolle der Geschäftsanteile in Genossenschaften,
▷ Betrachten der nutzenden Mitglieder als besondere Kategorie von Investoren, für die Geschäftsanteile attraktiver und flexibler ausgestaltet werden müssen,
▷ Betonung der Rück- bzw. Nachvergütung als Alleinstellungsmerkmal und
▷ Umwandlung freiwilliger Reserven in Bonusanteile.

Auf diese Weise kann der *Selbsthilfekreislauf verstärkt* in Gang gesetzt werden. Die zufriedenen Mitglieder bestimmen die Entwicklung. Sie sorgen für Kapitalzufluss durch Erhöhung ihrer Beteiligung. Neue Mitglieder werden geworben und übernehmen Geschäftsanteile. Unzufriedene Mitglieder kündigen und entziehen der Genossenschaft Kapital. Für Genossenschaften wäre es ideal, möglichst hohe Kapitalbeiträge der Mitglieder für möglichst lange Zeit bei möglichst geringer Honorierung zu halten. Dafür müssten den Mitgliedern aber exklusive Förderleistungen anderer Art geboten werden.

5.2 Kapitalbeschaffung außerhalb des Genossenschaftskonzepts

Werden zur Beseitigung der sogenannten strukturellen Nachteile der Genossenschaft im Bereich der Kapitalaufbringung Regeln der Kapitalgesellschaft übernommen, so werden diese „Schwächen" gegenüber der AG zwar zum Teil und kurzfristig gemildert, zugleich aber können der Charakter als personenbezogener Organisationstyp und das arteigene genossenschaftliche Profil verloren gehen. Die Genossenschaft gibt ihre eigene Unternehmenskultur auf und wird zu einem Unternehmen wie jedes andere, wobei dann in der Regel die Ausrichtung auf Mitgliederförderung und Identitätsprinzip verloren gehen.

Treten Wachstum und Erhöhung der Marktanteile als alleinige Unternehmensziele in den Vordergrund und wird im Nichtmitgliedergeschäft das zentrale Wachstumspotenzial gesehen, müssen neue Beteiligungskapitalquellen auch außerhalb des Genossenschaftskonzepts gesucht werden. *Denkbare Wege* sind das Angebot von Anlagemöglichkeiten für externe Investoren, Aufnahme investierender Mitglieder, Werbung mit hoher Kapitaldividende und eine Beteiligung an den Sonderrücklagen nach § 73 Abs. 3 GenG. Die Frage ist dann, ob man die dominierende Rolle der nutzenden Mitglieder erhalten und zugleich investierende Mitglieder an einer Kapitalbeteiligung interessieren kann, ob sich Käufer für Geschäftsanteile finden lassen, die keine Mitgliedschaftsrechte verbriefen, nicht frei übertragbar sind und keinen Marktwert haben.

6   Grenzen der Anpassungsfähigkeit

Die oben genannten Beschränkungen der Beteiligungsfinanzierung sind in der Struktur der Genossenschaft begründet, insofern dem Genossenschaftskonzept immanent. Auf die Milderung dieser „strukturellen Schwächen" zielen auch Reformen, welche die Organisationsform an die veränderten Umfeldbedingungen, insbesondere an den steigenden Kapitalbedarf anpassen sollen.

Ihre Eigenarten erschweren es Genossenschaften im Vergleich zu Kapitalgesellschaften, Investoren zu finden, die bereit sind, in Genossenschaften zu investieren. Das ist aber eine beabsichtigte Wirkung. Rendite und Einfluss suchende *Investoren sollen von Genossenschaften ferngehalten werden.* Darin liegt eine Stärke der Organisationsform im Sinne ihres typischen Unternehmenszwecks, nämlich der Förderung der nutzenden Mitglieder.

In einer Organisation, deren Eigentümer und Nutzer die gleichen Personen sind, entstehen keine Verteilungskonflikte zwischen Kapitalgebern und Nutzern. Für sie macht es letztlich keinen Unterschied, ob zu günstigen Konditionen angeboten wird, die keinen verteilbaren Überschuss entstehen lassen, oder zu Marktpreisen, wobei ein entstehender Überschuss an die Mitglieder als Rück- oder Nachvergütung oder auch als beschränkte Kapitaldividende ausgeschüttet wird. Die Gefahr feindlicher Übernahme durch Rendite suchende Investoren besteht nicht.

Strategien bezüglich Kapitalbeteiligung der Mitglieder und Reservenpolitik haben entscheidenden Einfluss auf die *zweckmäßige Kapitalausstattung* der Genossenschaft und das Verhältnis von *Beteiligungskapital zu Reservekapital:*

▷ Mitgliederabhängiges (Beteiligungs-)Kapital kann entzogen werden, wenn die Förderleistung ausbleibt und Mitglieder kündigen.

▷ Mitgliederunabhängiges (Reserve-)Kapital stärkt die Selbstständigkeit des Leitungsorgans und erlaubt Vernachlässigung des Förderzwecks ohne Kapitalentzugsrisiko. In welcher Höhe Rücklagen gebildet werden, entscheiden aber die Mitglieder in der Generalversammlung.

▷ Selbst erzeugter Zwang zu hoher Dividendenausschüttung steht sowohl der Fördereffizienz als auch einer sinnvollen Rücklagenbildung entgegen.

Der Organisationstyp Genossenschaft hat auch eindeutige strukturelle Stärken. Denn anders als bei börsennotierten Kapitalgesellschaften steht der Vorstand nicht unter dem ständigen Druck von Investoren, ohne Rücksicht auf soziale und ökologische Auswirkungen ihrer Unternehmenstätigkeit kurzfristig möglichst hohe Gewinne auszuweisen. Das Management kann langfristige Förderstrategien verfolgen und sich auf optimale Mitgliederförderung statt auf hohe Kapitalrendite konzentrieren.

Resümee

1. Genossenschaften und Kapitalgesellschaften verfolgen *unterschiedliche Zwecke* und folgen dem jeweiligen Zweck entsprechend – besonders im Finanzierungsbereich – *unterschiedlichen Regeln*.

2. *Genossenschaften benötigen Kapital,* bieten aber Investoren außerhalb ihres Mitgliederkreises in der Regel *keine Anreize,* sich zu beteiligen. Die zuverlässigste Grundlage der Genossenschaft sind ihre Mitglieder in ihrer Rolle als Träger, Nutzer und Kapitalgeber.

3. Die Bereitstellung von Beteiligungskapital berechtigt zur Kontrolle der Mittelverwendung und begründet Selbstverantwortung. *Der Kontrollanspruch folgt dem Geld.* Wenn die Mitglieder ihre Genossenschaft kontrollieren wollen, müssen sie diese auch finanzieren.

4. In Genossenschaften sollte die *Mitgliederförderung* durch Leistungsbeziehungen zu vorteilhaften Bedingungen für das Mitglied erfolgen, *nicht durch Honorierung der Finanzierungsbeiträge*. Führungspersonen in Genossenschaften sind in starkem Maße von der Mitgliederzufriedenheit abhängig, weil Mitglieder die Sanktionsmöglichkeit des Austritts und Kapitalentzugs haben. Dies erklärt die Präferenz der Genossenschaftsvorstände für *mitgliederunabhängige Rücklagen*.

5. Bei Öffnung für nicht nutzende Investoren müssen deren *Informations- und Gläubigerschutzrechte* gewährleistet werden. Dazu gehört der Zugang zu Daten und Fakten des Genossenschaftsunternehmens, die auch die Konkurrenz interessieren könnten.

6. *Zulassung systemfremder Regeln* wie Aufnahme von Investorenmitgliedern, Teilbarkeit der Reserven und Einschränkung der Mitgliederhaftung können das besondere *Profil der Genossenschaft* im Bereich der Finanzierung *schwächen*.

Entscheidungen, Leitung und Kontrolle

1   Entscheidungen in Genossenschaftsunternehmen

1.1   Zielentscheidungen

Wie jede andere Organisation muss auch eine Genossenschaft ihre Ziele festlegen, d.h. Zielentscheidungen treffen. Genossenschaften sind zwar rechtlich und wirtschaftlich selbstständige Unternehmen, jedoch ist zu betonen, dass sie nicht beliebige Ziele verfolgen können. Vielmehr haben sie in ihrem *Zielbildungsprozess* in zweierlei Hinsicht *Einschränkungen* zu beachten:

▷ Einerseits müssen alle nachrangigen Ziele aus der gesetzlich vorgegebenen Leitmaxime „Förderung der Mitglieder" hergeleitet sein bzw. aus umgekehrter Sicht muss ihre Erfüllung dazu dienen, direkt oder indirekt einen Beitrag zur Realisierung dieses Oberziels zu leisten. Alle übrigen Elemente des Zielsystems einer Genossenschaft stehen in einer Mittel-Zweck-Beziehung zur Mitgliederförderung.

▷ Zum anderen muss es sich in erster Linie um wirtschaftliche, soziale oder kulturelle Förderziele handeln. Der Gesetzgeber gibt einer eingetragenen Genossenschaft in § 1 GenG vor, die Mitglieder durch „gemeinschaftlichen Geschäftsbetrieb" auf diese möglichen Förderzwecke hin zu unterstützen.

In genossenschaftlichen Unternehmen kann eine Vielzahl unterschiedlicher Anspruchsgruppen Einfluss auf den Zielbildungsprozess nehmen. Sie besitzen nicht alle die gleiche Bedeutung. Das größte Gewicht haben die drei *genossenschaftsinternen Gruppen* (Führungskräfte, Mitarbeiter und Mitglieder), wobei verständlicherweise das Führungspersonal über die größeren Durchsetzungschancen verfügt. Treten bei der Zielbildung konkurrierende Erwartungen und Bestrebungen in Erscheinung, sollte ein *Ausgleich von Interessenunterschieden* stattfinden. Die Möglichkeiten einer Einwirkung *externer Interessengruppen* wie Lieferanten, Finanziers und sonstiger Partner der Genossenschaft auf deren Zielbildung sind vergleichsweise gering.

Gemeinsame Ziele aller internen Anspruchsgruppen sind Sicherheitsziele (Überleben der Genossenschaft im Wettbewerb, Liquiditätssicherung). Hierarchisch darunter angesiedelt sind Erfolgsziele (Produktivitäts- und Kostenvorteile), Leistungsziele (bedarfsgerechtes/konkurrenzfähiges Leistungsprogramm), Expansionsziele (Umsatz-/Marktanteilssteigerung), Image- und Marktziele.

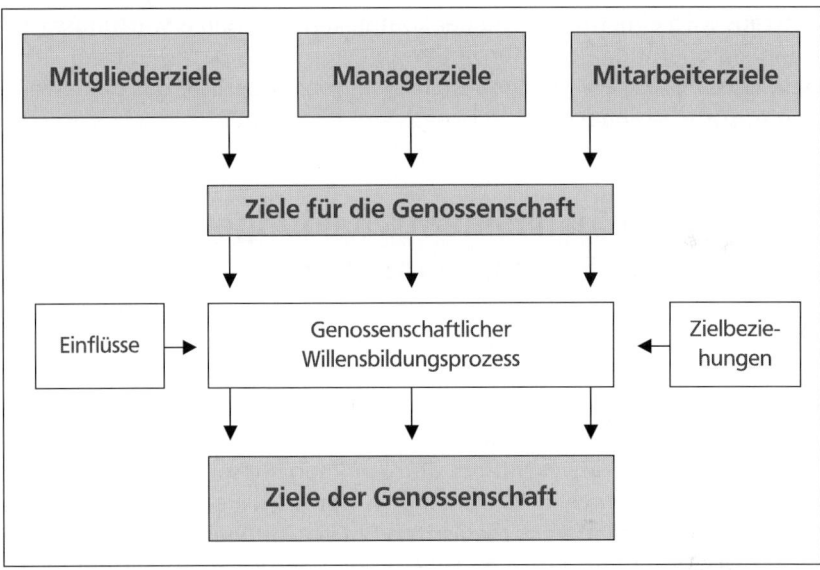

Abb. 14: Ziele und Zielbildung in Genossenschaften
Quelle: Zerche, J./Schmale, I./Blome-Drees, J.: Einführung in die Genossenschafts-lehre, München/Wien 1998, S. 153

Mitgliederziele für Wirtschaftsgenossenschaften sind konkrete Förder-ziele, wie etwa günstige Preise und Konditionen, Gewinnverteilung an die Mitglieder, leistungsmäßige Förderung einschließlich Information und individuelle Beratung sowie Partizipation an Willensbildung und Kontrolle. In Sozial- oder Kulturgenossenschaften stehen artgemäße Zie-le im Vordergrund. Die typischen **Ziele des Vorstands** beziehen sich auf einen angemessenen Mindestgewinn zwecks Selbstfinanzierung, den Aufbau bzw. die Erhaltung/Erhöhung von Marktanteilen und die Erhaltung/Ausweitung des Umsatzes. Hinzu kommen *Ziele der Mitarbeiter,* wie sie in jedem Unternehmen auftreten: Erhaltung der Arbeitsplätze, soziale Sicherung gegen die Risiken des Arbeitslebens, leistungsgerechte Entlohnung, gutes Betriebsklima und soziale Beziehungen, Mitbestimmung und günstige Arbeitsbedingungen.

Wie diese Hinweise zeigen, existiert eine Vielzahl von *Zielen für die Genossenschaft.* Zwecks Konkretisierung des mitgliederbezogenen Förderauftrags wird eine Umsetzung der komplexen Ziel- und Erwartungsstruktur in ein operationales (interpretier- und kontrollierbares) und von allen beteiligten Gruppen getragenes Zielsystem erforderlich, das die jeweiligen Ansprüche abdeckt.

1.2 Maßnahmenentscheidungen und Entscheidungsfelder

Die Ziele müssen sodann aktiv umgesetzt werden. Um das Handeln gedanklich festzulegen sind *Maßnahmenentscheidungen,* d.h. eine Auswahl unter Alternativen zu treffen. Dabei handelt es sich meist um Routineentscheidungen sowie kurz- bzw. mittelfristige Entscheidungen taktischer und operativer Natur. Dafür kommen nur selbstständige Alleinentscheidungen durch den Vorstand in Betracht. Bei Innovations- und längerfristig wirkenden strategischen Entscheidungen wird die Genossenschaftsleitung nicht zuletzt aus Gründen der Risikominderung daran interessiert sein, Vertreter der Mitgliedergruppe (Aufsichtsrat, Beirat) in den Entscheidungsprozess einzubeziehen. Dies geschieht unter der Bedingung, dass durch partizipative Entscheidungsfindung die genossenschaftsbetriebliche Leistungsfähigkeit nicht beeinträchtigt wird.

Die Genossenschaftsart bestimmt die „Grundleistung" einer Genossenschaft und damit den jeweils im Zentrum der Betätigung stehenden Maßnahmenbereich. Von Kredit-, Konsum- und Wohnungsgenossenschaften sind Entscheidungen über die den Mitgliedern anzubietenden Dienstleistungen zu treffen. Demgegenüber haben Warengenossenschaften (z.B. ländliche und gewerbliche Genossenschaften) über Leistungsbewirkung in den Funktionsbereichen *Beschaffung und Absatz* zu entscheiden. Vereinzelt kommen die *Eigenproduktion* als Alternative zum Fremdbezug bzw. eine Kombination des Fremdbezugs mit Eigenproduktion in Betracht.

Finanzierungsentscheidungen schaffen die geldlichen Voraussetzungen für die genossenschaftliche Leistungserstellung. Sie resultieren aus der Notwendigkeit von Investitionen. Zielkriterien in diesem Entscheidungsfeld sind: Sicherheit, Wirtschaftlichkeit und Unabhängigkeit. Die Besonderheiten der Finanzierung von Genossenschaften wurden in Kapitel VI ausführlich dargelegt.

1.3 Delegation von Entscheidungskompetenzen im Verbund

Sofern sich in einer Genossenschaftssparte ein Vertikalverbund herausgebildet hat, stellt sich die Frage, wie die Entscheidungskompetenzen im Verbund zu verteilen sind, damit durch intensive Zusammenarbeit die Leistungsfähigkeit der rechtlich selbstständig bleibenden Primärgenossenschaften an der Basis der Verbundpyramide bestmöglich gestärkt wird. Genossenschaftskonform erscheint eine *Aufteilung der Entscheidungsrechte.*

Im Interesse der Effizienzsteigerung und Gesamtleistungsfähigkeit einer Sparte müssen die unteren Verbundeinheiten die Kompetenz für die *nach Maßgabe des Subsidiaritätsprinzips* zweckmäßigerweise nur auf höherer Verbundstufe zu treffenden Entscheidungen nach oben abgeben. Wo im Verbund eine Funktionskonzentration stattfindet, müssen auch die dazu erforderlichen Entscheidungsbefugnisse angesiedelt sein. Die Kompetenzverlagerung bedeutet daher keineswegs eine Beschneidung der Leitungsautonomie der Vorstände verbundzugehöriger Primärgenossenschaften oder gar deren Entmachtung, zumal es vielfältige Möglichkeiten der Koordination zwischen den Verbundebenen gibt.

2 Leitung des Genossenschafts-unternehmens

2.1 Die Rolle der Mitglieder

Die innere Organisation der Genossenschaft ist vom Gesetzgeber ganz auf ihre optimale Eignung zur Erreichung des jeweiligen Unternehmenszwecks, ihre Mitglieder wirtschaftlich, sozial oder kulturell zu fördern, ausgerichtet. Dazu gehören folgende *Grundregeln:*

Die Mitgliederversammlung (General- bzw. Vertreterversammlung) ist als das höchste Willensbildungsorgan der Genossenschaft für die zentralen Entscheidungen zuständig: Wahl des Vorstands, soweit dieses Recht nicht in der Satzung an den Aufsichtsrat delegiert wurde; Wahl des Aufsichtsrats, Satzungsänderung, Feststellung des Jahresabschlusses, Entscheidung über die Verwendung des Jahresüberschusses und Entscheidungen über eine Fusion oder die Auflösung der Genossenschaft. Bei Sozial- und Kulturgenossenschaften sind neben den Entscheidungen über die Errichtung, den Betrieb und die Finanzierung auch die Planung und Durchführung von sozialen oder kulturellen Programmen zu regeln.

2.2 Eigenverantwortliche Leitung durch den Vorstand

Hauptaufgabe des Vorstands ist die laufende Geschäftsführung. Dazu legt § 27 Abs. 1 GenG fest: „Der Vorstand hat die Genossenschaft unter eigener Verantwortung zu leiten. Er hat dabei die Beschränkungen zu beachten, die durch die Satzung festgesetzt worden sind." Bei der Führung der Genossenschaft ist also lediglich denjenigen Einschränkungen Rechnung zu tragen, die sich aus gesetzlichen Rechten anderer Organe oder aus der Satzung ergeben.

Die Anforderungen an genossenschaftliche Führungskräfte sind hoch. Sie setzen sich aus zwei Komponenten zusammen. Den beiden Dimensionen der sogenannten *Doppelnatur der Genossenschaft* als Personenvereinigung und Gemeinschaftsbetrieb der Mitglieder gemäß bezieht sich die Leitungsfunktion zugleich auf die Mitgliedergruppe und das Unternehmen. Der Vorstand muss für einen reibungslosen Ablauf der Vorgänge in beiden Bereichen sorgen. Bei der Leitung des Genossenschaftsunternehmens ist er verantwortlich für die Unternehmensorganisation, die Geschäftspolitik, den Geschäftsablauf sowie für die Führung und Kontrolle der Mitarbeiter. Ferner vertritt er die Genossenschaft gegenüber Dritten.

Der Vorstand hat eine *umfassende Geschäftsführungsbefugnis.* Er kann im Wege einer Geschäftsverteilung bestimmte Aufgaben an einzelne Mitglieder des Vorstands oder auch an andere Personen übertragen, ohne dass dadurch die Verantwortlichkeit des gesamten Vorstands als Gremium berührt wird. Damit die Mitgliederinteressen auf der Leitungsebene unmittelbar vertreten werden, sieht das Genossenschaftsgesetz (§ 9 Abs. 2 GenG) die *Selbstorganschaft für Vorstand und Aufsichtsrat* vor. Das heißt: Wählbar als Organmitglieder sind nur Mitglieder der Genossenschaft. Während im Falle des Aufsichtsrats diese Regel in der Praxis streng eingehalten wird, verhält es sich bei der Besetzung des Vorstands oft anders. Nicht selten werden sogenannte *Fördermitglieder* in den Vorstand gewählt. Das sind Personen, die über die erforderlichen Fachkenntnisse verfügen, aber nicht aus der Mitgliedergruppe stammen. Sie haben die Mitgliedschaft erworben, um nach § 9 Abs. 2 GenG formal wählbar zu sein. Die Begründung lautet häufig, dass mit dem Trend zur größeren Genossenschaft und mit zunehmender Komplexität ökonomischer Prozesse die Anforderungen an Fachwissen, Weitsicht des Handelns, Kreativität und operationale Flexibilität gewachsen sind. Daher müssten in die Leitung größerer Unternehmen nicht selten erfahrene Manager „von außen" berufen werden.

Um Interessenkonflikte zu vermeiden, schreibt § 37 Abs. 1 GenG die Unvereinbarkeit von Vorstands- und Aufsichtsratsamt vor. Das heißt: Mitglieder des Aufsichtsrats können nicht zugleich Vorstandsmitglieder sein. Ebenso dürfen Vorstandsmitglieder nicht dem Aufsichtsrat angehören.

2.3   Grenzen der Leitungsbefugnis

Als Folge der Anerkennung des Vorstands als eigenverantwortliches, von Weisungen der Mitgliederbasis prinzipiell unabhängiges Führungszentrum und aufgrund des Informationsvorsprungs der hauptamtlichen Führung (Marktkenntnis, Kenntnis der Struktur und Abläufe im Genossenschaftsunternehmen, Führungs- und Entscheidungswissen) nimmt die Mitgliedergruppe auf die Geschäftsführung nur noch geringen Einfluss. Im Wesentlichen erfolgt eine Einflussnahme über die ihr per Gesetz und Satzung zustehenden Rechte. Eine echte Diskussion über Ziele und geschäftspolitische Maßnahmen findet selbst in Vertreterversammlungen nicht immer statt. Unter solchen Umständen ist es durchaus denkbar, dass die Berücksichtigung der Mitgliederinteressen im Führungshandeln an Gewicht verliert.

Aus Sorge um den Erhalt der genossenschaftlichen Eigenart berechtigt wären *Bedenken* gegen Entscheidungen, die ohne erkennbaren Bezug zu den Mitgliedern gefällt werden. Entweder, weil die Mitgliederinteressen zu wenig bekannt sind oder weil der Genossenschaftsvorstand sich bevorzugt anderen Erfolgskriterien widmet und demgegenüber den Auftrag zur Mitgliederförderung zurücktreten lässt. So stellt sich die Frage, ob der Gesetzgeber *Sicherheiten eingebaut* hat, um eine solche Situation nach Möglichkeit zu vermeiden.

Auf Grenzen der Leitungsmacht weist der in § 34 Abs. 1 GenG fixierte *Grundsatz,* wonach die Vorstandsmitglieder „bei ihrer Geschäftsführung die Sorgfalt eines ordentlichen und gewissenhaften Geschäftsleiters einer Genossenschaft anzuwenden" haben. Im Einzelnen ergeben sich daraus die folgenden Aspekte:

▷ An erster Stelle ist hier die Begrenzung durch den Genossenschaftszweck (§ 1 GenG) zu nennen, der den Vorstand an die *Mitgliederförderung* bindet. Dem Genossenschaftsvorstand sind alle Geschäfte untersagt, die nicht in Einklang mit dem Förderzweck der Genossenschaft stehen oder gegen diesen verstoßen. Er muss sich stets fragen, ob die selbstständig getroffenen Entscheidungen dem Wohl der Mitglieder dienen.

▷ Eine weitere Grenze stellt der in der Satzung festgelegte **Unternehmensgegenstand** dar. Dieser ist in der Regel relativ weit gesteckt. Auch Geschäfte, die nur mittelbar dem Geschäftsgegenstand dienen, sind zulässig. Darüber hinaus kann die Satzung dem Vorstand bei der Geschäftsführung Grenzen setzen, die allerdings nur intern, nicht aber gegenüber Dritten gelten.

▷ Schließlich kann in der Satzung festgelegt werden, dass für einzelne außergewöhnliche Geschäftsmaßnahmen die **Zustimmung des Aufsichtsrats** erforderlich ist. Das bedeutet, dass Vorstand und Aufsichtsrat vom Vorstand geplante Maßnahmen gemeinsam beraten, aber darüber getrennt abstimmen. Verweigert der Aufsichtsrat seine Zustimmung, hat der Vorstand die Maßnahme zu unterlassen. Führt er sie dennoch durch, ist sie gegenüber Dritten gültig und bindet die Genossenschaft. Der Vorstand muss aber in derartigen Fällen mit Schadenersatzforderungen und mit seiner Abberufung rechnen.

Daraus wird deutlich, dass Vorstandsentscheidungen zu geschäftspolitischen Grundsatzfragen Begrenzungen durch das Gesetz unterliegen und darüber hinaus an Rahmenrichtlinien gebunden sein können, die jedoch nicht die Eigenverantwortlichkeit des Vorstands aushöhlen dürfen. Es ist daher keine generelle Bindung satzungsmäßiger Art möglich, die das Management verpflichtet, Anweisungen der Mitgliederversammlung bezüglich einzelner Geschäftsführungsmaßnahmen entgegenzunehmen und zu befolgen.

3 Zielerreichung nur mit motivierten Mitarbeitern

Um Ziele und Strategien erfolgreich durchzusetzen, sind geeignete Mitarbeiter erforderlich. Neben der optimalen Anzahl der Mitarbeiter geht es darum, Fähigkeiten zu wecken, weiterzuentwickeln und die Mitarbeiter zu höherer Leistungsbereitschaft zu motivieren, um so die Grundlage für eine Produktivitätssteigerung und nachhaltige Verbesserung der Fördereffizienz zu schaffen.

Dabei gilt es, den Mitarbeitern die Besonderheiten der Genossenschaft zu verdeutlichen. Man muss immer wieder klar herausstellen, dass sie in einem Unternehmen mit personenorientiertem Auftrag zur Mitgliederförderung arbeiten und hierdurch die Wertigkeit ihrer Arbeit eine ganz besondere Bedeutung erhält. Hier ist wiederum die Doppelnatur der Genossenschaft zu beachten: Einerseits sind die fachlichen Qualifikationen weiterzuentwickeln und andererseits die Kenntnisse über die Besonderheiten der Unternehmensform zu vermitteln und wachzuhalten.

4 Kontrolle der Genossenschaft

4.1 Notwendige interne Kontrolle durch den Aufsichtsrat

Die Mitgliederversammlung, ob General- oder Vertreterversammlung, ist aus organisatorischen und fachlichen Gründen nicht oder nur sehr eingeschränkt in der Lage, eine kompetente Überwachung des Vorstands zu gewährleisten. Zudem sind die Mitglieder daran oftmals wenig interessiert. Je mehr die Einflussmöglichkeiten der Mitgliedergruppe auf die Geschäftsführung reduziert wurden, insbesondere weil moderne Genossenschaften von professionellen Entscheidungsträgern eigenverantwortlich geleitet werden müssen, desto weiter vergrößerte sich der *Abstand zwischen Vorstand und Mitgliederbasis.* Dadurch erschwerte sich die Kontrolle durch die Eigentümer der Genossenschaft. Andererseits erscheint zur Wahrung der Mitgliederinteressen und speziell zum Schutz vor riskanter Geschäftsführung eine sorgfältige Kontrolle des Vorstandshandelns geboten.

Da die Überwachungsaufgabe von der Mitgliederversammlung nicht wirksam erfüllt werden kann und die *Kontrolltätigkeit praktisch allein beim Aufsichtsrat* liegt, gewinnt dessen Position erheblich an Bedeutung. Er soll die Kluft zwischen Vorstand und Mitgliedergruppe verringern, indem er in der Rolle eines „Bindeglieds" (Kontakt zur Mitgliederbasis, Einbringen der Mitgliederinteressen in die Leitungsebene) die Interessen beider Organe zu koordinieren versucht. Aus dieser Stellung innerhalb der Organisation leiten sich alle Befugnisse her, vor allem die Kontrollkompetenz des Aufsichtsrats als „verlängerter Arm" der Mitgliedergruppe.

4.2 Überwachung des Vorstands durch den Aufsichtsrat

Im Zentrum des Aktionsfeldes eines genossenschaftlichen Aufsichtsrats steht die Überwachung der vom Vorstand zu verantwortenden Geschäftsführung. Diesen *Prüfungsauftrag* formuliert das Genossenschaftsgesetz in § 38 Abs. 1 GenG: „Der Aufsichtsrat hat den Vorstand bei dessen Geschäftsführung zu überwachen. Er kann zu diesem Zweck von dem Vorstand jederzeit Auskünfte über alle Angelegenheiten der Genossenschaft verlangen und die Bücher und Schriften der Genossenschaft sowie den Bestand der Genossenschaftskasse und die Bestände an Wertpapieren und Waren einsehen und prüfen." Seine Kontrolltätigkeit übt der Aufsichtsrat stellvertretend für die Gesamtheit der Mitglieder aus.

Der Gesetzgeber fordert in § 41 in Verbindung mit § 34 Abs. 1 GenG vom Aufsichtsrat, die Sorgfalt eines ordentlichen und gewissenhaften Überwachers des Vorstands walten zu lassen. Dabei können weder die im Gesetz vorgeschriebene Wahl von Aufsichtsratsmitgliedern aus dem Kreis der Mitglieder noch die Ehrenamtlichkeit als anforderungsmindernde Umstände gelten.

Auf vergleichsweise niedriger Anforderungsstufe steht die *Prüfung der Geschäftsführung auf Rechtmäßigkeit,* d.h. auf Einhaltung von Bestimmungen, welche die verfassungsmäßige Ordnung der Genossenschaft gewährleisten sollen. Relevante Regelungen stehen im Genossenschaftsgesetz, in der Satzung und in Geschäftsordnungen des Vorstands. Höhere Ansprüche an die Leistungsfähigkeit des Aufsichtsrats stellt die an materieller *Prüfung der Geschäftsführung* in Bezug *auf* deren *Zweckmäßigkeit* orientierte Überwachungstätigkeit. Gelegentlich wird die Auffassung vertreten, die Aufsichtsräte von Genossenschaften seien damit überfordert, die Entscheidungen des professionellen Managements betriebswirtschaftlich qualifiziert nachzuvollziehen und zu beurteilen. Daher solle der Aufsichtsrat von dieser Aufgabe befreit werden, weil er nicht zur Rationalität, sondern nur zur Förderwirksamkeit von Führungsentscheidungen sachverständig Stellung nehmen könne. Diese Einschätzung wird hier nicht geteilt. Für die Mehrheit der Aufsichtsratsmitglieder gilt häufig zwar, dass sie trotz Berufserfahrung nur Teilaspekte des Unternehmens und der Entscheidungen beurteilen können. Sie sind aber verpflichtet, sich zu informieren und den Grad der Zielerreichung zu beurteilen.

Die Zweckmäßigkeitsprüfungen des Aufsichtsrats sollen bewerten, ob die Geschäftstätigkeit der Genossenschaft nach allgemein anerkannten Regeln moderner Unternehmensführung und branchenspezifischen Erfahrungssätzen vollzogen wird. Da zum Aspekt der Zweckmäßigkeit im Gegensatz zur Rechtmäßigkeit *keine eindeutigen Kriterien* vorgegeben sind, muss sich der Aufsichtsrat um die Identifikation und Anwendung geeigneter Kriterien bemühen. *Übergeordnete Prüfmaßstäbe* sind die Einhaltung des Wirtschaftlichkeitsprinzips und der von der Genossenschaft erzielte Markterfolg.

Gelegentlich kann der Aufsichtsrat mit der Beurteilung der Qualität der Geschäftsführung überfordert sein, weil zu sehr auf eine ausgewogene, die Struktur des Mitgliederkreises widerspiegelnde Besetzung dieses Organs Wert gelegt wird. Hinzu kann ein Defizit an Informationen kommen, die für wirksame Kontrollen erforderlich wären. Daraus wird sich dann leicht eine Kluft zwischen gesetzlicher Regelung und tatsächlicher Ausübung der Aufsichtsratätigkeit ergeben. In solchen Situationen kommen daher als *Ansätze zu besserer Wahrnehmung der Überwachungspflicht* in Betracht:

▷ eine anforderungsgerechte Besetzung des Aufsichtsrats,
▷ Abbau der Informationsunterlegenheit des Aufsichtsrats gegenüber dem Vorstand durch Verbesserung der Informationsbasis für die Überwachungstätigkeit,
▷ Planung der Kontrollhandlungen und
▷ Absicherung durch Dokumentation wesentlicher Kontrollergebnisse.

Dies sind entscheidende Bedingungen für die Erfüllung der Sorgfaltspflicht eines ordentlichen und gewissenhaften Kontrolleurs der Geschäftsführung. Relativierend sei angemerkt, dass sich der Aufsichtsrat bei seiner Urteilsfindung keineswegs daran orientieren muss, wie er selbst die Geschäfte geführt hätte, wäre er Vorstand gewesen. Vielmehr hat der Aufsichtsrat bei seinen Beurteilungen den Ermessensspielraum des Vorstands als Entscheidungsträger zu respektieren.

4.3 Zur Funktion des Verbandes als externes Kontrollorgan

Die Stellung des Aufsichtsrats muss zuletzt noch im Zusammenhang mit dem Verband und mit der Verbandsprüfung gesehen werden. *Kontrolltätigkeiten des Aufsichtsrats* werden durch die Prüfungen *unterstützt,* die ein Genossenschaftsverband vornimmt. Der zuständige Prüfungsverband kann gemeinsam mit dem Vorstand dazu beitragen, innerhalb der organisationstypbedingten Begrenzungen günstige Voraussetzungen für eine kompetente Aufgabenerfüllung des genossenschaftlichen Kontrollgremiums zu sichern. Aus unterschiedlicher Interessenlage heraus sollten beide für die Eignung und Weiterbildung der Aufsichtsratsmitglieder Sorge tragen.

Im Weiteren hat der Prüfungsverband den Aufsichtsrat über dessen Rechte und Pflichten aufzuklären und zur Überwachungstätigkeit anzuhalten. Der Aufsichtsrat hat den in Verbandsprüfungen festgestellten Mängeln nachzugehen und für deren Beseitigung zu sorgen. Auf diese Weise *ergänzen sich interne und externe Kontrollen,* die dem Schutz des Bestands und der Leistungsfähigkeit des Genossenschaftsunternehmens sowie insbesondere den Mitgliederinteressen dienen sollen.

5 Erfolgswirkungen von Leitung und Kontrolle

Das Problem der *Erfolgs- und Wirkungsmessung* wird von der Praxis, der genossenschaftlichen Prüfung und Genossenschaftswissenschaft als dringlich anerkannt. Lösungsansätze stecken jedoch noch in den Anfängen. Unter „Erfolg" ist die Erfüllung autorisierter Ziele zu verstehen. Genossenschaftlicher Erfolg bedeutet ganz allgemein – als Generalnenner des genossenschaftlichen Handelns und als Imperativ – die *Erfüllung des Förderauftrags.*

Weist man allerdings der Genossenschaft einen pauschalen Förderungs-zweck zu, der von den an einer Erfolgsfeststellung interessierten Grup-pen (Mitglieder, Vorstand u. a.) völlig verschieden interpretiert werden kann, wäre eine Erfolgsmessung im Sinne einer Zielerreichungskontrolle zum Scheitern verurteilt. Erst eine von den jeweiligen Bedürfnissen und Erwartungen der Mitglieder sowie von vorzugebenden genossenschafts-spezifischen Indikatoren ausgehende Konkretisierung des Förderauftrags kann die *Grundlage für eine Erfolgsbeurteilung* bilden. Dafür geeignete Instrumente sind Förderplan und Förderbericht. Letztlich kommt es auf die Wirkungen in den Mitgliederwirtschaften an, also auf das Förderbe-wusstsein der Mitglieder.

Resümee

1. Aus den Zielvorstellungen der genossenschaftsinternen und -externen Anspruchsgruppen sind die *Ziele* für die Genossenschaft und die dazu umzusetzenden *Maßnahmen* durch den Vorstand der Genossenschaft zu bestimmen. Diesem Organ hat der Gesetzgeber die eigenverantwortliche Leitung der Genossenschaft zugewiesen.

2. Genossenschaftsgesetz und Satzung geben den *Rahmen der Leitungskompetenz* des Vorstands vor.

3. Für die Unternehmensform Genossenschaft *motivierte Führungskräfte und Mitarbeiter* sind die tragenden Säulen der Leistungsfähigkeit des genossenschaftlichen Geschäftsbetriebs und des Fördererfolgs.

4. *Kontrolle ist wichtig – der Aufsichtsrat* hat hier zentrale Funktionen, und zwar bei der formellen Prüfung der Geschäftsführung auf Ordnungsmäßigkeit wie auch bei der materiellen Prüfung auf Zweckmäßigkeit. Er wird bei seinen Aufgaben vom *Verband* unterstützt.

5. *Erfolge müssen messbar sein.* Dies gilt sowohl für den Markterfolg als auch für den Fördererfolg. In einem Förderbericht sind hierfür genossenschaftsspezifische Indikatoren vorzugeben.

6. Ein *Förderplan* für die kommende Geschäftsperiode, dem in der Mitgliederversammlung zugestimmt wurde, ermöglicht zusammen mit einem *Förderbericht* des Vorstands nach Abschluss des Geschäftsjahrs eine *Erfolgskontrolle.*

Kommunikation ist wichtig – Reden ist Gold

1   Kommunikation – was ist das und wozu?

Kommunikation durchzieht unseren Alltag und mehr noch das Geschäftsleben. Jeder ist darin eingebunden. Als Mitglied unserer „Informationsgesellschaft" haben wir keine Wahl, ob wir kommunizieren möchten oder nicht. Darin zeigt sich die Kommunikation als ein allgegenwärtiges Phänomen in Gesellschaft und Wirtschaft. Auf der Unternehmensebene sind als Kommunikation alle Prozesse ein- und zweiseitiger, direkter oder indirekter *Übermittlung von Informationen* aufzufassen. Der Informationstransport erfolgt zwischen Aufgabenträgern im Unternehmen (interne Kommunikation) oder zwischen diesen und der relevanten Umwelt (externe Kommunikation).

Kommunikationsprozesse bilden eine elementare *Voraussetzung für* das geordnete *Zusammenwirken* von Einzelnen und/oder Personengruppen einer Organisation sowie für deren Einbettung in das jeweilige Umfeld. Dies gilt auch für Genossenschaften. Ihre Existenz, Leistungs- und Erfolgsfähigkeit ist ohne Kommunikation nicht vorstellbar. Kommunikation erfüllt eine *„Sprachrohrfunktion"* – genossenschaftsintern zwischen den Führungskräften und Mitarbeitern, den ehrenamtlich tätigen und „gewöhnlichen" Mitgliedern. Nach außen werden Informationen über das Leistungsprogramm an aktuelle und potenzielle Geschäftspartner sowie über das Unternehmen selbst an die in Anspruchsgruppen gegliederte Öffentlichkeit (z. B. Banken, Presse, Gewerkschaften und staatliche Stellen) gesendet und von dort empfangen.

Informationen werden als *zweckorientiertes Wissen* verstanden. Mit ihrer *Abgabe* ist beabsichtigt, die Empfänger im Wege der Beeinflussung ihrer Emotionen, Meinungen, Motive, Erwartungen und Verhaltensweisen zu einem gewünschten Handeln oder Unterlassen zu bewegen. Auch für Genossenschaften versteht sich von selbst, dass Kommunikation nicht Selbstzweck ist, sondern die Erfüllung konkreter Ziele fördern soll. Umgekehrt sind die *Aufnahme* zweckorientierten Wissens und die Erlangung eines Informationsvorsprungs im Wettbewerb auf dynamischen Märkten wichtige Voraussetzungen für flexibles Agieren und Reagieren – und damit für den angestrebten Markt- und mitgliederbezogenen Fördererfolg.

Elektronische Medien haben die gesamte *Kommunikationskultur* in wenigen Jahrzehnten *grundlegend und nachhaltig verändert,* insbesondere weiter diversifiziert. Auslöser dieses Wandels waren und sind die Entwicklung von PC, Smartphone und Tablet, die Erfindung des Internets sowie die Digitalisierung. Das Internet erleichtert den Zugang zu vielfältigen Informationen und bietet zahlreiche Diskussionsgelegenheiten. Zwar haben klassische Kommunikationsmittel wie mündliche Gespräche, persönlich adressierte Briefe, Sitzungen oder Veranstaltungen nicht ausgedient, das Internet macht es jedoch möglich, Informationen nicht nur einfach, schnell, flexibel und ortsunabhängig, sondern auch kostengünstiger an einzelne Personen, Gruppen oder die breite Öffentlichkeit zu übertragen. Aus dieser Sicht ist digitalen Formaten der Vorrang einzuräumen.

Für Genossenschaften bietet die neue digitale Welt neben der Chance, die Interaktion mit ihren Mitgliedern zu intensivieren, die Erschließung von Effizienzpotenzialen und höhere Wettbewerbsfähigkeit. Ein zeitgemäßer *Webauftritt* bildet die unverzichtbare Kommunikationsgrundlage. *Soziale Medien* eröffnen zudem einen einfachen Zugang zu den Mitgliedern und anderen Zielgruppen, mit der Möglichkeit einer individuellen Ansprache, von Feedback und der aktiven Beteiligung am medialen Dialog. Live-Kommunikation verschafft eine Art digitales Wir-Gefühl. Gleichwohl sind *Massenmedien* auch im Internetzeitalter aufgrund ihrer großen Reichweite nach wie vor von Bedeutung.

2 Elemente des genossenschaftlichen Kommunikationssystems

2.1 Zentren und Wege der Kommunikation

Informationsübermittlung findet zwischen „Kommunikationszentren" statt. Die *internen Zentren* einer Genossenschaft zeigen sich in ihrer Doppelnatur. Kommunikationsteilnehmer des *Unternehmens* können Führungskräfte, Mitarbeiter sowie Mitglieder des Aufsichtsrates, von Beiräten oder sonstigen fakultativen Organen der Genossenschaft sein. Auf der Ebene der *Personenvereinigung* zählen zu den Kommunikationsträgern neben den Mitgliedern die jeweils etablierten Arten der Mitgliederversammlung (Orts-, Bezirks-, General- und/oder Vertreterversammlung).

Erreicht die Mitgliederzahl einer Genossenschaft eine bestimmte Größenordnung, wird die Ausübung unmittelbarer Demokratie schwierig. Im Interesse gelebter Basisdemokratie sollte die breite Informationsplattform, die eine Generalversammlung bietet, so lange wie möglich erhalten bleiben. Wird jedoch der Übergang zur Vertreterversammlung und damit zur mittelbaren Demokratie unumgänglich, bietet sich die räumliche *Auffächerung größerer Mitgliederkreise* in Einheiten auf Orts- und/oder regionaler Ebene an. Damit lässt sich gegen eine mögliche Desintegration eines Teils der Mitgliedergesamtheit steuern.

Kommunikation vollzieht sich über geplante, offiziell geschaffene oder über informell entstandene *Verbindungs- oder Übertragungskanäle* zwischen

▷ *Mitgliedern untereinander*
Beispiele: Persönliche Gesprächskontakte, Informationstagungen und Erfahrungsaustauschgruppen, gesellige und kulturelle Veranstaltungen, digitale Kanäle (Blogs, Social Communities. Soziale Netzwerke u. a.) als soziale Medien, regelmäßig durchgeführte Mitgliederversammlungen, Sitzungen des Aufsichtsrats und anderer ehrenamtlich besetzter Gremien.

▷ *Mitgliedern und dem Genossenschaftsunternehmen*
Beispiele: Kontakte zwischen Mitgliedern und Mitarbeitern der Genossenschaft, Informationsdienst, Umfragen im Mitgliederkreis, geschlossenes Intranet für Mitglieder (als Möglichkeiten der Vernetzung zum Zweck der Information und Partizipation) sowie Mitgliederversammlungen mit Präsenz von Führungskräften/Mitarbeitern der Genossenschaft.

▷ *Organisationseinheiten und Akteuren im Genossenschaftsunternehmen*
Beispiele: Formelle und informelle Kontaktmöglichkeiten am Arbeitsplatz, Betriebsversammlungen, Feste und Feierlichkeiten, Empfänge

anlässlich von Jubiläen und Ehrungen – Zusammenarbeit im Vorstand bei der operativen Steuerung und strategischen Ausrichtung des Genossenschaftsunternehmens.

Es wird ein **Multikanal-System** benötigt, um an das zeitgemäße Kommunikationsverhalten in Wirtschaft und Gesellschaft angepasst nutzer- und zielgruppengerecht informieren zu können. Im Rahmen von Multikanalstrategien wird die **Bedeutung digitaler Medien** weiter rasch steigen und eine zuvor nicht bekannte Transparenz herstellen. Eine wichtige Aufgabe besteht darin, sämtliche Kommunikationswege aufeinander abzustimmen.

2.2   Kommunikationsmittel

Bei den **klassischen Kommunikationsmitteln** handelt es sich primär um Ansprache durch die **mündliche** (unmittelbar-persönliche, telefonische) Übermittlung von Wünschen, Ideen und Überzeugungen, Mitteilungen, Vorschlägen, Plänen und getroffenen Entscheidungen. Eine besondere Gruppe von Kommunikationsmitteln, bei denen das gesprochene Wort im Vordergrund steht, bilden Beratungen, Vorträge, Seminare oder Konferenzen für Führungskräfte und Mitarbeiter.

Gegenstände der **schriftlichen** Kommunikation, die intern bzw. nach außen übermittelt werden, sind Hausmitteilungen, Berichte, Niederschriften über Verhandlungen und Beschlüsse, Leitbilder oder Leitsätze für Führung und Zusammenarbeit. Hinzu kommen im ständigen Informationsdienst eingesetzte Kommunikationsmittel wie Mitglieder- und Kundenzeitschriften, Rundschreiben, Mitgliederbriefe, Presseschau, Geschäfts- und Förderberichte, Imagebroschüren und Prospekte.

Als **sprachunabhängige** Kommunikationsmittel dienen grafische Darstellungen (Diagramme, Schaubilder) zur Veranschaulichung in Rundschreiben oder Geschäftsberichten. Sie sollen den Zugang zur Information erleichtern. Dazu zählen auch Bilder, Verbundsymbole (z. B. V-Flügel der Volksbanken und Raiffeisen-Giebelkreuz des VR-Bankenverbundes), Logos oder eine gleichbleibende Farbgebung bei Druckmaterialien („Hausfarbe"). Diese Kommunikationsmittel kennzeichnen die Herkunft der zugegangenen Informationen und heben sie aus der Flut von Informationsmaterial, das den Empfängern aus den verschiedensten Quellen zugeht, hervor.

Die rasante Entwicklung der Informations- und Kommunikationstechnologie sowie die Ausbreitung des Internets als allumfassende Kommunikationsplattform haben – in Verbindung mit Multimedia-Nutzung und Netzpublikation – digitale und interaktive Medien zur Verbreitung von Audio-, Text-, Bildinformationen etc. hervorgebracht, die Daten in digitaler Form übermitteln oder auf solche zugreifen. Hierzu zählen z. B. E-Mail, World Wide Web, DVD, Blu-ray, CD-ROM, die Homepage als Informationsportal sowie die technischen Möglichkeiten für interne und externe Kommunikation auf der Unternehmensebene (z. B. Intranet, Diskussionsforen und Social-Media-Kanäle wie Facebook, Twitter, Instagram oder YouTube). Deren intensive Nutzung als zentrales Instrument der Kommunikationsstrategie verspricht einen starken Einfluss auf die Kundenbeziehungen.

Genossenschaften nutzen zunehmend das wirtschaftliche Potenzial der neuen Medien. Moderne Kommunikationsmittel, die in den Bereichen Präsentation mit einem Unternehmensprofil, Positionierung des Leistungsprogramms, Push-Werbung, E-Commerce, Öffentlichkeitsarbeit sowie Aus- und Weiterbildung von Mitarbeitern genutzt werden können, verleihen nicht nur dem Auftritt und Image eines genossenschaftlichen Unternehmens eine innovative Note. Vor allem sind sie für eine Einstellung auf die aktuellen wettbewerbsbedingten Anforderungen an Unternehmen unverzichtbar.

3 Ziele genossenschaftlichen Kommunikationsmanagements

3.1 Ziele im Bereich „interne Kommunikation"

Zu den strategischen Fragen zählt, auf welche Ziele die Kommunikation von Genossenschaften ausgerichtet ist. Als erwünschte künftige Zustände machen sie plausibel, was ein aktives genossenschaftliches Kommunikationsmanagement antreibt.

Innergenossenschaftliche Informationsströme haben generell zum Ziel, Organisationseinheiten, Führungskräfte und Mitarbeiter des *Kooperationsunternehmens* mit dem für Planungs-, Entscheidungs-, Durchführungs- und Kontrollprozesse notwendigen Wissen zu versorgen. Eine hinreichend intensive interne Kommunikation ist eine wesentliche Voraussetzung für die Einbindung der jeweils beteiligten Akteure in die genossenschaftsbetrieblichen Abläufe. Die informationsgestützte Verständigung durch Kommunikation trägt ganz entscheidend dazu bei, Missverständnisse oder gar Konflikte zu vermeiden, die Leistungsfähigkeit und den angestrebten Erfolg des genossenschaftlichen Geschäftsbetriebs zu sichern sowie genossenschaftliche Prinzipien umzusetzen.

Zur *Mitgliederseite* hin wird ein aktives Kommunikationsmanagement den regelmäßigen Dialog mit den Mitgliedern für unabdingbar erachten. Es ist permanent zu erkunden, welche Leistungen dem Mitglieder-Kundenkreis mit Aussicht auf Akzeptanz offeriert werden sollen. Die Mitglieder sollten in regelmäßigen Abständen dazu angeregt werden, ihre subjektiven Erwartungen an bestimmte Leistungsangebote der Genossenschaft, ebenso die Bewertung in Anspruch genommener Leistungen, etwaige Unzufriedenheit und Verbesserungsvorschläge zu benennen.

Dabei kommt es nicht auf ein Handeln der Genossenschaftsführung „nach bestem Wissen und Gewissen", sondern auf gesicherte Kenntnis der realen Bedarfssituation an, weshalb der *Aktualisierung der Informationsgrundlage* für die Gestaltung eines bedarfsgerechten Leistungsportfolios große strategische Bedeutung zukommt. Funktionierende zweiseitige Kommunikation mit den Mitgliederkunden bietet die beste Gewähr dafür, Informationen über deren Interessen und Kaufabsichten zu gewinnen und zu nutzen, die als frühe Impulse zur Identifizierung von Schwachstellen beitragen, Leistungsverbesserung und Innovation anregen, somit die Unternehmensentwicklung voranbringen und dabei unterstützen, einen etwaigen Rückstand gegenüber der Konkurrenz aufzuholen.

Durch enge kommunikative Verbindung mit den Mitgliedern wird die Grundlage dafür geschaffen, dass das, was die Mitglieder tatsächlich brauchen, in die Gestaltung des genossenschaftsbetrieblichen Leistungsangebotes einfließen kann. Daraus erwächst *Mitgliederkunden-Zufriedenheit*, sofern der wahrgenommene Nutzen von Produkten/ Dienstleistungen (Ist-Leistung) das Erwartungsniveau der Abnehmer (Soll-Leistung) – z. B. hinsichtlich Qualität oder Preis – erfüllt oder gar übertrifft. Zufriedenheit wirkt sich auf die Einstellungen und Erwartungen, das Kaufverhalten und letztlich auf die *Stärkung der Mitgliederbindung* aus. Dialog und Interaktion mit der Trägergruppe fördern „genossenschaftliche Treue" der Kunden, was in Wiederkäufen Ausdruck findet.

Zudem stellen von Mitgliederbindung ausgehende *akquisitorische Effekte* für Genossenschaften einen wichtigen Werbefaktor dar. Zufriedene Mitgliederkunden geben ihre positiven Erfahrungen durch Mund-zu-Mund-Kommunikation weiter. Mitglieder werden so zu Akquisiteuren der Genossenschaft. Erzielbare Wirkungen sind die Intensivierung bestehender Leistungsbeziehungen, erneute Zuwendung bzw. Neuaufnahme einer Geschäftsverbindung zur Genossenschaft und Motivation bisheriger Nichtmitglieder (Nur-Kunden und Nichtkunden) zum Erwerb der Mitgliedschaft. Darüber hinaus kann die Akquisitionsaktivität zufriedener Mitglieder dem generellen Risiko einer *Fremdablenkung* im Sinne einer vorläufigen oder endgültigen Abwanderung von Mitgliederkunden zur Konkurrenz *entgegenwirken*. Ein weiteres Kommunikationsziel wird die *Abschirmung gegen potenzielle Mitgliederaustritte* und Eigenkapitalabfluss als Folge einer Entfremdung von der Genossenschaft sein.

Ungeachtet der Gegebenheiten im Einzelfall gilt: Fortbestand, Leistungsstärke und Erfolg des Unternehmens gründen vor allem anderen in der funktionalen Verbindung mit den Mitgliedern. Die auf Stärkung der Mitgliederbeziehungen gerichteten Kommunikationsziele sind als Steuerungskriterien von enormer Bedeutung. Intensivierung der Kommunikation ermöglicht, mittels individueller Ansprache, Beratung und Betreuung frequenzschwacher Mitglieder eine größere *Kundennähe* und *engere Leistungsbeziehungen* zur Genossenschaft herzustellen.

3.2   Externe Kommunikationsziele

Umfeldbezogene Kommunikationsziele als spezielle kommunikationspolitische Ziele der Genossenschaft leiten sich vornehmlich aus den *übergeordneten Marketingzielen* her. Eine Genossenschaft wird an einer Intensivierung der Beziehungen zum relevanten Umfeld (Nichtmitgliederkunden und potenzielle Kunden, öffentliche Verwaltung, Politik, lokale und überörtliche Medien, Lieferanten, Banken, gesellschaftliche Institutionen) interessiert sein, weil davon der Aufbau eines hohen *Bekanntheitsgrades* abhängt. Erst bei hinreichender Informiertheit über das Leistungsangebot der Genossenschaft und dessen Vorzüge können sich *Einstellungen* und *Motive* als Gegenstände der Beeinflussung durch Kommunikation bilden.

Ein weiteres Ziel der nach außen gerichteten Kommunikation des Genossenschaftsunternehmens besteht darin, *Neukunden* sowie „gute" bisherige Nur-Kunden als *Mitglieder* zu gewinnen. Aus wettbewerbsorientierter Sicht stehen insbesondere *Image- und Präferenzziele* sowie die Steigerung des *Goodwill* der Genossenschaft im Vordergrund. Die Vorzüge der Genossenschaften sind nach außen zu relevanten Bezugsgruppen hin deutlich zur Geltung zu bringen.

4 Kommunikation zwischen Genossenschaft und Mitgliedern

4.1 Informationstransfer der Mitglieder zur Genossenschaft

Im Verlauf des Wachstums von Genossenschaften sind zwei *Veränderungstendenzen der innergenossenschaftlichen Kommunikation* zu beobachten: Erstens tritt die einseitige Informationsabgabe an das Mitglied zunehmend an die Stelle zweiseitiger Kommunikationsbeziehungen zwischen Mitglied und Genossenschaft. Dadurch kommt es zu einer informationsbedingten Verschiebung im Einflussgefüge. Zweitens ist ein starkes Übergewicht schriftlicher gegenüber mündlicher Kommunikation festzustellen, was ein rückläufiges unmittelbar-persönliches Feedback seitens der Mitglieder zur Folge haben kann. Allerdings wird durch die zunehmende schriftliche elektronische Kommunikation die wechselseitige Informationsübermittlung erleichtert.

Den Informationsstand des Genossenschaftsunternehmens aktuell zu halten, stellt eine permanente Aufgabe dar. Auf Mitgliederversammlungen periodisch erhältliche Informationen reichen dazu in der Regel nicht aus. Daher sollten die Mitglieder durch gezielte Ansprache dazu ermuntert werden, ihre Leistungsbedürfnisse und Fördererwartungen der Genossenschaft mitzuteilen. Mit Informationsabgabe dieser Art können die Mitglieder einen wesentlichen Beitrag zur Vervollständigung der *Informationsgrundlage für* Meinungsbildung und *mitgliederbezogene Entscheidungsfindung* im Genossenschaftsunternehmen leisten. Die Mitglieder zählen zu den wichtigsten Ideengebern und Innovationstreibern der Genossenschaft. In diesen Rollen gestalten sie die genossenschaftliche Leistungs- und Förderfähigkeit mit.

Grundsätzlich kann jedes Mitglied Informationen an das Genossenschaftsunternehmen liefern. Erfahrungen zeigen jedoch, dass ein befriedigender Informationstransfer erst zustande kommt, wenn die zur Genossenschaft fließende Kommunikation nicht allein der Mitgliederinitiative überlassen bleibt. Vielmehr erscheint es erforderlich, den Mitgliedern – indem die Kontaktinitiative von der Genossenschaft ausgeht – *Gelegenheiten zur Informationsabgabe* zu bieten. Je nach Genossenschaftsart und -größe kommen unterschiedliche Kommunikationswege in Betracht. Beispiele hierfür sind:

▷ Kundenkontakte der Genossenschaftsmitarbeiter mit Mitgliedern,
▷ Erhebungen im Mitgliederkreis, insbesondere schriftliche oder online-Befragungen zur Nutzerzufriedenheit,
▷ Informationsveranstaltungen,
▷ Ideenwettbewerbe,
▷ Besuche beratender Genossenschaftsmitarbeiter in den Mitgliederbetrieben und -haushalten,
▷ Beschwerde-/Kundenwunschmanagement und
▷ ein ständiges Mitgliedervorschlagswesen.

Darüber hinaus bestehen Möglichkeiten einer *informellen Informationsübertragung,* etwa in zwanglosen persönlichen Gesprächen am Rande von Mitgliederversammlungen und anderen Veranstaltungen mit informatorischem oder werbendem geschäftlichem Charakter. Gleiches gilt für kulturelle Aktivitäten (z. B. Kunstausstellungen in den Geschäftsräumen der Genossenschaft) und Mitgliederreisen (z. B. Tagesfahrten und ausgedehntere Gruppenreisen), Neujahrsempfänge, Jubiläen von Vorstands- und Aufsichtsratsmitgliedern oder anlässlich von Ehrungen verdienter Mitglieder, Festen und Feierlichkeiten.

In Abhängigkeit von der Intensität des Wettbewerbs kann es für die Genossenschaft von besonderer Relevanz sein, alle formalen und informellen Kanäle zu nutzen, um die Interessen und Wünsche der Mitglieder zu erkunden und die Geschäftspolitik förderwirksam darauf einzustellen. Mit hoher Mitgliedermotivation zur Informationsabgabe an das Genossenschaftsunternehmen ist allerdings erst zu rechnen, wenn ein System innergenossenschaftlicher *Kommunikationssymmetrie* vorhanden ist.

4.2 Mitgliedergerichtete Kommunikation der Genossenschaft

Kommunikation ist der Weg zu den Mitgliedern. Deren Kernanliegen besteht in der Sicherung einer ausreichenden *Informationsversorgung der Mitglieder* durch ein modernes *Mitglieder-Informations-System* (MIS). Dies erscheint selbst bei engen Kundenbeziehungen zwischen der Genossenschaft und ihren Mitgliedern notwendig. Umso dringender erweist sich der Informationstransfer dort, wo nur lose Geschäftsbeziehungen bestehen. Kommunikation sollte dann die Mitglieder über Ziele, Geschäftsgang und Leistungsprogramm des Genossenschaftsunternehmens und die gebotenen Förderleistungen unterrichten sowie regelmäßig kooperationsrelevante Daten über bedeutende Marktentwicklungen und Technologien übermitteln. Dies erfolgt beispielsweise durch

▷ einen ständigen Informationsdienst (Genossenschaftszeitung, Rundschreiben, Mitgliederbriefe),
▷ Aus- und Fortbildungsmaßnahmen (Fachvorträge, Wochenendseminare, Kurse – meist unter der Trägerschaft des Verbandes) für einzelne Mitgliedergruppen und
▷ Einzelinformationen (Beantwortung von Anfragen, spezielle Auskünfte, individuelle Beratung).

Mitgliedergerichtete Kommunikation der Genossenschaft stärkt nicht nur die Mitgliederbindung an das Kooperationsunternehmen. Sie ermöglicht auch *bessere Problemlösungen* in den Mitgliederwirtschaften.

4.3 Stabsstelle „Mitgliederkommunikation"

Eine systematische, nachhaltig wirksame Informationspolitik und nötigenfalls eine völlige Neugestaltung des internen Kommunikationsbereichs sollen die informatorische Situation der Mitglieder verbessern, indem deren Bedarf an relevantem Wissen über die Genossenschaft – als Organisation, „Lieferant" von Sach-/Dienstleistungen und Fördereffekten – sowie über das relevante Marktgeschehen gedeckt wird. Ein hoher Informationsstand der Mitglieder kann einer möglichen Entfremdung von der Genossenschaft entgegenwirken und engere wirtschaftliche Zusammenarbeit fördern. Durch Nähe und offene Kommunikation entsteht Vertrauen.

Ein dem Vorstand zugeordnetes *internes Informationszentrum* ist umso dringlicher, je größer und komplexer eine Genossenschaft wird. Wichtige Aufgaben sind:

▷ Die regelmäßige Durchführung von *Mitgliederbefragungen,*
▷ *Beobachtung des Mitgliederverhaltens* (z. B. bevorzugte und weniger nachgefragte Teile des Leistungsprogramms, Beschwerdehäufigkeit und Kundenabwanderung) und
▷ Erfassung der *Reaktionen von Mitgliedern* (z. B. auf Preis- und Konditionenänderungen oder Inhalte des Geschäfts-/Förderberichts).

Dies kann mittels Kritikbögen sowie durch die Beantwortung von Anfragen, etwa an einem eigens eingerichteten Mitgliederschalter oder über ein Mitgliedertelefon, geschehen.

Der Stabsstelle „Mitgliederkommunikation" ist die Daueraufgabe zugewiesen, unter Anwendung moderner Informations- und Kommunikations-Technologie einen *kontinuierlich fließenden Informationsstrom* zwischen dem Genossenschaftsunternehmen und den Mitgliedern zu organisieren. Eine starke kommunikative Verbindung wird zur sicheren Plattform für ein zeitgemäßes *Member Relationship Management* (MRM) oder *Community Management,* das Wechselwilligkeit einschränkt, Vertrauen zur Genossenschaft aufbaut, Kundenrückgewinnung betreibt, vorhandene Bindekräfte verstärkt und Erfolgspotenziale aktiviert.

5 Kommunikation zum Markt

5.1 Customer Relationship Management (CRM)

Auch die Informationsübermittlung einer Genossenschaft nach außen sollte nicht Zufallsideen folgen, sondern sich an den fixierten Zielen orientieren. Wie aus der *Zuordnung der* kommunikationspolitischen *Strategien zu Bezugsobjekten* in Abbildung 15 hervorgeht, lassen sich drei Aktionsfelder unterscheiden:

Ein Teil der Instrumente dient dem Transfer von Informationen über das *Leistungsprogramm* des Genossenschaftsunternehmens. Vorrangig von Bedeutung sind hier die klassische Absatzwerbung und Direkt-Kommunikation. Als Phasen der Beeinflussung treten dabei sowohl im Sachgüter- als auch im Dienstleistungsmarketing auf: Aufmerksamkeit, Interesse, Kaufwunsch, Kaufakt und Kaufnachbereitung. Entsprechend ihrem allgemeinen Ziel, die sozialen Verhältnisse oder das kulturelle Angebot in der Region zu verbessern, haben Sozial- und Kulturgenossenschaften bezüglich des Bezugsobjekts „Leistungsprogramm" Informationen über Betätigungsfelder und -erfolge zu vermitteln.

Demgegenüber besteht die Aufgabe der Öffentlichkeitsarbeit darin, Informationen zur *Selbstdarstellung der Genossenschaft* auszusenden. Die wirtschaftliche Situation, Werte und Normen sowie die Leistungsfähigkeit, Entwicklungen und Pläne sollen publik gemacht werden, um eine positive Einstellung zur Genossenschaft hervorzurufen. Ferner sollen Sympathie, öffentliches Vertrauen, Glaubwürdigkeit und Image gewonnen, erhalten und verbessert werden. Dazu dienen neben der Öffentlichkeitsarbeit (PR) die auf wirtschaftliche, soziale und ökologische Verantwortung zielenden freiwilligen Engagements (Co-operative Citizenship) zum Nutzen der umgebenden Zivilgesellschaft.

Dazwischen liegen mit Sponsoring, Event-Marketing und Multimedia-Kommunikation (Online-/Offline-Kommunikation) weitere, relativ neue kommunikationspolitische Strategien vor. Deren Einsatz eignet sich ausgezeichnet zur Imagewerbung sowie zu simultaner Leistungspräsentation und Werbung für die Genossenschaft als Wirtschafts- und Sozial-gebilde.

Mit der koordinierten Zusammenfügung in Abbildung 15 aufgezeigter, im konkreten Fall für nützlich erachteter Instrumente zu einem in sich geschlossenen Kommunikations-Mix betreibt die Genossenschaft *Customer Relationship Management* (CRM). Dieser Marketingansatz der *konsequenten Kundenorientierung* schließt über das reine Kundenmanagement hinaus alle relevanten Außenbeziehungen ein. Im Falle einer Primärgenossenschaft sind dies auch jene zu vertikal übergeordneten regionalen/nationalen Zentralen sowie zu Verbundunternehmen. Kernanliegen des CRM ist die Steigerung des Kunden- und Unternehmenswertes.

Zuordnung der Instrumente/Strategien des Kommunikations-Mix		
Bezugsobjekte der Informa-tionsübermitt-lung	Übermittlung von Informationen über das **Leistungsprogramm**	Informationen über das **Unternehmen**
	⇓　　　　　　　　⇓	⇓
Strategiefelder der Kommuni-kationspolitik	Absatzwerbung, Direkt-Kommunikation, Verkaufsförderung	Sponsoring, Event-Marketing, Multimedia-Kommunikation	Öffentlichkeits-arbeit (PR), Co-operative Citizenship
Gemeinsamer Zweck	Positive Beeinflussung der Verwirklichung übergeordneter Marketing- und Unternehmensziele der Genossenschaft	

Abb. 15: Leistungsprogramm und Unternehmensbezug der Kommunikation

5.2　Vermittlung der Mitgliedschaft als Privileg

Mit ihrer Kommunikation nach außen unterscheiden sich Genossenschaften von Unternehmen in anderer Rechtsform und mit anderer oberster Leitmaxime. Dies macht insbesondere eine Kommunikation deutlich, welche die Mitgliedschaft in den Mittelpunkt stellt, als Akquisitionsargument nutzt und auf eine Aufwertung dieses Wesensmerkmals hinwirkt. Die Andersartigkeit veranschaulicht das Beispiel einer *leistungsstarken und fördereffizienten Genossenschaft.*

In der Strategie des Vorstands einer solchen von externen Betrachtern als attraktiv wahrgenommenen Genossenschaft ist die Mitgliedschaft keine Offerte an beliebige Nichtmitglieder. Folgerichtig macht die Zahl der als „wertvoll" eingeschätzten Mitgliederzugänge den eigentlichen Akquisitionserfolg aus. Mit einer defensiven Aufnahmepolitik wird die genossenschaftliche *Mitgliedschaft als Privileg vermittelt* und empfunden, etwa mit dem Slogan: „Bei uns können gute Kunden auch Mitglied werden!" Indem das nachhaltige, wertebewusste genossenschaftliche Geschäftsmodell *offensiv und überzeugend* kommuniziert wird, erfahren die Mitglieder, dass sie im Kundenkreis der Genossenschaft, dem auch Nichtmitglieder-Kunden angehören, eine herausgehobene Stellung einnehmen und die Primärzielgruppe bilden.

Dazu ist *Member Relationship Management* (MRM) erforderlich. Über diese „Kommunikationsbrücke" zu den Mitgliedern sind mehr Gruppenzusammenhalt und eine über die Geschäftsbeziehungen hinausreichende verstärkte Zuwendung der Mitglieder zur Genossenschaft zu erwarten: größere Kooperationsbereitschaft, stärkere Identifikation mit der Genossenschaft und Mitwirkung eines größeren Teils der Mitgliedergruppe an der genossenschaftlichen Selbstverwaltung.

6 Bedeutung der Kommunikation

Genossenschaften werden künftig zunehmend mit Einzelunternehmen und Unternehmenskooperationen konkurrieren, die ihre interne und externe Kommunikation professionell gestalten und entsprechende, im jeweiligen Branchenmarkt richtungweisende Maßstäbe setzen. Aufgrund unterschiedlicher Betriebsgrößen gibt es Genossenschaften, die intern und extern eine hohe Kommunikationsaktivität aufweisen. Dagegen haben kleinere Genossenschaften weniger die Möglichkeit, ein *effizientes*

Kommunikationssystem zu organisieren und systematisch zu nutzen. Sie setzen mit einer gewissen Berechtigung darauf, örtlich bzw. in der Region hinreichend bekannt und über die Bedarfslage in ihrem Geschäftsfeld gut informiert zu sein.

Genossenschaftsinterne Kommunikation muss darauf ausgerichtet sein, bei Führungskräften und Mitarbeitern im Kooperationsunternehmen, ebenso wie bei den Mitgliedern ein hohes Maß an *Identifikation, Bindung und Partizipation* zu erreichen und ein stabiles Leistungs-, Personal- und Systemvertrauen zu schaffen. *Vertrauen* herzustellen ist nicht nur in Krisenzeiten, sondern dauerhaft eine zentrale Aufgabe der Genossenschaften. Die persönliche Mitgliedschaft in der Genossenschaft verkörpert in besonderer Weise ein Vertrauensverhältnis, das als Voraussetzung für die Handlungsfähigkeit und den Erfolg der Zusammenarbeit angesehen werden kann.

Eine positive Alleinstellung und daraus resultierende Wettbewerbsvorteile können Genossenschaften nur erreichen, wenn sie eine Strategie der Differenzierung gegenüber den Konkurrenten entwickeln und im Markt anwenden, die ihre spezifischen Merkmale und Vorzüge in der *externen Kommunikation* überzeugend vermittelt. Es bedarf einer Kommunikationspolitik, die zur Erhaltung bzw. Verbesserung der Wettbewerbsfähigkeit und nachhaltig zu einer günstigen Marktposition beiträgt. Auch nach außen gerichtet sind Informationstransparenz und Kommunikation wichtige Säulen der Vertrauensbildung. Insofern zählen die Kommunikationsfähigkeit und der Wirkungsgrad der Kommunikation sowohl der einzelnen Genossenschaft als auch der in der jeweiligen Sparte übergeordneten Verbundeinheiten zu den „weichen" strategischen Erfolgsfaktoren.

Kommunikation gewinnt durch ein von allen Akteuren einer Genossenschaft akzeptiertes, offensiv propagiertes *Wertesystem* an Glaubwürdigkeit und Überzeugungskraft. Nicht minder der Kommunikationswirksamkeit förderlich ist ein *kollektives Selbstbewusstsein* des gesamten Genossenschaftssektors, wie es z. B. durch das offizielle Logo für das von der UNO ausgerufene Internationale Jahr der Genossenschaften 2012 „Ein Gewinn für alle. Die Genossenschaften" in die Öffentlichkeit getragen wurde.

Resümee

1. **Kommunikation** bedeutet Übermittlung von Informationen. Dieser meist zweiseitige Transfer zweckorientierten Wissens ist eine unverzichtbare Grundlage zur Sicherung der Funktions-, Leistungs- und Erfolgsfähigkeit einer Genossenschaft.

2. Die *Elemente eines Kommunikationssystems* (Zentren, Wege und Mittel) weisen bei Genossenschaften spezifische Ausprägungen auf, die im Wesentlichen aus ihrer „Doppelnatur" als Gemeinschaftsunternehmen und Mitgliedergruppe resultieren.

3. Sowohl die unternehmensinternen als auch die mitgliederbezogenen *Kommunikationsziele* leiten sich in starkem Maße aus den aufbauorganisatorischen *Besonderheiten der Genossenschaft* her. Andersgeartete Ziele verfolgt die auf Nichtmitglieder und die relevante Öffentlichkeit gerichtete Kommunikation.

4. Der Informationstransfer der Mitglieder zur Genossenschaft vervollständigt die *Informationsbasis für mitgliedergerichtete Management-Entscheidungen.* Dagegen soll die Informationsabgabe der Genossenschaft an die Mitglieder deren Informationsstand erhöhen und zu besseren Problemlösungen in den Mitgliederwirtschaften führen.

5. Kommunikation nach außen basiert in erster Linie auf dem *kundenorientierten Einsatz kommunikationspolitischer Instrumente.* Ein besonderer Kommunikationsgegenstand förderstarker Genossenschaften ist die *Vermittlung der Mitgliedschaft als Privileg.*

6. Aktive und konsequent zielgerichtete *Kommunikationspolitik* im Inneren und nach außen wird zu einem wichtigen Vertrauen bildenden *Steuerungselement* der genossenschaftlichen Geschäftsführung.

Kapitel IX

Werteorientierung – ein Erfolgsfaktor der Genossenschaften

1 Werte sind Auffassungen von Wünschenswertem

Werte stellen Bausteine einer Organisationskultur dar, die sich vergangenheits- und zukunftsorientiert zeigt. Vergangenheitsbezogen, indem tradierte Werte, die das Wesen einer Genossenschaft elementar prägen, die Basis für deren aktuelle Kultur bilden. Zukunftsbezug drückt sich hingegen darin aus, dass im Unternehmensleitbild von Genossenschaften enthaltene Werte Aufnahme in die Unternehmensstrategie finden, in die Kommunikationspolitik einfließen und letztlich das genossenschaftsbetriebliche Erfolgspotenzial stärken. Insofern sind Werte *identitäts-, leistungs- und ergebnisbeeinflussende Faktoren.*

Bei einem in ruhigen Bahnen stattfindenden Geschäftsverlauf wird in Unternehmen über die vorhandene oder erwünschte Wertekultur eher wenig nachgedacht – anders in allgemein turbulenten Zeiten oder unternehmensindividuell schwierigen Phasen. Verstärkte Beachtung fanden Werte im Zusammenhang mit der Globalisierung des Wirtschaftsgeschehens sowie während der 2008 ausgebrochenen Banken-, Finanzmarkt- und Wirtschaftskrise. Werte und Werteorientierung waren mit einem Mal gefragt und ihnen wurde eine auffallend hohe Beachtung zuteil. Werte bildeten einen zentralen Aspekt in den Public Relations-Aktivitäten von Verbänden und Genossenschaften, insbesondere des genossenschaftlichen Bankensektors.

Diese Ereignisse lenkten die Aufmerksamkeit auf die Frage nach einer „genossenschaftsgeeigneten" Sicht auf die Werteorientierung. Wird nach gemeinsamen Werten der Genossenschaften gefragt, in denen sich deren Grundgestalt und der Sinn genossenschaftlicher Arbeit manifestieren, ist von der im Genossenschaftsgesetz festgelegten *„klassischen" Wertebasis* auszugehen. Dazu gehört, den einer Genossenschaft erteilten Grundauftrag, die Förderbelange ihrer Mitglieder bestmöglich, aus eigener Kraft (Selbsthilfe), unter aktiver demokratischer Beteiligung (Selbstverwaltung) und in eigener Verantwortung (Selbstverantwortung) zu erfüllen. Dazu zählt auch das in der Praxis weniger beachtete „Identitätsprinzip", demzufolge Träger und Nutzer des genossenschaftlichen Geschäftsbetriebs übereinstimmen sollen. Diese *Wesensprinzipien* und zugleich Kernwerte vermitteln bis heute das *gemeinsame Grundver-*

ständnis dessen, was Genossenschaften ausmacht. Zeigen sie doch, wofür sie stehen und wohin sich systemkonformes Handeln bewegen soll. Hauptsächlich darauf zurückgehend wird die Genossenschaft als wertebezogene Organisationsform und Wertegemeinschaft verstanden.

Mit dem Wesen einer Organisationsform übereinstimmende Werte verkörpern *Auffassungen von wünschenswerten Zuständen.* Sie bieten die Chance, im internen Aktionsbereich von Unternehmen und nach außen *Besonderheiten* zu vermitteln. Eine Zuordnung von Werten zum Genossenschaftssektor erscheint berechtigt, wenn dies mit den Spezifika der Rechtsform kompatibel ist. Aus einzelgenossenschaftlicher Perspektive dürfte erwünscht sein, was dazu verhilft, zum einen eine Genossenschaft im Inneren typgerecht weiterzuentwickeln, zum anderen den Aufbau von Vorteilspositionen im Wettbewerb und die Erzielung von Markterfolg zu ermöglichen sowie daraus folgend die mitgliederbezogene Fördereffizienz zu stärken.

2 Genossenschaftliche Werte vermitteln „genossenschaftlichen Unterschied"

Ihre Konstruktion und gesetzlich vorgegebene Zweckbindung machen Genossenschaften als Wirtschafts- und Sozialgebilde einzigartig. Im Gegensatz zu erwerbswirtschaftlich orientierten Unternehmen und den nach Nutzen für die Allgemeinheit strebenden Gemeinwirtschaften ist ihnen durch die gesetzlich vorgegebene *oberste Leitmaxime* aufgetragen, die wirtschaftlichen, kulturellen oder/und sozialen Belange ihrer *Mitglieder zu fördern.* Darauf zielt sowohl das individuelle als auch das Gruppeninteresse der Mitglieder, und so lautet der dem Vorstand einer Genossenschaft erteilte Dauerauftrag.

Als spezielle Rechts- und Unternehmensform besitzt die eingetragene Genossenschaft deutliche Möglichkeiten der klaren *Unterscheidung von anderen Organisationen* im Wirtschaftsleben. Diese leiten sich von historisch gewachsenen Grundsätzen, gemeinsamen Denkhaltungen, Überzeugungen und Verhaltensmustern her. Mithin von jenen Wurzeln und typischen Stilelementen, die der Existenz von Genossenschaften Sinn geben und ihrem Handeln die Richtung weisen. Bei der Frage nach einer genossenschaftlichen „Leitkultur" geht es um die **profilbildende Deklaration von Anders-Sein** und eine in die Zukunft weisende Orientierung. Insbesondere sollen wesentliche Differenzierungspotenziale des Werte- und Sinnsystems „Genossenschaft" intern und im Wettbewerb genutzt werden.

Werte verkörpern die kulturelle Substanz von Genossenschaften und nehmen eine wichtige Stellung in ihrem Selbstverständnis ein. Kommunizierte Werte machen auf Genossenschaften aufmerksam; sie sollen ihre strukturellen und unternehmenspolitischen **Besonderheiten bekannt machen** – zeigen, wer sie sind und was sie anstreben. Werte können auch dazu dienen, diffuse Vorstellungen von der Rolle genossenschaftlicher Unternehmen in Wirtschaft und Gesellschaft zu korrigieren.

Zuletzt wurde das von den Vereinten Nationen ausgerufene „Internationale Jahr der Genossenschaften 2012" intensiv dazu genutzt, auf die weltweite Genossenschaftsbewegung aufmerksam zu machen. Dabei galt es, genossenschaftliche Werte durch Veranstaltungen, Publikationen und Initiativen in das Bewusstsein der Menschen zu bringen, eine stärkere Identifikation der Mitglieder mit ihren Genossenschaften zu fördern und für einen Wertebezug in deren Entscheidungs- und Durchführungsprozessen zu werben.

3 Entwurf eines Werteprogramms für Genossenschaften

3.1 Bewahrung und Wandel

Funktionsfähigkeit und Erfolgswirksamkeit förderwirtschaftlicher Kooperation verlangen nach einer gemeinsamen Wertebasis. Die Frage, welche Werte der genossenschaftlichen Unternehmensform angemessen sind und welche positiven Wirkungen davon ausgehen, ist so alt wie die Genossenschaften selbst. Auf die übergeordnete Genossenschaftsidee gehen die oben genannten, für alle Sparten des Genossenschaftswesens gültigen Grundprinzipien zurück. Zusammen mit *weiteren rechtsformgemäßen Leitgedanken* und Idealen wie *Offenheit, Personalität, Freiwilligkeit oder kooperative Partnerschaft* stellen sie ein stabiles Wertefundament dar. Ohne die Orientierung an diesen Grundwerten sind Genossenschaften nicht denkbar.

Das Fortbestehen der modernen Genossenschaften über anderthalb Jahrhunderte wäre nicht möglich gewesen, ohne ihre Arteigenheit bewusst zu pflegen, im jeweiligen Umfeld deutlich zu machen und in das Geschäftskonzept einzubinden. Wertesysteme lassen sich freilich nicht allein durch Bewahrung eines zeit- und raumunabhängigen Wertekanons erhalten. Ohne Wandel müssten sie über kurz oder lang erstarren. Im Zeitablauf vorgenommene, von den Akteuren gewollte oder notwendige *Ergänzungen des Wertegefüges* lassen die Genossenschaftskultur anpassungsfähig und zugleich fortschrittlich erscheinen. Dabei darf es aber nicht zur Verfremdung oder Verdrängung des unverwechselbar Genossenschaftlichen kommen.

3.2 Tendenz zur Erweiterung des Wertesystems

In den letzten Jahren hielten zahlreiche weitere Wertebegriffe Einzug in die Kommunikation der Genossenschaften, ihrer Verbünde und Verbandseinrichtungen. In Imagekampagnen und Zeitschriftenartikeln, die unter anderem darauf zielten, gemeinsame Positionen, Kompetenzen und Leistungsstärke hervorzuheben, wurden gelegentlich in der „genossenschaftlichen Werteaufstellung" *Schlagwörter* wie *Eigeninitiative, Verlässlichkeit, Freiheit, Toleranz und Respekt, Berechenbarkeit und Transparenz* ausdrücklich zu genossenschaftlichen Werten erklärt. Bedauerlicherweise ohne Hinweis darauf, was ihre Aneignung durch Genossenschaften rechtfertigen könnte. *Weitere Beispiele* sind *Fairness, Gerechtigkeit, Ehrlichkeit, Berechenbarkeit und Authentizität.* Ob sich alle diese Werte dem Genossenschaftssektor als artspezifische Tatbestände zurechnen lassen, darf bezweifelt werden. Im Grunde würde damit unterstellt, dass andere wirtschaftliche Vereinigungen diese Werte nicht oder nicht in gleicher Weise verfolgen können oder wollen.

Es stellt sich zudem die Frage, was aus dem Vorrat an sonstigen, dem Genossenschaftssektor zugeschriebenen Werten – etwa *Gleichheit, Unverwechselbarkeit oder Regionalität* – einem eindeutigen genossenschaftlichen Wertesystem hinzugefügt werden müsste. Die im Verlauf der letzten Krise gemachten Erfahrungen haben die öffentliche Wahrnehmung von Widerstandsfähigkeit des Genossenschaftsmodells geschärft. Besonders der wertebasierte Finanzverbund mit den Merkmalen Subsidiarität und Eigenverantwortung ohne Staatshilfe sowie seiner Sicherungseinrichtung konnte einen beachtlichen Vertrauenszuwachs verzeichnen.

Bei offensiver Proklamation von Werten, die den klassischen Prinzipienbestand ergänzen sollen, ist darauf zu achten, ob sie die Qualität besitzen, die *Andersartigkeit von Genossenschaften* bestätigen zu können, in die Unternehmensstrategie eingebunden zu werden sowie mit Nutzen für die Genossenschaft und ihre Mitglieder in das tägliche Ausführungshandeln einzufließen. Angesichts der mitunter beobachtbaren „freigiebigen" Wertevermehrung sollte Klarheit darüber bestehen, für welche Überzeugungen man steht, von denen man sich leiten lässt und für die man bei verantwortungsvoller Unternehmensführung eintreten kann.

3.3   Begrenzung tut not

Ein *werteorientiertes Management* genossenschaftlicher Unternehmen hat zu respektieren, dass kommunizierte Werte nicht nur im eigenen Verständnis, sondern zugleich im Urteil der Mitglieder und der relevanten Umwelt (z. B. Kunden, Lieferanten oder Banken) zum System „Genossenschaft" passend und attraktiv sein sollen. Wenn in Wirtschaft und Gesellschaft im Trend liegende Werte einen hohen Zuspruch finden, ist dies noch kein hinreichender Grund, sie in die eigene Unternehmenskultur zu integrieren, zumal die dem Begriff „Werte" anhaftende Unschärfe zu einem Fehlgriff verleiten kann. Für Genossenschaften kommt es in erster Linie darauf an, dass adoptierte oder selbst „entdeckte" Werte erkennbar mit der genossenschaftlichen Eigenart harmonieren, mithin auf den kulturellen Kern von Genossenschaften Bezug nehmen. Mit anderen Worten: Genossenschaftskultur ist von Überfrachtung durch ein allzu ausgedehntes Wertespektrum freizuhalten.

Um eine *Zuladung nicht typgerechter Komponenten* auf das Wertesystem zu *vermeiden* empfiehlt es sich, in der Praxis und im genossenschaftsbezogenen Schrifttum aufkommende Werte daraufhin zu prüfen, ob sie für eine Aufnahme in die Genossenschaftskultur geeignet sind. In einem Wertegerüst für Genossenschaften sollten nicht vorkommen:

▷ Werte mit mangelnder inhaltlicher Aussage,
▷ Werte, die erkennbar nicht spezifisch genossenschaftlich sind, und
▷ Werte, deren Vermittelbarkeit oder nutzenstiftende Entfaltung im Unternehmensalltag schwierig erscheint.

Mehr oder weniger ausgeprägt treffen diese Schwächen auf einige der im vorangegangenen Abschnitt erwähnten Wertebegriffe zu. Ein glaubwürdiges, auf spezifische Elemente konzentriertes genossenschaftliches Wertegerüst ist vor Fremdkörpern zu schützen. Welche Werte andererseits „richtige" Werte sind, hängt maßgeblich vom kulturellen Standort und vom jeweils statuierten Zweck der Organisation ab. Genossenschaften haben somit darauf zu achten, nicht in eine *Modernitätsfalle* zu geraten, indem sie sich Werte zu eigen machen, die gerade in Mode sind, insofern den Anschein erwecken, zeitgemäß zu sein, jedoch keinen Bezug zur genossenschaftlichen Identität aufweisen und keinen Beitrag zur Verwirklichung angestrebter Ziele erwarten lassen.

3.4   Ein systemgerechtes Wertespektrum

Als Kriterium für die *Erweiterung eines genossenschaftlichen Werteprogramms* bietet sich die nachvollziehbare Nähe verfügbarer Werte zu den als verbindlich anerkannten, weil rechtsformspezifischen Strukturmerkmalen oder Wesensprinzipien der Genossenschaften an. Von den in Abbildung 16 ausgewiesenen Werten kann angenommen werden, dass sie zulänglich aussagefähig, systemverträglich, glaubwürdig und nützlich sind.

Zur Ergänzung des traditionellen „kulturellen Kerns" geeignete Werte	
Systemverträgliche genossenschaftliche Werte	**Bezug zu Gesetzesvorschriften, Strukturmerkmalen, Wesensprinzipien und realen Besonderheiten der Genossenschaften**
Unverwechselbarkeit	Mitgliedschaft
Nachhaltigkeit	Dauerauftrag „Förderung der Mitglieder", kaum Insolvenzen
Offenheit	Offene Mitgliederzahl
Personalität	personale Mitgliedschaft
Nähe (zum Mitglied/Kunden)/ lokale Verankerung	Präsenz „vor Ort"/ dezentrales Wirtschaften
Freiwilligkeit	Freiheit des Ein- und Austritts, zwangfreie Geschäftsverbindung
Kooperation Partnerschaftlichkeit	Gemeinschaftlicher Geschäftsbetrieb
Gemeinschaft Vertrauen	Personenvereinigung
Gleichbehandlung Demokratie/Gleichheit Partizipation	Mitgliedschaft Selbstverwaltung und Selbstorganschaft
Regionalität	Ausweitung des Aktionsfeldes von Primärgenossenschaften
Eigeninitiative Selbstbestimmung	Selbsthilfe
Verantwortung	Eigenverantwortlichkeit des Vorstands, Selbstverantwortung; Verbandsprüfung
Solidarität	Kollektive Selbsthilfe

Abb. 16: Genossenschaftsgemäße weitere Werte

Es sind Werte, die dem eingangs beschriebenen Wesen einer Genossenschaft – gleich welcher Art und Sparte – entsprechen. Die Übersicht ist keine in sich geschlossene Empfehlung, wohl aber ein Appell an die mögliche Struktur eines genossenschaftsgemäßen Werteverständnisses.

Das Sichtbarmachen genossenschaftsrelevanter Werte in der Unternehmens- und Geschäftspolitik kann bei den Mitarbeitern und Mitgliedern die Identifikation mit der Genossenschaft stärken und Vertrauen bilden, einen Grundkonsens herstellen und Wir-Gefühl vermitteln. Nach außen spiegeln sich diese Werte einer starken Unternehmenskultur in ihrer Kommunikation, im Marktauftritt und Erscheinungsbild der Organisation. An die in Abbildung 16 getroffene *Auswahl relevanter Werte,* die Auffassungen von Wünschenswertem repräsentieren, schließt sich an, den Blick auf jene Wirkungen zu richten, die von den als genossenschaftsadäquat einzustufenden Werten ausgehen.

3.5 Genossenschaftsindividuelle Werteorientierung

Weder für den nationalen Genossenschaftssektor noch für einzelne Sparten lässt sich – über die Grundwerte hinaus – ein gemeinsames Wertekonzept entwickeln und zur einheitlichen Anwendung empfehlen. Es wäre für die Einzelgenossenschaften als Basiseinheiten der Gesamtorganisation nicht annehmbar. Dies liegt in *unternehmensindividuellen Unterschiedlichkeiten* begründet, nämlich bezüglich der

▷ Einstellung der Führungsorgane tausender Primärinstitute auf nationaler Ebene zur genossenschaftlichen Tradition und Kultur,
▷ Bedeutung, die „weichen Faktoren", denen genossenschaftliche Werte zuzurechnen sind, im Einzelfall beigemessen wird und/oder
▷ marktbezogenen Bestrebungen, die Einfluss darauf nehmen, inwieweit immaterielle Werte in die Strategie der Genossenschaft und in deren tägliches Handeln Eingang finden (sollen).

Wie könnte eine *„Wertepyramide"* mit gesetzlich vorbestimmten und im Übrigen begründet zugeordneten Stufen auf einer Rangskala von 1 bis 5 aussehen? Ein denkbares Modell zeigt Abbildung 17: Die Ebenen 1 und 2 weisen die als Grundwerte bezeichneten, im Genossenschaftsgesetz enthaltenen sogenannten Wesensprinzipien mit der obersten Leitmaxime „Förderung der Mitglieder" aus. In der Stufe 3 folgen Werte, die auf die Eigenart der genossenschaftlichen Mitgliedschaft Bezug nehmen oder sich in letzter Zeit in der Sicht auf die Genossenschaften von außen (Image) positiv verfestigt haben. Die Ebene 4 enthält Werte, die nicht auf sämtliche Genossenschaftsparten zutreffen, weil entweder kein Vertikalverbund herausgebildet ist, nur lokale Verankerung vorliegt oder aufgrund der zum Teil umfangreichen Durchführung von Nichtmitgliedergeschäften das Identitätsprinzip nicht mehr befolgt wird. Die Wertehierarchie schließt auf Stufe 5 mit Werten ab, die von Fall zu Fall in einer Genossenschaft als relevant eingestuft werden.

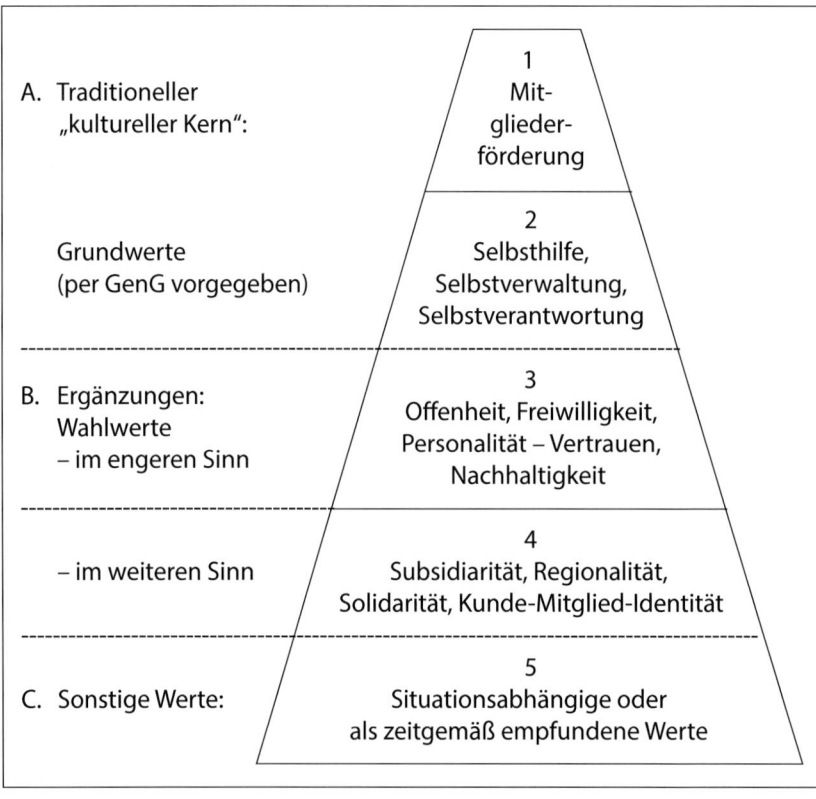

Abb. 17: Wertemodell für Genossenschaften

Einer *Orientierung an den bekannten Grundwerten* kann sich keine Genossenschaft entziehen, wenngleich diesen Wesenselementen genossenschaftsindividuell etwa in Abhängigkeit von der Unternehmensgröße durchaus ein unterschiedliches Gewicht beigemessen wird. Andererseits betreiben nicht wenige Genossenschaften eine engagierte Werteorientierung, indem sie über den Werte-Kernbereich hinausgehend *Ergänzungen* ihres Werteprogramms vornehmen und umsetzen.

Ebenso, wie es keinen Sinn macht, sämtlichen Genossenschaften einen Aktionsplan für die Erfüllung ihres Förderauftrags an die Hand zu geben, verhält es sich mit dem Werteauftritt von Genossenschaften. Ein ganz und gar einheitliches Werteverständnis wäre unerreichbar, denn jedes Kooperativ hat seinen eigenen Führungsstil, seine eigene Kultur und individuelle Art, den täglichen Herausforderungen zu begegnen. Kooperative, die sich einer erweiterten Werteorientierung zuwenden, müssen sich entscheiden, welche „Zusatzwerte" ihrer Situation, ihren Bedürfnissen und Zielvorstellungen entsprechen. Nur solche Werte verkörpern ein Potenzial, das ihre Verankerung in der Unternehmensstrategie rechtfertigt, mit deren praktischer Umsetzung die Werteinhalte für die Mitglieder und die relevante Öffentlichkeit erlebbar werden und Wirkung entfalten können.

4 Beispiele für zentrale „genossenschaftsgeeignete" Werte

Mit Vertrauen und Nachhaltigkeit werden im Folgenden zwei Werte näher betrachtet, die nicht zum tradierten Kern eines genossenschaftlichen Wertesystems zählen. Ihre Eignung als „Werte der Genossenschaften" lässt sich damit begründen, dass sie sehr deutlich Andersartigkeit gegenüber anderen Unternehmensformen veranschaulichen, was Genossenschaften sämtlicher Sparten nicht nur in Krisenzeiten einen Wettbewerbsvorteil verschafft, sondern diese Werte zu einem ständigen Exklusivvorteil werden lässt.

4.1 Vertrauen

Vertrauen begünstigt partnerschaftliches Handeln und stärkt die Bindekräfte in der Organisations- und Wirtschaftsbeziehung zwischen Mitglied und Genossenschaft. Gegenseitiges Vertrauen bildet eine unverzichtbare *Grundlage für die Etablierung und Erhaltung erfolgreicher Kooperation.* Den Daueraufgaben der Führungskräfte und Mitarbeiter einer Genossenschaft zuzurechnen ist es, primär in der Beziehung zu den Mitgliedern, aber auch zu anderen Anspruchsgruppen Vertrauen herzustellen und zu pflegen. Von einer Vertrauen vermittelnden starken Genossenschaftskultur gehen positive Effekte wie Sinnstiftung und Förderung von Identität, Verbesserung der Koordination und Bewältigung von Konflikten aus. Gleiches gilt für Motivationsförderung, Erhöhung der Effizienz der Zusammenarbeit und stärkere Bindung der Organisationsmitglieder an das Kooperativ.

Vertrauen ist ein wichtiges Koordinierungsinstrument, insofern ein Produktivfaktor des genossenschaftlichen Geschäftsmodells. In Abbildung 18 kommt dies deutlich zum Ausdruck. Besondere Aufmerksamkeit wurde dem Faktor „Vertrauen" zuteil, als in der Finanz- und Wirtschaftskrise die Glaubwürdigkeit von Banken und Versicherern rapide sank. Negative Erfahrungen eines breiten Publikums erwiesen sich als besondere Chance der genossenschaftlichen Banken. Deren öffentliche Wahrnehmung von Stabilität und Leistungsfähigkeit wurde gestärkt.

Genossenschaften erwiesen sich als ein besonders krisenresistenter Wirtschaftsfaktor. Indem sie kaum Einbußen am Markt hinzunehmen hatten, blieben sie von dem um sich greifenden Vertrauensschwund weitgehend verschont. Das Vertrauen in die eG-Rechtsform konnte erhöht, Anerkennung seitens der Politik gewonnen und das Ansehen in der Öffentlichkeit verbessert werden.

Wirkungen von Vertrauen in die Genossenschaft	
Vertrauen der Mitglieder	**Vertrauen Externer**
1 Inanspruchnahme der genossenschaftlichen Einrichtungen und Leistungen	1 Wahl der eG-Rechtsform durch Unternehmensgründer
2 Partizipation an der Selbstverwaltung	2 Aufnahme von Geschäftsbeziehungen zur Genossenschaft
3 Aufrechterhaltung der Mitgliedschaft	3 Entstehung von Kundenbindung
4 Vorhandene Mitglieder werben neue Kunden und Mitglieder	4 Bereitschaft zum Beitritt als Mitglied

Abb. 18: Mögliche Effekte von Vertrauen

In die Zukunft gerichtet lassen die in Abbildung 18 ausgewiesenen Wirkungen keinen Zweifel daran, dass es sich bei Vertrauen um einen „genossenschaftsgeeigneten" Wert handelt. Nicht allein, weil ein Vertrauensklima als Mittel zur Imageprofilierung und Wettbewerbsvorteil genutzt werden kann. Zudem ist Vertrauen für die langfristig angelegte, partnerschaftlich auszugestaltende Mehrfachbeziehung zwischen Genossenschaft und ihren Mitgliedern unabdingbar. Vertrauen stellt eine wertvolle Erfolgsgröße des Wirtschafts- und Sozialgebildes „Genossenschaft" dar und zählt zu den Voraussetzungen für ein langfristiges Bestehen im Markt.

4.2　Nachhaltigkeit

Der Begriff „Nachhaltigkeit" ist vor allem im Zusammenhang mit der Umweltdiskussion bekannt geworden. Darunter wird häufig eine *stabile Entwicklung oder Zukunftsfähigkeit* verstanden. Als Maxime für unternehmerisches Handeln verknüpft dieser Leitbegriff in einem „Drei-Säulen-Modell" Ökonomie, Ökologie und gesellschaftliche Verantwortung. In jüngster Zeit fand der Nachhaltigkeitsgedanke verstärkt Eingang in das Bewusstsein, die Strategie und das konkrete Handeln von Unternehmen mit dem Ziel, eine Plattform für erfolgreiches Wirtschaften auf längere Sicht zu schaffen.

Die Frage liegt nahe, in welchen Strukturmerkmalen und Gegebenheiten das Nachhaltigkeitsphänomen als Element des Genossenschaftsmodells erkennbar wird. Was spricht von der Konstruktion der Genossenschaft her dafür, dass Nachhaltigkeit als ein für Gegenwart und Zukunft wichtiger Wert eingeschätzt und die eingetragene *Genossenschaft als eine nachhaltige Rechts- und Unternehmensform* gelten kann?

▷ Zusammenschluss auf Dauer (unbefristet bestehende Kooperationsform),
▷ Beständigkeit in der Binnenstruktur (Doppelnatur: Personenvereinigung und Gemeinschaftsunternehmen, Personalität, Demokratie),
▷ auf Langfristigkeit angelegte Mitgliedschaft,
▷ Dauerauftrag „Förderung der Mitglieder",
▷ aus Risikovorsicht soll kein maximaler, sondern „nur" ein Existenz und Leistungsfähigkeit sichernder Gewinn erzielt werden,
▷ geringe Mitarbeiterfluktuation,
▷ äußerst niedrige Insolvenzrate und
▷ Bereitschaft zu sozialem Engagement.

Diese Ausprägungen von *Stabilität und Dauerhaftigkeit* lassen es gerechtfertigt erscheinen, Genossenschaften in vielerlei Hinsicht „nachhaltig" zu nennen. Erwiesene Nachhaltigkeit bleibt nicht ohne Außenwirkung, etwa daraus erkennbar werdend, dass Unternehmensgründer sich in letzter Zeit vermehrt für die eG-Rechtsform entschieden. Vorausschauend besteht der strategische Nutzen von Nachhaltigkeit darin, einen Beitrag zur Sicherung der Zukunftsfähigkeit von Genossenschaften und deren Erfolg auf längere Sicht zu leisten. Insgesamt darf Nachhaltigkeit als ein signifikantes Element des genossenschaftlichen Wertverständnisses gelten.

Auch im Bereich der Ökologie zeigt sich, dass Tradition und Verfassung in Bezug auf Nachhaltigkeit gültige Elemente aufweisen. Als *Beispiele* seien erwähnt, dass in neuerer Zeit in den Bereichen ökologische Landwirtschaft, alternative Energieversorgung, Entsorgung/Recycling und Umweltschutz zahlreiche Genossenschaften gegründet wurden, die mit beachtlichem Erfolg arbeiten.

5 Positive Wirkungen genossen-schaftsrelevanter Werte

Worin besteht der Nutzen „genossenschaftlich" zu nennender Werte? Eine plausibel erscheinende Antwort könnte lauten:

▷ **Organisationsintern** darin, dass sich Führungskräfte und Mitarbeiter mit einem Wertesystem, das sie miteinander teilen, identifizieren können, zudem die Mitglieder motiviert sind, mit ihrer Genossenschaft enger zu kooperieren und daraus zusätzliche Wertschöpfung entsteht, ferner

▷ **extern** in einer vergleichsweise gefestigten Positionierung des Genossenschaftsunternehmens im Markt, in der Erzielung einer Imageverbesserung und von Wettbewerbsvorteilen.

Dadurch gewinnen Thesen wie „Werte schaffen Werte" Signifikanz für die Zukunftsfähigkeit von Genossenschaften. Glaubwürdig gelebte Werte besitzen die Qualität, Erfolgsfaktoren zu sein. Das gilt für sämtliche Genossenschaftszweige. *Gelebte Werte sind ein Gewinn für alle!*

Ohne Anspruch auf Vollständigkeit soll Abbildung 19 darüber Auskunft geben, worin der **Nutzen systemrelevanter Werte** für die Genossenschaft bestehen kann. Die darin ausgewiesenen Effekte machen öffentlich verlautbarte Denk- und Verhaltensmuster, die im Geschäftsalltag von Führungskräften und Mitarbeitern praktiziert und besonders für Mitglieder und Kunden erlebbar werden, zu wichtigen *Faktoren des unternehmerischen Erfolgs*. Sie erlangen damit konkrete Bedeutung für die Zukunftsfähigkeit von Genossenschaften. Es zeigt sich, dass eine „starke" Genossenschaftskultur kein Selbstzweck ist, sondern von ihr gestaltende und wertschaffende Kräfte ausgehen. Das gilt für alle Genossenschaftsarten.

Mögliche Positiveffekte genossenschaftlicher Werte	
Genossenschaftsinterne Wirkungen	**Wirkungen nach außen**
▷ Einwirkung auf die Strategieausrichtung, das Zielsystem sowie den Entscheidungs- und Handlungsspielraum ▷ Prägung des genossenschaftlichen Selbstverständnisses	▷ Mehrung des öffentlichen Wissens über Genossenschaften ▷ Positive Sicht auf deren Geschäftsmodell und Zuwachs an institutioneller Glaubwürdigkeit
▷ Unterstützung der Identifikation der Führungskräfte und Mitarbeiter mit dem Kooperativ ▷ Stärkung des Genossenschaftsbewusstseins in den Mitgliederwirtschaften	▷ In der Umwelt anerkannte Werte stehen als Leistungsversprechen für Kompetenz und Stärke ▷ Positive Imagewirkungen verschaffen Wettbewerbsvorteile
▷ Werteorientiertes Handeln unterstützt den Fördererfolg, die Bindung der Mitglieder und Nur-Kunden an die Genossenschaft sowie die Akquisition weiterer Geschäftspartner	▷ Klare Differenzierung von Wettbewerbern ▷ Arttypische Werte tragen zu einer stabilen Erfolgsposition des genossenschaftlichen Unternehmens im Markt bei

Abb. 19: Wirkungen genossenschaftlicher Werte

6 Wann wird Werteorientierung zu einem Erfolgsfaktor?

Mit der gegenwärtig bei wirtschaftlich erfolgreichen Unternehmen erkennbaren Wertschätzung immaterieller Erfolgsfaktoren ist die Wertekultur als eine den Erfolg bestimmende Größe in das Bewusstsein gerückt. *Werteorientierung wurde* zu einem neuen *Erfolgsfaktor.* Damit stehen Wertekultur und Erfolg in einem engen Zusammenhang.

Es bleibt, den Blick darauf zu richten, welche Bedeutung einem artgemäßen Wertesystem für den Erfolg von Genossenschaften zukommt. Dazu tragen nach aller Erfahrung besonders *nicht imitierbare Werte* bei, die intern akzeptiert und festgeschrieben werden sowie in einer bewusst nachhaltigen Werteorientierung der Führungskräfte und Mitarbeiter zum Ausdruck kommen. Gelebte Ideen und Ideale lenken Entscheidungsprozesse und das praktische Handeln, bestimmen insofern mit, wie produktiv, als Partner attraktiv und erfolgreich eine Genossenschaft ist.

Die Zukunfts- und Erfolgsfähigkeit wird entscheidend davon geprägt, ob es gelingt, sich konturiert von der Konkurrenz abzuheben. Eine darauf gerichtete *Differenzierungsstrategie* verspricht Erfolg, wenn sie auf typgemäßen Besonderheiten basiert, die intern vermittelt, nach außen vertreten und in der Geschäftsverbindung wahrgenommen werden. Differenzierungseignung setzt Seltenheit voraus, die am stärksten in Einzigartigkeit zur Geltung kommt. Diesen Anforderungen genügen vor allem die Grundwerte, die den unverwechselbaren „kulturellen Kern" der Genossenschaften abbilden. Zur Differenzierung tragen desgleichen alle weiteren, für „systemverträglich" zu erachtende Werte (vgl. Abbildung 16) bei.

Es handelt sich um Werte mit Aussagekraft, die genossenschaftsspezifisch, demzufolge nicht für jede andere beliebige Unternehmensform tauglich sind. Ein von positiven Effekten eines solchen arteigenen Wertesystems und dessen *Wirkung auf den Erfolg* überzeugtes genossenschaftliches Management wird die tradierten und darüber hinaus für relevant erkannte Werte in das Unternehmensleitbild aufnehmen, in der Strategie verankern und sie vor allem im Tagesgeschäft glaubhaft vertreten. Nur dann kann von einem kulturbewussten genossenschaftlichen Management und von *Werteorientierung als Erfolgsfaktor* die Rede sein. Andernfalls können Werte nicht dem an Erfolgsfaktoren zu stellenden Anspruch genügen.

Resümee

1. Genossenschaftliche Werte sind ein Garant für nachhaltiges und erfolgreiches Wirtschaften. Ihnen eine angemessene Beachtung zu schenken und sie in das Tagesgeschäft zu überführen, sollte als *Daueraufgabe* wahrgenommen werden.

2. Eine nachhaltige Auseinandersetzung mit Ethik und Werten ist als *Investition in die Unternehmensentwicklung* zu verstehen, denn es braucht Zeit, Werte so stark zu verankern, dass sie das Handeln bestimmen und im Bewusstsein gehalten werden. *Werteorientierung* hat in den letzten Jahren merklich an Bedeutung gewonnen und ihr Stellenwert dürfte in Zukunft weiter steigen.

3. Wer Kontinuität will, muss auch Veränderung zulassen. Das Streben von Genossenschaften sollte darauf gerichtet sein, an den als leistungsfördernd und als wichtige Erfolgstreiber erkannten Werten festzuhalten, aber auch das *Wertesystem fortzuentwickeln.* Die genossenschaftliche Idee kann zwar auf vielfältige Weise verwirklicht werden, was jedoch stets *systemkonform* zu geschehen hat.

4. Von einer Übereinstimmung des operativen Geschäfts mit den im Leitbild ausgewiesenen Werten gehen sowohl Engagement der Akteure als auch *erkennbarer Nutzen* aus. Gelebte Werte prägen nicht nur die Genossenschaftskultur und unterscheiden Genossenschaften von ihren Konkurrenten. Typgerechte Werte bringen zudem *positive Erfolgswirkungen* hervor.

5. Nicht schon vom Propagieren genossenschaftlicher Werte, sondern erst von ihrer Umsetzung in *sichtbar gelebte Werteorientierung* geht ein Nutzen aus. Denn was zwar offensiv kommuniziert, aber nicht wahrnehmbar in die Realität befördert wird, bleibt unverbindlich und ineffizient.

Kapitel X:

Die soziale Funktion von Genossenschaften

1   Ein Blick zurück

Ein Blick in die Vergangenheit offenbart die wechselnde Bedeutung der sozial-ethischen Funktion im Genossenschaftswesen. Die seit den 1860er-Jahren errichteten Genossenschaften rückten vom rein karitativen Charakter ihrer Vorläufer, der *Hilfsvereine* nach dem Muster von Schulze-Delitzsch und Raiffeisen, ab. Denn im Geist gesellschaftlicher Sozialethik und christlicher Nächstenliebe waren diese Vereine dem Prinzip der Fremdhilfe für die bedürftigen Bevölkerungsschichten gefolgt.

Die daraus entstandenen *modernen Genossenschaften* wollten bewusst keine karitativen Organisationen sein. Ihnen lag zwar ebenfalls daran, an der Verbesserung der sozialen Zustände mitzuwirken, allerdings von einem anderen Ansatz her: Das Leitmotiv der Wohltätigkeit wurde durch das Konzept der kollektiven Selbsthilfe und Gegenseitigkeit abgelöst. Diese Prinzipien wurden zur Grundlage organisierten genossenschaftlichen Handelns erklärt und praktiziert – zusammen mit den Grundsätzen der Selbstverwaltung und Selbstverantwortung. Die Genossenschaften nahmen damit eine wichtige *wirtschaftliche und* zugleich *soziale Funktion* für ihre Mitglieder wahr. Beide Bedarfslagen und Aktionsbereiche waren in der zweiten Hälfte des 19. Jahrhunderts eng miteinander verknüpft.

Das Genossenschaftsmodell erwies sich als tauglicher Weg, durch wirtschaftliche Stärkung der Haushalte oder Betriebe der Mitglieder zur Lösung der drängenden „sozialen Frage" beizutragen. Indem Genossenschaften sich primär der ökonomischen Förderung ihrer Mitglieder widmeten, stärkten sie nicht nur deren wirtschaftliche Lage, sondern leisteten zugleich einen Beitrag zum sozialen Ausgleich. Zu Recht wurde und wird bis heute den Genossenschaften eine herausragende wirtschaftliche, soziale und gesellschaftspolitische Bedeutung zuerkannt.

Die nach und nach eingetretene Verbesserung der gesellschaftlichen und sozialen Verhältnisse leitete eine zunehmende *Betonung der ökonomischen Seite* genossenschaftlicher Kooperation ein – und zwar bei damit einhergehend schwindendem Gruppenbewusstsein, Gemeinsinn und abnehmender sozialer Verantwortung. Kaum eine Genossenschaftssparte konnte sich dem Zwang zu vorrangig wirtschaftlicher Leistungsfähigkeit entziehen, was eine Minderung der „Sozialkapazität" zur Folge hatte. Der *Teilaspekt „Sozialgebilde"* innerhalb des komplexen Wirtschafts- und Sozialgefüges „Genossenschaft" *verlor an Gewicht.*

In ihrer weiteren Entwicklung waren die Genossenschaften im 20. Jahrhundert vor allem bestrebt, ihren Mitgliedern die Vorteile einer Teilnahme am gemeinsamen Wirtschaften zu erschließen und zu sichern. Die Zahl derjenigen Mitglieder, deren Interesse rein *ökonomisch ausgerichtet* war, nahm zu. In dieser Phase spielte die soziale Förderkomponente nur noch eine untergeordnete Rolle.

Während des Dritten Reichs erfolgte sodann ein radikaler Ersatz der Mitgliederwidmung von Genossenschaften durch eine *gemeinwirtschaftliche Orientierung.* Die nationalsozialistische Leitlinie „Gemeinnutz geht vor Eigennutz" wurde kurzerhand zu einer Kernformel auch für ein echtes Genossenschaftswesen erklärt. Es kam zur Umformung der Genossenschaften der Mitglieder zu „Volksgenossenschaften". Das soziale Element des Genossenschaftsgedankens wurde auf die gesamte Volksgemeinschaft bezogen. Genossenschaften hatten dem deutschen Volk und damit dem nationalen Gemeinwohl zu dienen.

Nach dieser Vereinnahmung durch das NS-Regime bestand nach Ende des Zweiten Weltkriegs in der Phase der Restaurierung des deutschen Genossenschaftswesens verständlicherweise kaum mehr Interesse an irgendwie gearteter gemeinwirtschaftlicher Orientierung. Der *Unternehmenscharakter von Genossenschaften* erfuhr in der marktwirtschaftlichen Ordnung seine volle Ausprägung. Betont ökonomisch-rational geprägte Verhaltensweisen setzten sich durch. Die wirtschaftliche Leistungsfähigkeit wurde zum wichtigsten Bindeglied zwischen Mitglied und Genossenschaft. Im allgemeinen Trend zur Kommerzialisierung gerieten soziale Erwägungen zunehmend in den Hintergrund.

Einerseits geht daraus hervor, dass die ursprünglich auf ökonomische Mitgliederförderung ausgelegte genossenschaftliche Rechts- und Unternehmensform – im Unterschied etwa zur AG – auch Raum für die Verfolgung sozialer Ziele bot. Zum anderen wird deutlich, dass sozialen Belangen in der Genossenschaftspraxis eine wechselnde Bedeutung beigemessen wurde.

2 Die soziale Funktion von Genossenschaften in der Gegenwart

2.1 Neubelebung des Sozialgedankens

In jüngster Zeit trat soziales Handeln als Erwartung an Genossenschaften vermehrt in Erscheinung. In Deutschland, das von einem überwiegenden Teil der Bevölkerung als Wohlstandsgesellschaft empfunden wird, besteht in vielen Bereichen erheblicher *„Sozialbedarf"*. An der Unterstützung sozialer Aufgaben beteiligt sich eine zunehmende Zahl von Genossenschaften.

Es stellt sich die Frage, was den Sozialgedanken im Genossenschaftssektor etwas beleben konnte. Die dazu bewegenden Kräfte lassen sich etwa wie folgt beschreiben:

▷ Bei unverkennbar steigendem Bedarf an Sozialleistungen sieht sich der Staat nicht in der Lage, allen Anforderungen gerecht zu werden und alle sozialen Problemfelder zu bedienen. Entstehende Lücken müssen, sollen sie nicht verbleiben und soziale Konflikte heraufbeschwören, mittels außerstaatlicher Initiativen geschlossen werden. In dieser Mangelsituation entstanden im genossenschaftlich organisierten Bereich neue *Aktivitäten sozialer Art.*

▷ Mit der Novellierung des Genossenschaftsgesetzes 2006 ermöglichte der deutsche Gesetzgeber, für die *Verfolgung eines sozialen Förderzwecks* die eG-Rechtsform zu nutzen. Dadurch erhielt die den Sozialgedanken mit dem klassischen Selbsthilfeprinzip der Genossenschaften verbindende Denkweise neue Impulse. Es kamen vermehrt neue Genossenschaftsarten wie Seniorengenossenschaften oder Dorfläden auf, also Genossenschaften mit gesellschaftlich-sozialem Bezug bis hin zu weiteren, in noch stärkerem Maß auf soziale Nutzenstiftung ausgerichteten Genossenschaften. Es wurden zahlreiche dieser „Sozialgenossenschaften" gegründet, was zu einer *Revitalisierung des sozialen*

Gedankens sowohl im genossenschaftsbezogenen Schrifttum als auch in der Genossenschaftspraxis führte.

Ihre Legitimation bezieht die genossenschaftliche Arbeit aus der Ausrichtung auf die Mitgliederbelange entsprechend der jeweiligen rechtsformspezifischen Förderzweckbindung. Bei aller Wertschätzung, die der Sozialgedanke aktuell bei Wirtschaftsgenossenschaften erfährt, steht die Förderung der ökonomischen Mitgliederbelange im Zentrum des Handelns. Auch Sozial- und Kulturgenossenschaften müssen versuchen, wirtschaftlich zu arbeiten, um ihren Förderzweck erfüllen zu können.

2.2 Allgemeine Anspruchshaltung gegenüber Wirtschafts-genossenschaften

In der Öffentlichkeit hat das Denken in der Kategorie der Ansprüche auch von den Genossenschaften Besitz ergriffen. Mitunter wird Genossenschaften unterschiedslos ein „sozialer" Charakter zugesprochen sowie generell *Verantwortung für das Gemeinwohl* angenommen und erwartet. Eine solche Sicht verkennt die Genossenschaftsidee, die Reichweite des den Genossenschaften erteilten Förderauftrags und überschätzt die Möglichkeiten, auf genossenschaftlichem Weg Sozialbedarf zu befriedigen. Der „gefühlte" Föderanspruch gegenüber Genossenschaften basiert auf der Vorstellung, Genossenschaften hätten über die Mitgliederförderung hinaus einen öffentlichen Auftrag, zur Lösung von Problemen einer externen Allgemeinheit beizutragen. Damit stellt sich die Frage, ob Genossenschaften einen sozialen Auftrag im Sinne einer *(zivil-)gesellschaftlichen Verpflichtung* zu erfüllen haben.

Sicherlich trifft das nicht generell zu. Anders als bei Sozialgenossenschaften, für die kein Widerspruch zwischen Förderauftrag und einem sozialpolitisch verantwortlichen gemeinnützigen Handeln besteht, ist der Sinn und Zweck der am häufigsten vorkommenden Wirtschaftsgenossenschaften ein anderer. Sie sind im Grunde nur ihren *Mitgliedern verpflichtet,* die als Mitträger der Willensbildung, Kapitalgeber und Geschäftspartner mit dem Gemeinschaftsunternehmen verbunden sind.

171

Jedenfalls lassen auch das Vorkommen eines dringlichen Sozialbedarfs und der allgemeine Wunsch nach dessen Deckung noch keinen Auftrag an Wirtschaftsgenossenschaften entstehen, die externen sozialen Verhältnisse mitzugestalten. Richtig ist: Es steht ihnen frei, in Einklang mit dem Mitgliederinteresse und mit Zustimmung der Mitglieder auch anderen Teilen der Bevölkerung Nutzen zu stiften. Diese Auffassung trifft im Übrigen auch auf die Einordnung der öffentlich erhobenen Forderung zu, Wohnungsgenossenschaften hätten verstärkt Wohnraum für Flüchtlinge anzubieten und vorzuhalten.

Seitdem die eG-Rechtsform auch für Zusammenschlüsse zur Verfügung steht, die einen sozialen Förderzweck erfüllen und zudem Wirtschaftsgenossenschaften in ihrem Umfeld aktiv zum Gemeinwohl beitragen, ist allerdings eine differenzierte Sicht geboten. Zu fragen ist, inwieweit über die positiven sozialen Effekte hinaus, die aus ökonomischer Mitgliederförderung folgen – wie Existenzerhaltung kleiner und mittlerer Unternehmen oder Erhöhung des Realeinkommen der Mitglieder von Genossenschaften – eine „soziale Funktion" wahrgenommen werden kann. Für die Gegenwart ist dies in zweierlei Hinsicht zu konstatieren:

Fall 1: *Wirtschaftsgenossenschaften* beliebiger Sparten können in Erfüllung eines freiwillig verfolgten Nebenzwecks Leistungen zum Nutzen der sie umgebenden Zivilgesellschaft erbringen, was als **Co-operative Citizenship** zu bezeichnen ist.

Fall 2: *Sozialgenossenschaften* widmen sich dezidiert einer als Unternehmensgegenstand definierten *Sozialarbeit,* indem sie als „Genossenschaft mit sozialem Hauptzweck" operieren, wobei Förderung der sozialen Mitgliederinteressen ein zentrales Anliegen bleibt.

3 Ausgewählte soziale Aktionsbereiche im Genossenschaftssektor

3.1 Bürgerschaftliches Engagement von Wirtschaftsgenossenschaften

3.1.1 Co-operative Citizenship-Engagement

Leitideen wie „Soziale Verantwortung der Wirtschaft" sind heute weit verbreitet. Das Aktionsfeld Corporate Social Responsibility (CSR) zielt auf die Lösung konkreter wirtschaftlicher, sozialer, kultureller und/oder ökologischer Probleme im öffentlichen Raum, an der sich Unternehmen freiwillig beteiligen. Die lokale und regionale Dimension dieser zivilgesellschaftlichen Verantwortung von Unternehmen ist als *Corporate Citizenship (CC)* bekannt geworden: Im Bestreben, als „gute Bürger der Gesellschaft" wahrgenommen zu werden, wirken zahlreiche Unternehmen über ihre eigentliche Geschäftstätigkeit hinaus aktiv an der Nutzenstiftung für das Gemeinwesen ihres räumlichen Umfeldes mit. Typische Corporate Citizen-Strategien sind: Corporate Giving, Corporate Foundations und Corporate Volunteering.

Wenn es heute zum „guten Ton" der Unternehmensphilosophie gehört, *Mitverantwortung für die umgebende Zivilgesellschaft* zu übernehmen, richtet sich auch an erfolgreiche Genossenschaften die Erwartung, dass sie zur Verbesserung örtlicher oder regionaler Verhältnisse beitragen. Da sich auf diesem Gebiet bereits zahlreiche Genossenschaften engagieren, erscheint es angebracht, den allgemeinen Ausdruck „Corporate Citizenship" zu *„Co-operative Citizenship"* abgewandelt in den genossenschaftlichen Sprachgebrauch zu überführen.

Durch verantwortungsvolles unternehmerisches „Investieren" in die Zivilgesellschaft erfährt der Genossenschaftssektor eine Revitalisierung seiner ursprünglich auch sozialen Zielrichtung. Viele Genossenschaften, vor allem des Banken- und Wohnungssektors erbringen in Erfüllung einer *freiwilligen Selbstverpflichtung* zu gemeinnützigem Handeln Leistungen, die einer Verbesserung der Lebensbedingungen im Gemeinwesen ihres räumlichen Operationsfeldes dienen. Außerhalb ihrer normalen Geschäftstätigkeit unterstützen sie soziale Einrichtungen oder engagieren sich für soziale Projekte. Ihre gesellschaftliche Nutzenstiftung macht Genossenschaften zwar nicht zu gemeinnützigen Organisationen, jedoch sind sie nicht nur Akteure des Marktes und der Mitglieder, sondern zugleich Akteure der Zivilgesellschaft.

Beispiele für typische Co-operative Citizenship-Aktionen in der *bankgenossenschaftlichen Sparte* sind:

▷ Förderung von lokalen und regionalen Projekten in den Bereichen Jugend, Bildung und Umwelt,
▷ finanzielle Zuwendungen an Sportvereine, Organisationen der Wohlfahrtspflege und des Gesundheitswesens,
▷ Unterstützung lebendiger Bürgergesellschaft mit dem Schwerpunkt Kunst- und Kulturförderung und
▷ Begleitung gemeinnütziger Initiativen für bürgerschaftlich nützliches Engagement (z. B. Integration von Spätaussiedlern und anderen Einwanderern).

Genossenschaftliche Primärbanken arbeiten zunehmend regionalorientiert. Auf die fusionsbedingte Größenexpansion der letzten Jahrzehnte zurückgehend erstreckt sich zwar ihr Aktionsgebiet vielfach über mehrere Gemeinden, dennoch sind infolge ihres vergleichsweise dichten Geschäftsstellennetzes Überschaubarkeit und lokale Marktkenntnis gewährleistet. Unter solchen Umständen bestehen für bürgerschaftliche Aktivitäten günstige Erfolgsaussichten.

Auch in der *wohnungsgenossenschaftlichen Sparte* sind vielfältige Formen eines Co-operative Citizenship vorzufinden:

▷ Unterstützung der Nachbarschaftshilfe unter den Bewohnern (z. B. Bereitstellung von Räumen für Familienfeiern, Kinder- und Seniorenbetreuung oder Gästewohnungen),
▷ Integrationsprojekte im Wohnquartier,
▷ Initiativen zur Bewältigung städtebaulicher Aufgaben (Stadtteilentwicklung, Stadtsanierungsarbeit) und

▷ Neubauanstrengungen zur Eindämmung der Wohnungsknappheit in den nächsten Jahren.

Auch andere Genossenschaftssparten weisen vielfältige sozialorientierte Aktivitäten auf, die einem Co-operative Citizenship zugeordnet werden können.

3.1.2 Motive für bürgerschaftliches Engagement

Was bewegt Genossenschaften zu bürgerschaftlichem Engagement? Aufgrund ihrer traditionellen Verwurzelung in einem überschaubaren lokalen oder regionalen Raum, in dem ihre Mitglieder und sonstigen Kunden leben und arbeiten, sind Primärgenossenschaften in die „Bürgergesellschaft" eingebettet. In besonderer Weise ist ihnen daher menschliche Nähe und Verbundenheit mit den Bedürfnissen und Interessen ihres direkten Umfeldes eigen. Als Ausdruck „gelebter" Solidarität mit der jeweiligen Zivilgesellschaft entsteht eine entsprechende Bereitschaft und Selbstverpflichtung, gesellschaftliche Verantwortung mitzutragen. Ebenso wie in früheren Zeiten, in denen unzuträgliche gesellschaftliche und wirtschaftliche Bedingungen den Genossenschaftssektor zu einem Gegensteuern veranlassten, erklären es auch heute zahlreiche Genossenschaften zu ihrem Anliegen, sich an der Förderung des Gemeinwohls zu beteiligen.

Bürgerschaftliches Engagement dürfte künftig für viele Genossenschaften noch deutlicher als bisher *Bestandteil ihres Zielsystems und ihrer Unternehmensstrategie* sein. Als Wirtschaftseinheiten, die sich als Teil des jeweiligen Gemeinwesens verstehen, werden sie neben ihrer mitgliederbezogenen Förderverpflichtung nach Möglichkeit das Gemeinwohl unterstützen. Sowohl aus eigenem Antrieb als auch davon geleitet, dass von wirtschaftlich erfolgreichen Genossenschaftsunternehmen mit hohem Leistungs- und Förderungspotenzial bürgerschaftliche Aktivität erwartet wird. Breite *Zustimmung im Mitgliederkreis* finden Projekte, deren gesellschaftlicher Nutzen oder gar Notwendigkeit und folglich Unterstützungswürdigkeit außer Frage stehen und bei denen ein gewisser Zusammenhang mit dem gesetzlich vorgegebenen Unternehmenszweck, „Werte für die Mitglieder" (Member Value) zu schaffen, erkennbar ist.

3.1.3 Potenzieller Nutzen für die fördernde Genossenschaft

Ohne dass ein Tausch von Leistung und Gegenleistung („Geschäft auf Gegenseitigkeit") wie beim Sponsoring beabsichtigt ist, zieht ein für die Zivilgesellschaft durch Co-operative Citizenship geschaffener „Mehrwert" in der Regel eine *„Rendite" für die fördernde Genossenschaft* nach sich. Insofern kann sich gesellschaftliches Engagement zur Verbesserung des Gemeinwesens im örtlichen bzw. regionalen Umfeld mit den Interessen des Genossenschaftsunternehmens verbinden, sodass für alle Beteiligten ein Vorteil („Win-win"-Situation) entsteht. Für die Genossenschaft denkbare positive Rückwirkungen – ob nun gewollt oder nicht – weist Abbildung 20 auf:

Chancen für Genossenschaften	
Effekte im örtlichen bzw. regionalen Umfeld	**Effekte im Innenbereich der Genossenschaft**
▷ Erhöhung des Bekanntheitsgrades der jeweiligen Genossenschaft als förderwirtschaftliche Leistungsgemeinschaft ▷ Verbesserung der Beziehungen zur Öffentlichkeit im Geschäftsgebiet; Zuwachs an Vertrauen und Glaubwürdigkeit bei den Bürgern und geförderten Institutionen ▷ Längerfristige Bindung von Nur-Kunden an die Genossenschaft sowie Verbesserung des Images bei anderen relevanten Bezugsgruppen ▷ Positive Abhebung von Konkurrenten ▷ Erweiterung des mitglieder- und kundenbezogenen Akquisitionspotenzials	▷ Engere Bindung in den vorhandenen Mitgliederbeziehungen – weitgehende Akzeptanz der „Co-operative Citizenship"-Aktivitäten durch die Trägerschaft vorausgesetzt ▷ Stärkere Identifikation, Entwicklung sozialer Kompetenz und Motivation der Mitarbeiter und Führungskräfte; Erhöhung der Attraktivität der Genossenschaft als Arbeitgeber ▷ Verbesserung der Bedingungen für die eigene Entwicklung am Standort, insbesondere der unternehmensindividuellen Wettbewerbsfähigkeit

Abb. 20: Möglicher Nutzen von Co-operative Citizenship

Der mögliche Nutzentransfer dieser oder anderer Art von außen zur Genossenschaft liefert gute Argumente für eine im Einzelfall zur Mitgliederseite hin eventuell notwendige Überzeugungsarbeit des Genossenschaftsvorstands mit dem Ziel der Akzeptanz von Co-operative-Citizenship-Aktivität. Zudem sprechen die beispielhaft angeführten Effekte dafür, dass zugunsten der Zivilgesellschaft erbrachte Leistungen

genossenschaftlicher Unternehmen zur Stärkung ihrer Leistungsfähigkeit, Verbesserung der Marktposition und letztlich zur Erhöhung des
künftigen Förderpotenzials verhelfen.

3.2 Förderung sozialer Belange durch Sozialgenossenschaften

3.2.1 Genossenschaften mit sozialem Förderzweck

Sozialgenossenschaften sind in Deutschland noch vergleichsweise wenig
bekannt. Dies erklärt sich zu einem erheblichen Teil daraus, dass diese
Genossenschaftssparte erst nach dem Inkrafttreten des GenG von 2006
mit *Gesellschaften zur Förderung sozialer Belange ihrer Mitglieder* über
die damals bereits vorhandenen Sozialkooperative hinaus eine stärkere
Expansion erfuhr. In der revidierten Fassung des § 1 Abs. 1 GenG wurde
die genossenschaftliche Mitgliederförderung, die bis dahin ausschließlich wirtschaftlicher Natur war, um soziale und kulturelle Förderzwecke erweitert. Sozialgenossenschaften sind seither als Gesellschaften zu
verstehen, deren Zweck darauf gerichtet ist, die sozialen Bedarfe ihrer
Mitglieder durch den gemeinschaftlichen Geschäftsbetrieb zu fördern.
Es handelt sich um förderwirtschaftlich tätige Vereinigungen, die im Unterschied zu allen anderen Genossenschaftsarten vorrangig soziale Ziele
verfolgen.

Damit war der Gesetzesänderung der Weg geebnet, sich als eingetragene Genossenschaft akzentuiert sozialen Bedürfnissen und Problemlagen
ihrer Mitglieder zu widmen, was in der Genossenschaftslandschaft mit
steigender Anzahl der *Sozialgenossenschaften* eine Unternehmenskultur mit vielfach arteigenen Werten hervorbrachte. In der Zeit nach der
Novellierung des GenG wurden von 2007 bis 2014 – gemäß einer Auswer-
tung von Bekanntmachungen der Registergerichte durch die Abteilung
Research und Volkswirtschaft der DZ BANK, Frankfurt – 316 Sozialgenossenschaften (i. w. S.) gegründet.

Sozialgenossenschaften sind zu Recht eine *innovative Form organisierter* bürgerschaftlicher und unternehmerischer *Selbsthilfe* zu nennen. Sie
werden häufig im Zusammenhang mit gesellschaftlichen Herausforde-

rungen thematisiert, für die weder der Staat noch die Privatwirtschaft eine adäquate Lösung anbieten können oder wollen. Die Errichtung einer Sozialgenossenschaft empfiehlt sich, wenn ein Sozialprojekt realisiert werden soll, das Finanzmittel in Form größerer Anfangsinvestitionen oder/und laufender Ausgaben erfordert, die im Alleingang nicht aufzubringen sind, oder die Zusammenarbeit einer größeren Anzahl ehrenamtlich Tätiger voraussetzt, was ebenfalls ein gemeinsames Handeln innerhalb der Region verlangt.

Mitglieder einer Sozialgenossenschaft können Bürgerinnen und Bürger vor Ort, aber auch vorhandene Institutionen sein: Nutzer der angebotenen Leistungen und Fördermitglieder. Letztlich für den Erfolg entscheidend sind die Motivation und das Engagement von Menschen, die ihre spezifisch sozial bestimmten Anliegen selbst in die Hand nehmen, geeignete Lösungen finden und realisieren wollen.

3.2.2   Arten von Sozialgenossenschaften

Als Selbsthilfegebilde organisiert und zugleich im Dienst des Gemeinwohls stehend können Sozialgenossenschaften *Problemlösungen für viele Bereiche* und Personengruppen bieten. Abbildung 21 zeigt ausgewählte Beispiele für verfolgte soziale Ziele und zu erfüllende Aufgaben, aus denen sich die jeweilige Art der Sozialgenossenschaft ergibt. Zu den an dritter Stelle angeführten Wohnungsgenossenschaften ist anzumerken, dass sie nicht zwingend auch Sozialgenossenschaften sind, aber soziale Aufgaben wahrnehmen können. Es ist ihnen möglich, in einer Tochterstruktur auch Sozialgenossenschaften für die Bedürfnisse ihrer Mitglieder zu gründen und gemeinsam mit den Mitgliedern zu betreiben.

Ausgewählte Beispiele für Sozialgenossenschaften	
Ziele	**Wesentliche soziale Aufgaben**
Verbesserung der örtlichen Erwerbschancen und Lebensverhältnisse *(Arbeitslosengenossenschaften)*	▷ Ermöglichung der Teilhabe an sozialproduktiver Arbeit durch Schaffung von Arbeitsgelegenheiten für benachteiligte Gruppen ▷ Zusammenarbeit zum gegenseitigen Nutzen ▷ Qualifizierung für die Eingliederung in den Arbeitsmarkt
Unterstützung und Hilfe für Menschen mit Behinderung *(Behindertengenossenschaften)*	▷ Bereitstellung von Hilfsmitteln für Mobilität ▷ Förderung von Ausbildung und Beschäftigung ▷ Vertretung bei Behörden ▷ Unterstützung im Alltag
Bedarfsgerechtes und bezahlbares Wohnen *(Wohnungsgenossenschaften)*	▷ Bereitstellung von Wohnraum für Einkommensschwache, die auf dem Wohnungsmarkt kaum Chancen haben ▷ Förderung gemeinschaftlichen, generationenübergreifenden, selbstbestimmten und selbstverwalteten Wohnens ▷ Sicherstellung des Verbleibs in der vertrauten Nachbarschaft im Wohnumfeld für alte Menschen
Bereitstellung von Wohnraum für ältere Menschen und deren Einbindung in das gesellschaftliche Leben *(Seniorengenossenschaften)*	▷ Alltagsversorgung nach dem Austauschprinzip verbindlicher „Hilfe auf Gegenseitigkeit" ▷ Angebot sozial-kultureller Aktivitäten ▷ Umfassende Pflegeversorgung
Nahraumversorgung und Erhalt der sozialen Infrastruktur in Räumen mit schrumpfender Bevölkerung *(Dorfladengenossenschaften)*	▷ Sicherung der Versorgung älterer und nicht mobiler Personengruppen mit Gütern des täglichen Bedarfs ▷ Ermöglichung der Direktvermarktung ▷ Erweiterte Standortnutzung u. a. als Informationsstelle, Postagentur, Sparverein, Café und/oder Mütter- und Altentreff

Ermöglichung von Nachbarschaftshilfen	▷ Organisation gegenseitiger Hilfe in vernachlässigten Wohngebieten
(Nachbarschafts-genossenschaften)	▷ Herstellung sozialer Kontakte
Vereinbarkeit von Beruf und Familie	▷ Vermittlung von Betreuungsmöglichkeiten für die Kinder der Mitarbeiterfamilien von „Unternehmensmitgliedern"
(Familiengenossenschaften)	▷ Die Unternehmen stellen qualifiziertes Betreuungspersonal der Familiengenossenschaft zur Verfügung

Abb. 21: Arten der Sozialgenossenschaften

Auch weitere, in dieser Übersicht nicht erfasste Arten von Sozialgenossenschaften veranschaulichen, wie das *Genossenschaftskonzept zur Erfüllung sozialer Aufgaben genutzt* wird. Diese Kooperationsform bietet auf ganz unterschiedliche Weise ihren Mitgliedern und darüber hinaus externen Nutzern und Förderern Gelegenheit zu solidarischer gegenseitiger Unterstützung. Genossenschaften mit sozialem Zweck sind in allen Bereichen denkbar, in denen sich Menschen zusammenschließen und engagieren, um soziale Probleme abzumildern oder zu beheben. In ihrem vermehrten Vorkommen zeigt sich eine Art Revitalisierung des ursprünglichen sozialen Auftrags der modernen Genossenschaften. Sozialgenossenschaften vereinen die klassische Mitgliederförderung mit sozialpolitisch verantwortlichem Handeln. Der darin mitunter enthaltene Gemeinnutzen kann im Falle der Unterstützung externer Nutznießer durchaus als Hinwendung zur *Verallgemeinerung des Förderauftrags* und Förderinteresses gedeutet werden.

Wie stehen die *Förderung sozialer Mitgliederbelange und Gemeinnutz* durch Sozialgenossenschaften zueinander? Obwohl auch bei dieser relativ neuen Genossenschaftsart „Förderung der Mitglieder" die oberste Handlungsmaxime sein soll, ist eine gewisse Lockerung dieses absoluten Wesensmerkmals eingetragener Genossenschaften nicht zu übersehen. Der an Sozialgenossenschaften herangetragene *gemeinwohlorientierte Anspruch* führt dazu, dass von der Mitgliederorientierung als Zweck der Unternehmensform und vom genossenschaftlichen Identitätsprinzip abweichend im jeweiligen Sozialbetrieb bereitgestellte Leistungen zunehmend auch außenstehenden Nutzern, also der Allgemeinheit offenstehen, wenn die Mitglieder dies wollen.

3.3 Vergleich der beiden Aktionsfelder

Wie einführend aufgezeigt, ist die „soziale Funktion" für den Genossenschaftssektor kein Novum. Seit ihren Ursprüngen verbinden Genossenschaften unternehmerisches Handeln mit sozialer Orientierung. Für die Initiatoren der modernen Genossenschaftsbewegung war das Modell der kollektiven Selbsthilfe in erster Linie ein Instrument zur Steigerung der Lebensqualität der *Mitglieder,* doch darüber hinaus sahen sie in den Genossenschaften einen Weg, auch das *Gemeinwohl* zu fördern.

Was heutige Genossenschaften auf diesem Gebiet leisten, zeigt exemplarisch der Blick auf Sozialgenossenschaften und Co-operative Citizenship-Engagements. Deren Vergleich ergibt folgendes Bild:

▷ Einerseits erkennen wir *Unterschiede.* Co-operative Citizenship steht allen Genossenschaftsarten offen und ist heute bei Kooperativen verschiedener Art anzutreffen, die vorrangig die wirtschaftlichen Belange ihrer Mitglieder unterstützen, für die somit die mitgliederbezogene Selbsthilfe an erster Stelle steht. Liegen doch darin der Beitritt, die Zusammenarbeit und der Verbleib im Mitgliederkreis begründet.

Demgegenüber haben Sozialgenossenschaften zwar im Sinne der jeder Genossenschaft verordneten Förderzweckbindung die Interessen ihrer Mitglieder wahrzunehmen, allerdings ist das Streben nach Gemeinwohl gegenüber dem Selbsthilfegedanken relativ stark ausgeprägt.

▷ Andererseits ist die *Gemeinsamkeit* festzustellen, dass mitgliedergerichteter Förderauftrag und gesellschaftliche Interessen miteinander vereinbar sind. Wirtschaftsgenossenschaften verschiedener Spartenzugehörigkeit investieren in Form von Co-operative Citizenship über ihren eigentlichen, durch das Selbsthilfeprinzip bestimmten Unternehmenszweck hinaus Ressourcen in Gemeinnutzen.

Dagegen ist bei Sozialgenossenschaften die gesellschaftliche Nutzenstiftung typimmanent. Sie resultiert unmittelbar aus dem Handeln für die Mitglieder unter Einbeziehung anderer bedürftiger Glieder der Gesellschaft in Richtung des „Prinzips der offenen Tür".

Im Ganzen leisten Genossenschaften gemäß dem Grundsatz *„Mitglieder-nutz plus Gemeinnutz"* wichtige Beiträge zur Verbesserung der sozialen Verhältnisse, ob in Erfüllung ihres arteigenen sozialen Unternehmens-zwecks oder indem sie neben ihrer eigentlichen Geschäftstätigkeit durch Unterstützung der Zivilgesellschaft des Umfelds gemeinwohldienlich handeln. Schließlich sind *gemeinwohlnahe Prinzipien* wie Freiwilligkeit, demokratische Selbstbestimmung, Gleichheit oder Solidarität in der Ge-nossenschaftsbewegung tief verankerte und bis heute gültige genossen-schaftliche Grundwerte.

Gleichwohl ist nicht zu verkennen, dass der Selbsthilfegedanke in einem Gegensatz zu Gemeinnutzen und Gemeinwirtschaftlichkeit steht. Genos-senschaften aller Art sind den Interessen ihrer Mitglieder und nicht dem Wohl der Allgemeinheit verpflichtet. Das gilt auch für Sozialgenossen-schaften, bei denen sich die Selbsthilfe mit sozialen Zielen verbindet, so-bald sie ihre Dienste auch externen Nutzern zur Verfügung stellen und sich damit zur Gemeinwohlorientierung hin bewegen. Die Sozial- und Kulturgenossenschaften sowie die Energiegenossenschaften sind oftmals als „Multi-Stakeholder-Genossenschaft" mit heterogener Mitglieder-gruppe organisiert, bestehend aus Nutzer-Mitgliedern, Investorenmit-gliedern, Fördermitgliedern und Mitarbeiter-Mitgliedern. Es besteht ein entsprechender Regelungsbedarf zwecks Interessenausgleich.

4 Grenzen genossen-schaftlichen Sozialverhaltens

4.1 Grenzen für bürgerschaftliches Engagement der Wirtschafts-genossenschaften

Genossenschaften erbringen soziale Leistungen. Allerdings kann ihnen, da sie primär ihren Mitgliedern verpflichtet sind und ökonomische Re-striktionen zu beachten haben, nicht Verantwortung für die öffentliche Daseinsvorsorge übertragen werden. Jedoch bewirken sie häufig positive externe Effekte, die dem Gemeinwohl dienen. Beschränkungen des für Wirtschaftsgenossenschaften Möglichen im Bereich des bürgerschaftlichen Engagements ergeben sich aus der negativen Ausprägung von Faktoren, die auf die Sozialleistungsfähigkeit einer Genossenschaft Einfluss nehmen.

Zu diesen Determinanten zählen eine tragfähige *Unternehmensgröße* und eine zufriedenstellende *Wettbewerbssituation* der Genossenschaft. Auch darüber hinaus sind es vorwiegend ökonomische Faktoren, von denen die „Sozialkapazität" der Genossenschaft bestimmt wird. Wirtschaftliche *Leistungsfähigkeit* und *Markterfolg* einer Genossenschaft bilden nicht nur Voraussetzungen für die Förderung der Mitglieder über Geschäftsbeziehungen und damit für den Fördererfolg einer Genossenschaft, sondern ebenso für deren soziales Handeln. Die Sozialleistungsfähigkeit ist als eine Größe aufzufassen, die sowohl für die Befriedigung eines eventuellen Sozialbedarfs von Mitgliedern als auch für die Durchführung von Co-operative-Citizenship-Aktivitäten zur Verfügung steht. Daraus folgt, dass ein zivilgesellschaftliches Engagement von Genossenschaften im Rahmen ihrer Kräfte bleiben muss. Auch bei Sozial- und Kulturgenossenschaften ist eine externe Förderung möglich.

Schließlich ist zu fragen, inwieweit Entscheidungen für ein Co-operative-Engagement unter die in § 27 Abs. 1 GenG dem Vorstand zuerkannte Leitung des Gemeinschaftsbetriebs der Mitglieder „unter eigener Verantwortung" fallen. In den extern eingesetzten Ressourcen, sofern sie mitgliederbezogen als fördernützlich zu werten sind, könnten die Mitglieder eine „entgangene Förderung" sehen. Es empfiehlt sich daher, die Trägerschaft einzubinden. Hergestellt würde deren Partizipation dadurch, dass Co-operative Citizenship ab einem bestimmten Finanzvolumen zu einem „Geschäft" erklärt wird, das einer Zustimmung des Aufsichtsrats bedarf. Da dem Organschaftsprinzip (§ 9 Abs. 2 GenG) gemäß die Mitglieder des Aufsichtsrats Mitglieder der Genossenschaft sein müssen, könnten sie als vom gesamten Mitgliederkreis Beauftragte eine mittelbare Beteiligung der Trägerschaft sichern.

4.2 Mögliche Begrenzungen der Potenziale von Sozialgenossenschaften

An Leistungsgrenzen stößt das Konzept der Sozialgenossenschaften, wenn Anforderungen an ihre spezifische Förderaufgabe nicht erfüllt werden können. Voraussetzungen für deren „erfolgreiches" Arbeiten sind:

▷ Auffinden von Lösungsmöglichkeiten für die sozialen Bedürfnisse und Probleme durch die Initiatoren und weiteren Mitglieder der Genossenschaft.

▷ Konzeption eines Geschäftsmodells (Ziele, Gründungsmitglieder und Fachpersonal, Finanzierung u. a.), das sich wirtschaftlich selbst trägt und den nachhaltigen Aufbau der Sozialgenossenschaft gewährleistet.

▷ Erbringung von Eigenleistungen als Beitrag zur bürgerlichen Selbsthilfe, die eine staatliche Unterstützung (z. B. Anschubfinanzierung) ergänzen.

▷ Förderung des Erfolgs durch Entwicklung und Pflege des Wir-Gefühls.

An diesen Bedingungen anknüpfend können sich *Begrenzungen der Existenz-, Funktions- und Leistungsfähigkeit* aus einem Mangel an unternehmerischer Initiative, Selbsthilfefähigkeit und Fachkräften der sozialen Arbeit sowie an Zusammenhalt im Mitgliederkreis ergeben. Das eG-Unternehmensmodell steht zur Verfügung, um soziale Aufgaben zu organisieren. Dessen Nutzung bietet jedoch keine Erfolgsgarantie, denn Ausmaß und Erfolg sozialen Engagements sind letztlich nicht von der Rechtsform abhängig. Entscheidend kommt es auf eine notwendige Anzahl von Personen an, die ihr Anliegen zielführend in die Hand nehmen und durch ihren persönlichen Einsatz voranbringen.

Wirtschaftsgenossenschaften haben in erster Linie die ökonomischen und meta-ökonomischen Förderbedürfnisse ihrer Mitglieder zu befriedigen. Mitgliederorientiert arbeiten auch Sozialgenossenschaften, wobei mit einer Ausstrahlung ihres Wirkens auf die Allgemeinheit und deren Interesse nicht nur gerechnet wird, sondern diese auch gewollt ist.

Resümee

1. Ein Blick auf die Entwicklung des Genossenschaftswesens in Deutschland zeigt: Die ursprünglich auf wirtschaftliche Mitgliederförderung ausgelegte genossenschaftliche Unternehmensform bot auch **Raum für die Verfolgung sozialer Ziele.** Sozialen Belangen wurde allerdings in der Genossenschaftspraxis wechselnde Bedeutung beigemessen.

2. Seit geraumer Zeit findet die soziale Funktion von **Wirtschaftsgenossenschaften** Ausdruck in deren **bürgerschaftlichem Engagement.** Neben ihrer eigentlichen Geschäftätigkeit übernehmen zahlreiche Kooperative Mitverantwortung für die umgebende Zivilgesellschaft – „Co-operative Citizenship" bezeichnet.

3. Starke Impulse zu einer weiteren Revitalisierung des sozialen Gedankens und der sozialen Verantwortung im Genossenschaftssektor gingen von der Nutzung der eG-Unternehmensform für die **Förderung sozialer Belange** von der Novellierung des Genossenschaftsgesetzes 2006 aus. Es entstanden zahlreiche **Sozialgenossenschaften** zum Nutzen ihrer Mitglieder und des Gemeinwohls.

4. **Wirtschafts- und Sozialgenossenschaften stimmen** darin **überein,** dass mitgliederbezogener Förderauftrag und die Wahrnehmung gesellschaftlicher Interessen miteinander vereinbar sind. Jedoch bestehen auch **Unterschiede:** Während sich Wirtschaftsgenossenschaften neben ihrem mitgliedergerichteten wirtschaftlichen Unternehmenszweck gemeinwohldienlich engagieren, indem sie freiwillig ihr zivilgesellschaftliches Umfeld unterstützen, erscheint bei Sozialgenossenschaften eine über die Förderung sozialer Mitgliederbelange hinausgehende Gemeinwohlorientierung artgemäß.

5. Zu bedenken bleibt, dass die im Neben- oder Hauptzweck durch Genossenschaften zu leistende Sozialaktivität auf **potenzialbedingte Grenzen des Handelns** stößt. Beschränkungen der Sozialleistungsfähigkeit zeigen sich in personeller, organisatorischer und finanzieller Hinsicht.

6. Die Bildung von **„Multi-Stakeholder-Genossenschaften"** mit heterogener Mitgliedergruppe und entsprechendem Regelungsbedarf zwecks Interessenausgleich ist zunehmend stärker verbreitet.

Kapitel XI

Verbund – „Gemeinsam geht mehr"

Seite

1 Verbund und Konzern – zwei Netzwerke

1.1 Verbund

Allgemein bezeichnet man als *Verbund* die planmäßige, freiwillige, auf Dauer angelegte vertragliche Verpflichtung zur Kooperation wirtschaftlich und rechtlich selbstständiger Unternehmen, die in der Regel finanziell und oft auch personell miteinander verflochten sind. Durch eine derartige Zusammenarbeit sollen Größeneffekte genutzt sowie geringe Eigenkapitalausstattung und mangelnde Wettbewerbsfähigkeit der Verbundmitglieder ausgeglichen werden, und zwar bei gleichzeitiger Erhaltung ihrer Unabhängigkeit. *Merkmale des Verbundes* sind daher:

▷ *Freiwilligkeit,* d. h. organisierte Solidarität nach selbstbestimmten Regeln, nach eigenem Ermessen und in eigener Verantwortung, ohne Zwang zum Anschluss und zum verbundinternen Leistungsaustausch.

▷ *Subsidiarität,* d. h. Einhaltung der drei Grundregeln eines effizienten Verbundes: Entzugsverbot (was kleine Verbundmitglieder leisten können, darf ihnen von großen Verbundeinheiten nicht entzogen werden), Hilfsangebot (was kleine Verbundmitglieder nicht leisten können, sollen sie von den großen Verbundeinheiten beziehen) und subsidiäre Reduktion (erstarkte kleine Verbundmitglieder sollen Aufgaben, die größere einmal für sie übernommen hatten, wieder selbst wahrnehmen).

▷ *Planmäßige funktionale und organisatorische Verbindung,* gesichert durch Verbunddisziplin, d. h. Einhaltung der vereinbarten Verbundrichtlinien, die gewährleisten sollen, dass die mit erheblichen finanziellen Mitteln aufgebaute Risikogemeinschaft nicht durch Wettbewerb innerhalb der Verbundorganisationen und gegeneinander geschwächt wird, sondern die angestrebten Verbundsynergien entstehen.

Man unterscheidet mehrere Verbundarten: den *vertikalen Verbund* von Unternehmen auf lokaler, regionaler und nationaler Ebene und den *horizontalen Verbund* von Unternehmen auf gleicher Ebene. Nach der Intensität der Zusammenarbeit wird zudem zwischen losem und straffem Verbund unterschieden.

Bei einem *Genossenschaftsverbund* kommt zu den oben genannten Merkmalen der *Förderzweck* hinzu. Ebenso wie die angeschlossenen „(verbund-)integrierten" Primärgenossenschaften verfolgt der Verbund als Ganzes den typisch genossenschaftlichen Förderzweck zugunsten der Mitglieder an der Verbundbasis. Ein genossenschaftlicher Gesamtverbund setzt sich aus zwei *Teilorganisationen* zusammen:

▷ eine *wirtschaftliche Organisation* zur Leistungsbewirkung, deren Mitglieder die Primärgenossenschaften und die regional oder national tätigen Zentralgenossenschaften sind (Kernverbund);
▷ eine *verbandsmäßige Organisation* zur Leistungssicherung unter anderem mit den Aufgaben Prüfung, Beratung und Betreuung, Aus- und Fortbildung sowie Interessenvertretung, die durch die Regional- und Fachverbände sowie Spitzenverbände repräsentiert wird.

Die folgenden Ausführungen beziehen sich auf den Kernverbund. Zu den Genossenschaftsverbänden, ihren Organen und Aufgaben vgl. Kapitel XII.

1.2   Konzern

Ein Verbund ist kein Konzern. Beim Konzern sind die zusammengeschlossenen Unternehmen überwiegend im Eigentum des Mutterunternehmens als Konzernspitze. Die Willensbildung läuft von oben nach unten. Die Muttergesellschaft hat Weisungsbefugnis gegenüber ihren Tochterunternehmen, die nach einem von ihr vorgegebenen Plan arbeiten. Der Konzern bildet eine wirtschaftliche Einheit und legt jährlich einen Konzernabschluss vor, der ein Bild der Vermögens-, Finanz- und Ertragslage des Konzerns insgesamt vermittelt.

2 Der Genossenschaftsverbund als kooperatives Netzwerk

Der Genossenschaftsverbund ist ein dynamisches Netzwerk, bestehend aus einem Geflecht ökonomischer und sozialer Beziehungen zwischen Individuen und Organisationen. Speziell als **Unternehmensnetzwerk** bezeichnet man die Verflechtung von rechtlich selbstständigen, wirtschaftlich jedoch mehr oder weniger abhängigen Unternehmen. **Dynamische Netzwerke** sind durch folgende Merkmale charakterisiert:

▷ **Vertikale Auslagerung** (internes Outsourcing): Aktivitäten, in denen man keine Kernkompetenz besitzt, werden von den dazu besser geeigneten Unternehmen innerhalb des Netzwerks übernommen.

▷ **Vermittler** (Broker): Wenn unterschiedliche Netzwerkunternehmen Teilleistungen erbringen, braucht das Netzwerk einen Vermittler, der die Teilleistungen bündelt und am Markt anbietet.

▷ **Marktmechanismen:** Koordination des Netzwerks erfolgt über marktähnliche Mechanismen, z.B. über interne Märkte und Verrechnungspreise. Im Netzwerk bestehen Kooperation und Konkurrenz nebeneinander. So entstehen Sicherheit trotz Abhängigkeit, Flexibilität trotz Stabilität und Konkurrenz trotz Kooperation sowie gegenseitiges Lernen und Innovation.

▷ **Informations- und Kommunikationssysteme:** Diese sind für vertrauensvolle Zusammenarbeit der Mitglieder des Netzwerks von großer Bedeutung.

▷ **Gleichordnung:** Typisch für dynamische Netzwerke ist die relative Gleichordnung der Netzwerkpartner und das Fehlen einer straffen gemeinsamen Führung.

Ein **Genossenschaftsverbund** als die Gesamtheit der in der Regel innerhalb einer genossenschaftlichen Sparte kooperierenden Einheiten, die ihr wirtschaftliches Potenzial organisieren und ökonomisch zusammenfassen, beraten und prüfen, stellt ein solches Netzwerk dar. Charakteristisch für den Genossenschaftsverbund ist seine **dezentrale Grundstruktur.**

Bei ihrer Zusammenarbeit im Verbund wenden die Genossenschaften auf überörtlicher Ebene das gleiche Prinzip an, auf dem ihre Stärke an der Basis beruht: Organisiertes Zusammenwirken, um gemeinsame Ziele zu erreichen. Als *Vertikalverbund* waren genossenschaftliche Kernverbünde ursprünglich überwiegend dreistufig mit örtlichen Primärgenossenschaften, regionalen oder nationalen Zentralen aufgebaut. Als Folge zahlreicher Fusionen auf lokaler und regionaler Ebene setzte sich jedoch die zweistufige Organisation durch.

Primärgenossenschaften wird es im Genossenschaftsverbund möglich, bei Erhaltung ihrer Selbstständigkeit die Vorteile der Größe (Mengen-, Preis- und Wettbewerbseffekte) zu nutzen, ohne auf die Vorteile der relativen Kleinheit und Präsenz vor Ort verzichten zu müssen. Sie können sich auf ihre Kernkompetenz des mitgliederorientierten Beziehungsmanagements konzentrieren. Es entsteht eine funktionale Verbindung im Sinne eines leistungswirtschaftlichen Austauschs zwischen den Verbundpartnern auf den verschiedenen Ebenen und untereinander.

Der Verbund funktioniert *wie ein umgestülpter Konzern.* Weisungsbefugnisse laufen grundsätzlich von unten nach oben. Aber Verbundvorteile sind ohne eine teilweise Umkehrung der Dispositionsrechte, ohne Aufteilung der Kompetenzen und eine Verlagerung der Planungszuständigkeit von unten nach oben nicht zu erreichen. Jeder Verbundpartner bringt seine spezifische Kernkompetenz ein, wobei sich die Leistungen der verbundenen Unternehmen ergänzen. Sieht man Unternehmenszusammenschlüsse als Pyramide, geschieht im Genossenschaftsverbund *alles zugunsten der Basis der Pyramide,* während beim Konzern alles zugunsten der Spitze zusammenläuft.

Ein *Beispiel* für einen effizienten Genossenschaftsverbund ist der FinanzVerbund der Volksbanken und Raiffeisenbanken. Die wertvollste Ressource der Primärbanken ist deren lokales Wissen. Notwendige Kleinheit der Primärgenossenschaften verlangt Zulieferung von Leistungen des FinanzVerbundes. Lokales Know-how und Spezialwissen der Verbundunternehmen verbinden sich vor Ort zu einem spürbaren Nutzen der Mitglieder. Um für diese wettbewerbsfähige Leistungen erbringen zu können, sind die Primärgenossenschaften abhängig vom speziellen Wissen ihrer Verbundpartner und von Verbundleistungen. Daraus ergibt sich eine planmäßige Zusammenarbeit, zu der sich die Verbundpartner frei-

willig entschließen, eine Art „freiwillige Ausschließlichkeit". Leistungsströme laufen durch den Verbund zum Markt und umgekehrt.

3 Bedingungen für den Verbunderfolg

Der Verbund bietet eine Lösung der typisch genossenschaftlichen Situation. Diese besteht darin, dass die Mitgliedergruppe und ebenso der
genossenschaftliche Betrieb räumlich, sachlich und persönlich überschau-
bar gehalten werden müssen, der Zusammenschluss aber zugleich die
Vorteile des größeren Betriebs bieten soll. Wo die einzelne Genossenschaft selbst durch Fusion mit Nachbargenossenschaften nicht die geeignete Betriebsgröße erreicht, um allein wettbewerbsfähig zu sein, verstärken sich Tendenz und Bereitschaft, Verbünde zu bilden bzw. sich einem
bestehenden Verbund anzuschließen.

Heute wird allgemein anerkannt, dass Geschlossenheit beim Aufbau und
Ausbau des Verbundes und *planmäßige, verlässliche Zusammenarbeit*
erforderlich sind. Das bedeutet, dass *Entscheidungsbefugnisse* im Rahmen einer internen Ordnung von den Primärgenossenschaften an regionale oder nationale Verbundpartner *übertragen* werden, während sich
die Primärgenossenschaften auf die Pflege des Geschäftsverkehrs mit ihren Mitgliedern konzentrieren. Dies bedeutet aber nicht, dass Primärgenossenschaften zugunsten von Verbundunternehmen auf Selbstverwal-
tungsrechte und eine eigene Geschäftspolitik verzichten müssen.

Die Intensivierung der Beziehungen zwischen den Verbundgliedern kann
bis in die Nähe der Ausschließlichkeitsbeziehungen rücken, soweit es das
Wettbewerbsrecht erlaubt. Wichtig ist, dass Führungspersonen auf allen
Ebenen des Genossenschaftsverbundes bemüht sind, die störungsfreie
Verbindung der Leistungsströme im Verbund zum Markt hin zu gewährleisten und damit die Fördereffizienz zugunsten der Mitglieder der Primärgenossenschaften zu verbessern.

Zusammenarbeit im Verbund wird von den Verbundpartnern ohne
Pflicht und Zwang gewählt, weil sich Leistungsprozesse innerhalb des

Verbundes zum gegenseitigen Nutzen aller Beteiligten intensivieren, abstimmen und optimieren lassen. Dazu können eine *Funktionsaufteilung im Verbund* und gemeinsam erarbeitete, von allen akzeptierte *Leitlinien* in Form einer Leistungsordnung beitragen. Zweck einer derartigen Verbundordnung oder Charta der Verbunddisziplin ist es, den möglichst reibungslosen Durchlauf der Leistungsströme durch den Verbund hin zum Markt zu sichern. Je stärker der funktionale Aufbau des Genossenschaftsverbundes strukturiert wird, desto wichtiger ist es, das Zusammenwirken der Verbundorganisationen und das Verhalten der Verbundpartner in die Verbandsprüfung mit einzubeziehen und den Prüfungsverband zu einer Art „Hausrevision" des Verbundes zu machen.

4 Genossenschaftsverbund und Wettbewerbsrecht

Im Verbund schließen sich Genossenschaften zu gemeinsamem Handeln zusammen. Sie einigen sich z.B. auf eine abgestimmte Entwicklungsstrategie, auf gemeinsame Werbung, auf Koordinierung oder Ausgliederung von Tätigkeiten zum Nutzen der einzelnen Genossenschaft und der Verbundgruppe. *Sind Genossenschaftsverbünde* deshalb *Kartelle?* Wenn Genossenschaften gemeinsam das tun, wofür sie nach Genossenschaftsrecht legitimiert sind, kann das nicht nach Wettbewerbsrecht generell verboten sein.

Wettbewerbsrecht bezieht sich auf das Verhalten von Unternehmen, während sich Genossenschaftsrecht überwiegend auf das Verhalten von Personen bezieht. Deshalb ist Wettbewerbsrecht besonders für Handelsgenossenschaften und Genossenschaftsverbünde relevant.

Um wettbewerbsfähig zu werden und zu bleiben, müssen Genossenschaften ebenso wie ihre erwerbswirtschaftlichen Konkurrenten eine Betriebsgröße erreichen, die es ihnen erlaubt, Kostenvorteile zu realisieren und moderne Technologien zu nutzen. Sie können sich die Vorteile von Großunternehmen durch die Zusammenarbeit im Verbund sichern, ohne dabei auf die genossenschaftstypischen Vorteile der Präsenz vor Ort und die Nähe zu den Mitgliedern zu verzichten. In der Regel streben Genossenschaften weder durch Konzentration noch durch Kooperation im Verbund danach, eine dominierende Rolle am Markt zu erreichen. Aber auch genossenschaftliche Marktmacht gewinnt zweifellos dann **wettbewerbsbeschränkende Wirkung,** wenn Genossenschaften bzw. ihre Verbünde zu regionalen oder überregionalen Marktführern werden.

Überwiegend wird mit der Schaffung leistungsfähiger Genossenschaften durch Kooperation im Verbund aber auch die Wettbewerbskraft der Mitgliedsunternehmen deutlich gefördert, da durch die Förderleistungen die Wettbewerbsfähigkeit von kleinen und mittleren Unternehmen in Landwirtschaft, Handwerk, Handel und anderen Dienstleistungsbereichen gesichert oder erhöht wird. Es werden somit auf anderer Marktebene deutlich **wettbewerbsfördernde Effekte** ausgelöst.

5 Verbundorganisation

5.1 Verbunddisziplin

Anders als bei der Verbandsmitgliedschaft gibt es keinen Zwang zum Anschluss an den Verbund, also an die Zentralen und Verbundunternehmen. Bei freiwilliger Zusammenarbeit selbstständiger Einheiten, die sich für Kooperation entschieden haben, sind aber **Verbundrichtlinien** über geordnete Freiwilligkeit für effizientes Zusammenwirken unverzichtbar. Auf solche Regeln müssen sich die Verbundmitglieder einigen. Durch Einbindung in eine vielschichtige Organisation wird die Autonomie des einzelnen Verbundmitglieds notwendigerweise begrenzt. Es entsteht eine **organisierte Verbindung aller Verbundpartner.** Die Leitungsbefugnis der Verbundspitze kann je nach den Interessen der Verbundunternehmen mehr oder weniger stark sein. Beim Genossenschaftsverbund ist entscheidend, dass sie einer demokratischen Kontrolle durch gewählte Organe unterliegt.

Zu den *Kontrollmechanismen* im Genossenschaftsverbund gehören:

▷ das Recht auf konstruktive Kritik,
▷ Informations- und Auskunftsrechte der Primärgenossenschaften,
▷ demokratische Wahl-, Entlastungs-, Suspendierungs- und Abwahlme-
   chanismen in Bezug auf Führungspersonen und Amtsträger,
▷ Einschränkung von Machtkonzentration an der Verbundspitze und
   von Behinderung demokratischer Prozesse durch hierarchische Struk-
   turen.

Anders als bei Konzernen und Franchising-Unternehmen existiert zwischen Primärgenossenschaften und ihren Zentralen in der Regel kein auf
die höchstmögliche Gesamtleistung abgestellter Plan der Verbundspitze
und *keine feste Bindung* der Verbundpartner *an eine gemeinsame Ver-
bundstrategie.* Dieses würde den Prinzipien der Subsidiarität und Freiwilligkeit widersprechen. Aber auch ohne rechtlich bindende Verpflichtung
zur Verbundtreue, deren Fehlen von Kritikern als das „betriebswirtschaftliche Handikap" der Genossenschaften beklagt wird, gelingt zumeist eine
effiziente Zusammenarbeit im Genossenschaftsverbund. Denn Professio-
nalität in den Leitungsorganen und eine gewachsene Verbunddisziplin
sorgen dafür, dass die langfristigen Vorteile effizienter Verbundstrukturen nicht durch die Wahrnehmung kurzfristiger Vorteile seitens externer
Anbieter gefährdet werden.

Es gilt, mit Beratung und Überzeugung die unbestreitbaren Vorteile der
genossenschaftlichen Autonomie und deren nicht zu unterschätzenden
Nachteile zum gemeinsamen Vorteil auszutarieren. Im Geleitzug des
Verbundes gibt es für die Mitgliedsgenossenschaften durch starke Zentralgenossenschaften und Verbundunternehmen einen echten Wettbe-
werbsvorsprung. Voraussetzung für den Erfolg des Verbundes ist, dass
jeder die Bedingungen der wirtschaftlichen Existenz des anderen anerkennt und respektiert.

5.2 Typische Fälle von Regelverstößen

Zu den typischen Fällen des Regelverstoßes im Verbund gehören:

▷ Trittbrettfahrerverhalten, d. h. Nutzung der Vorteile des Verbundes, ohne sich an den Lasten zu beteiligen, Pflichten zu übernehmen und Regeln einzuhalten.

▷ Fremdablenkung, d. h. Abschluss von Geschäften außerhalb des Verbundes trotz entsprechender Verbundangebote, Realisierung kurzfristiger Vorteile ohne Rücksicht darauf, dass die Verbundpartner ihre Leistungsangebote mit erheblichem finanziellem Aufwand bereithalten und die Verbundstrukturen durch Fremdablenkung langfristig geschwächt werden. Probleme ergeben sich aber, wenn die Angebote der Verbundunternehmen nicht wettbewerbsfähig sind.

▷ Direktgeschäfte der Verbundzentralen in Konkurrenz zu angeschlossenen Primärgenossenschaften, d. h. Verletzung des Subsidiaritätsprinzips.

▷ „Wildern in fremdem Revier", d. h. Geschäftstätigkeit einer Genossenschaft im regionalen Einzugsgebiet einer Nachbargenossenschaft.

Hier hilft eine Charta der Verbunddisziplin, die allen Verbundpartnern ihre Pflichten und Grenzen klar vor Augen führt.

5.3 Sanktionen bei Regelverstößen

Die Zugehörigkeit einer Genossenschaft zu einem Verbund ist nur dann gerechtfertigt, wenn der Förderzweck auch der Zweck des Verbundes ist. Um verbundkonformes Verhalten der Verbundpartner zu erreichen, sieht die – geschriebene oder ungeschriebene – Charta der Verbunddisziplin die Möglichkeit vor, Verstöße gegen die gemeinsam vereinbarten Regeln mit Sanktionen zu ahnden oder *verbundkonformes Verhalten durch Sanktionen* zu erzwingen.

Handlungen und Unterlassungen, die Regelverstöße darstellen und zu Sanktionen führen, werden in der Regel in einer Satzung oder einer ähnlichen Vereinbarung auf Verbundebene und in den Satzungen der Verbundpartner definiert. Derartige *Sanktionen* können *nur durch gewählte Gremien* und in einem als gerecht empfundenen Verfahren verhängt werden. Dazu gehört z. b. das Recht des von Sanktionen Bedrohten auf rechtliches Gehör. Aus Sicht der Mitgliedsgenossenschaften sind als Sanktionen zu nennen:

▷ das Recht auf Austritt aus dem Verbund (nicht aus dem Verband),
▷ ein Dienstaufsichtsverfahren gegen die Verbundleitung wegen Verstoßes gegen Verbundregeln.

Sanktionen aus Sicht des Verbundes sind:

▷ Auflagen des Verbandes im Prüfungsbericht,
▷ Verweigerung solidarischer Unterstützung durch Verbundeinrichtungen, etwa durch die Sicherungseinrichtung des FinanzVerbundes der Volksbanken und Raiffeisenbanken, auf die kein Rechtsanspruch besteht, gegenüber einer Genossenschaftsbank, die gegen Verbundregeln verstößt.

Dem Mitglied einer in den Verbund integrierten Genossenschaft bleibt die Geltendmachung der Haftung des Vorstands oder Aufsichtsrats seiner Genossenschaft wegen eines durch Verstoß gegen Verbundregeln entstandenen Schadens.

6 Bedeutung des Genossenschaftsverbundes

Bei der Herausbildung der ersten vertikalen Verbünde im deutschen Genossenschaftssektor galt als erklärtes strategisches Ziel, die rechtliche und wirtschaftliche Selbstständigkeit der eigenverantwortlichen Primärgenossenschaften und ihrer Zentralen zu erhalten. Dies war und ist nicht allein als Übertragung dessen, was an der Basis der Verbundpyramide in der Beziehung zwischen einer Genossenschaft und ihren Mitgliedern gilt, auf die höhere Organisationsstufe zu verstehen. Es wird dadurch auch hierarchischer Willkür Einhalt geboten und damit ein wichtiger Beitrag zur Verwirklichung der Demokratie in der Wirtschaft geleistet. Dabei soll und muss es im Interesse eines von Verantwortung getragenen Zusammenwirkens aller Verbundpartner in der Zukunft bleiben, um jeglicher Gefahr einer Verfremdung zu einem „genossenschaftlichen Konzern" entgegenwirken zu können.

Zugleich geht das Bestreben dahin, die Geschäftsbeziehungen der Verbundmitglieder auf der Orts- und Regionalebene zu den auf übergeordneter Ebene positionierten Zentralgenossenschaften und „Verbundunternehmen" zu fördern. Der Idealfall ist die Integration aller Verbundeinheiten in eine echte Gemeinschaft – den Verbund. Dies verlangt unter anderem ein gemeinsames Leitbild, eine Strategie mit allgemeingültigen Regeln der Zusammenarbeit, ein aufeinander abgestimmtes Marketing, ein gemeinsamer Auftritt nach außen und eine Wahrnehmung im Markt als kooperative Gruppe sowie nach Möglichkeit die Entwicklung des Verbundgebildes zu einer starken Marke. Als Beispiel für einen Vertikalverbund mit solchen Merkmalen gilt der FinanzVerbund der kreditgenossenschaftlichen Sparte mit einem umfangreichen Geflecht von Leistungsbeziehungen zwischen den Primärbanken und der übergeordneten Zentralgenossenschaftsbank (DZ BANK AG) sowie diversen Verbundunternehmen, wie Union Investment, DG HYP, R+V, VR LEASING und Bausparkasse Schwäbisch Hall.

Das Verbundprinzip war zu allen Zeiten ein Merkmal der förderwirtschaftlich orientierten Unternehmensform. Schon der Zusammenschluss zu einer Primärgenossenschaft stellte einen Verbund dar, der später in vertikaler Richtung eine Erweiterung durch die Entstehung von Zentralgenossenschaften erfuhr. So hat die Verbundidee als selbstverständliche Kooperationsform Einzug in die verschiedenen Genossenschaftssparten gehalten. Das genossenschaftliche Verbundkonzept ist heute eine bewährte Alternative zum Konzern.

Resümee

1. Der **Verbund** darf nicht den Charakter eines Konzerns annehmen, der die angeschlossenen Genossenschaften zu Filialen macht oder wie Tochtergesellschaften behandelt. Dank Autonomie und Demokratie stellt der Verbund für Genossenschaften eine **Alternative zu Konzern und Kollektiv** dar.

2. Weder Prüfungsverband noch Zentralgenossenschaften und Verbundunternehmen haben Weisungsrecht gegenüber den angeschlossenen Genossenschaften, die in unternehmerischer und betrieblicher Autonomie eigenverantwortlich entscheiden und handeln. Die **Übertragung von Teilaufgaben** eines Verbundpartners an andere Verbundunternehmen ist **mit dem Genossenschaftsgedanken vereinbar,** die Übertragung der gesamten Geschäftstätigkeit nicht.

3. Die **Integration** einer Primärgenossenschaft **in einen Verbund** ist immer dann sinnvoll, wenn sich bestimmte Teilaufgaben nur im Verbund bzw. dort effizienter erfüllen lassen.

4. Voraussetzung für den Erfolg des Verbundes ist, dass jeder Verbundpartner die Bedingungen der wirtschaftlichen Existenz des anderen anerkennt und respektiert. Die Einhaltung einer selbst bestimmten **Ordnung** und **Verbunddisziplin** aller Verbundpartner sind **für den Erfolg** des Verbundes **entscheidend.** Bei Regelverstößen muss Verbunddisziplin notfalls durch Sanktionen sichergestellt werden.

5. Die eigenverantwortliche Leitung einer verbundintegrierten Genossenschaft durch den gewählten Vorstand zielt nicht nur in Richtung der Mitglieder, sondern auch in Richtung Verbund. **Zweck** des Verbundes ist letztlich die **Förderung der Mitglieder** der Primärgenossenschaft.

Kapitel XII:

Genossenschaftsverbände – Strukturen und Aufgaben

1 Genossenschaftsverbände

1.1 Gesetzlich vorgeschriebene Organe und sonstige Gremien

Die Verbände werden in aller Regel in der Rechtsform eines eingetragenen Vereins (e. V.) geführt. Ihre Mitglieder sind bei Bundesverbänden die nachgeordneten Verbandseinheiten, und der Mitgliederkreis von Regional- und Fachverbänden besteht aus Genossenschaften, die durch ihre Vorstände in den Verbandsgremien repräsentiert werden. Darin kommt wiederum das genossenschaftliche Selbsthilfeprinzip zum Ausdruck.

Die gesetzlich vorgeschriebenen Organe sind bei Spitzenverbänden, regionalen und Fachverbänden nahezu gleich. Neben dem *Vorstand* als Entscheidungsorgan gibt es einen *Verbandsausschuss* (auch als „Verbandsrat" oder „Verwaltungsrat" bezeichnet), der den Verbandsvorstand in Angelegenheiten von grundsätzlicher Bedeutung berät und teilweise auch die Wahl der Vorstandsmitglieder durchführt.

Daneben besteht der *Verbandstag* als die Vollversammlung aller Mitglieder, die grundsätzliche Sach- und Personalentscheidungen trifft und jährlich zusammentritt. In kürzeren Zeitabschnitten werden die Funktionen des Verbandstages auch von einer Delegiertenversammlung wahrgenommen. Zur Unterstützung der Arbeit des Vorstands und des Verbandsausschusses werden Fachvereinigungen bzw. *Fachausschüsse* eingesetzt, von denen die Verbandsgremien eine fachlich fundierte Beratung erhalten. Insbesondere die Bedürfnisse und Wünsche der Verbandsmitglieder werden so an die zuständigen Verbandsorgane herangetragen.

1.2 Aufbau der Verbandsorganisation

Der Aufbau des Verbandswesens in Deutschland unterliegt einem permanenten Wandel. Seit den 1970er-Jahren kam es zu zahlreichen Fusionen auf der Ebene der Regionalverbände. Abbildung 22 zeigt das Gesamtbild der Verbandsorganisation.

Auf nationaler Ebene existieren fünf spartenbezogene **Bundesverbände,** davon vier unter dem Dach des DGRV – Deutscher Genossenschafts- und Raiffeisenverband: Deutscher Raiffeisenverband (DRV), Bundesverband der Deutschen Volksbanken und Raiffeisenbanken (BVR), Zentralverband Gewerblicher Verbundgruppen (ZGV) und Zentralverband deutscher Konsumgenossenschaften (ZdK). Hinzu kommt der Bundesverband deutscher Wohnungs- und Immobilienunternehmen (GdW).

Ebenso sind die **Fachprüfungsverbände** überwiegend bundesweit tätig (z. B. EDEKA Verband kaufmännischer Genossenschaften, REWE-Prüfungsverband und Verband der Sparda-Banken). Eine Ausnahme bildet der gebietsmäßig begrenzt wirkende Fachprüfungsverband von Produktivgenossenschaften in den östlichen Bundesländern.

Die regionale Ebene der Verbandsorganisation ist von **Regionalverbänden** besetzt, die teils dem DGRV und teils dem GdW zugehören.

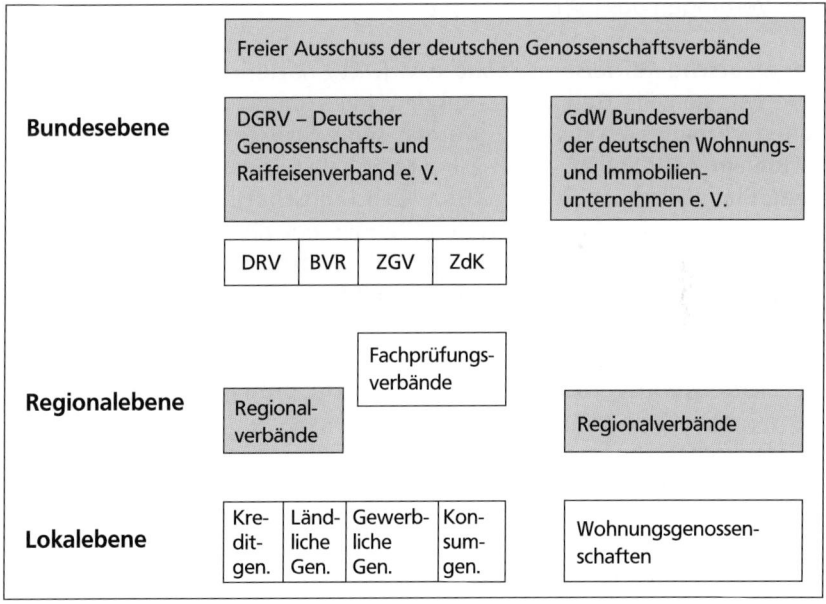

Abb. 22: Aufbau der Verbandsorganisation in Deutschland

Im Jahr 1972 erfolgte die Gründung eines den gewerblichen und ländlichen Genossenschaftssektor umfassenden Dachverbandes mit dem Namen *DGRV – Deutscher Genossenschafts- und Raiffeisenverband e. V.*, der von drei fachlich ausgerichteten Bundesverbänden, dem DRV, dem BVR und dem ZGV noch heute getragen wird; 2005 ist auch der ZdK dem DGRV beigetreten. Als Spitzen- und Prüfungsverband vertritt der DGRV die gemeinsamen Interessen der genossenschaftlichen Gruppe. Er prüft, berät und betreut seine Mitglieder. So vielfältig wie der genossenschaftliche Verbund ist auch das Dienstleistungsangebot dieses Verbandes.

Mitglieder des *Bundesverbandes der Deutschen Volksbanken und Raiffeisenbanken e. V. (BVR)* sind die Genossenschaftsbanken, die regionalen Prüfungs- und Fachprüfungsverbände, die genossenschaftliche Zentralbank und die bankwirtschaftlich ausgerichteten Verbundunternehmen. Der BVR besteht als zentraler Fachverband ohne Prüfungsrecht seit 1972. Er ist auch Träger der Sicherungseinrichtung der Genossenschaftsbanken. Die im genossenschaftlichen Garantiefonds angesammelten Finanzmittel sind Vermögen des BVR.

Der *Deutsche Raiffeisenverband e. V. (DRV)* hatte in der Nachkriegszeit eine wechselvolle Geschichte. Bei der Neuordnung des genossenschaftlichen Verbandswesens 1972 wurden seine Struktur und Funktion neu festgelegt. Mitglieder des DRV sind regionale Genossenschaftsverbände, denen ländliche Genossenschaften, Genossenschaftsbanken mit Warenverkehr, ländliche Warenzentralen, Bundeszentralen der ländlichen Genossenschaften u. a. angehören. Der DRV vertritt die Interessen der Genossenschaften der deutschen Agrar- und Ernährungswirtschaft, deren Mitglieder unter anderem Landwirte, Gärtner und Winzer sind.

Der *Mittelstandsverbund – ZGV e. V.* vertritt primär in der Rechtsform der eG, aber auch in anderen Rechtsformen tätige Unternehmen. Dieser Spitzenverband setzt sich für die Interessen von rund 310 Verbundgruppen ein. Nahezu 230.000 selbstständige Unternehmen des Mittelstands, also aus Einzelhandel und Großhandel, Handwerk und produzierendem Gewerbe sowie aus den Bereichen Dienstleistungen, Hotellerie und Gesundheit, sind dauerhaft in solchen Kooperationen organisiert. Einzelne Verbundgruppen treten unter einer eigenen Marke auf.

Der *Zentralverband deutscher Konsumgenossenschaften e. V. (ZdK)* betreut Verbrauchergenossenschaften des Lebensmitteleinzelhandels. Er hat sich in letzter Zeit zunehmend darauf ausgerichtet, auch Neugründungen von Genossenschaften anderer Sparten zu betreuen, was dazu führte, dass er einen sehr heterogenen Mitgliederkreis aufweist.

Der *Bundesverband deutscher Wohnungs- und Immobilienunternehmen e. V. (GdW)* ist ein auf Bundesebene angesiedelter Fach- und Interessenverband der Wohnungswirtschaft in Deutschland. Seine Mitglieder sind Landesverbände. Als spartenbezogener „Verband der Verbände" ist der GdW der größte deutsche Branchenfachverband der deutschen Wohnungswirtschaft. Über die Landesverbände werden neben Wohnungsgenossenschaften unter anderen kommunale Wohnungsgesellschaften, öffentliche Wohnungsgesellschaften des Bundes und der Länder, Wohnungsgesellschaften der Privatwirtschaft und kirchliche Wohnungsunternehmen betreut.

2 Prüfung der Genossenschaften als Kernaufgabe

2.1 Entwicklung des genossenschaftlichen Prüfungswesens

Jede deutsche Genossenschaft muss einem Verband angehören, dem das Prüfungsrecht verliehen ist. Dieser Verband führt die genossenschaftliche Pflichtprüfung und sonstige Prüfungen durch. Er bedient sich zur Durchführung seiner Prüfungen der bei ihm angestellten Prüfer. Das genossenschaftliche Prüfungswesens hat eine lange Tradition, deren Stationen im Folgenden kurz aufgezeigt werden:

Teils aus einem Bedürfnis der Genossenschaften, teils aus Furcht vor einer staatlichen Aufsicht trat Schulze-Delitzsch schon früh für eine regelmäßige und wiederkehrende Revision ein. So ist das genossenschaftliche Prüfungswesen entstanden. *Bis zum Erlass des GenG von 1889* waren die Prüfungen freiwillig. Den Genossenschaften wurde nahegelegt, sich regelmäßig wiederkehrend einer Revision zu unterziehen. Zunehmend wurden von Verbänden Pflichtprüfungen beschlossen, die sogenannte „Wanderlehrer" durchführten. Ein Zwang zur Verbandszugehörigkeit bestand zunächst nicht.

Mit dem *GenG von 1889* wurde erstmalig in Deutschland eine gesetzliche Pflichtprüfung statuiert mit dem Ziel, die kleineren Wirtschaftseinheiten der Genossenschaften sachkundig zu analysieren, zu beraten und zu beurteilen. Erst 1931 wurde die Pflichtprüfung für Aktiengesellschaften eingeführt. Die Prüfungspflicht wurde mit zweijährigem Prüfungsturnus für alle Genossenschaften festgelegt. Träger der Prüfung war aber noch nicht der Verband, sondern ein der Genossenschaft nicht angehörender, sachverständiger Revisor. Es existierten lediglich formelle Prüfungsbestimmungen, die auf Gesetz und Satzung basierten. Weiterhin bestand kein Anschlusszwang. Die Genossenschaften hatten die Wahl zwischen Verbandsprüfung und staatlich bestelltem Revisor.

Die *Novelle zum GenG 1934* führte die Verbands- und Prüfungspflicht für sämtliche eingetragenen Genossenschaften ein. Die umfassende Pflichtprüfung beinhaltet auch die Bewertung der Ordnungsmäßigkeit der Geschäftsführung. Für Genossenschaften, deren Bilanzsumme 350.000 Reichsmark erreichte oder überstieg, wurden jährliche Prüfungen vorgesehen. Ferner wurden die materielle Prüfung der Zweckmäßigkeit der genossenschaftlichen Geschäftsführung und der Verbandszwang erlassen als ein Mittel, um die Erfüllung des Förderzwecks durch jede Genossenschaft zu überwachen. Schließlich wurde die Qualität der Verbandsprüfer gesetzlich angehoben: Es musste mindestens ein Prüfer angestellt werden, der als genossenschaftlicher Prüfer öffentlich bestellt war.

Im Rahmen der *Novellierung des Genossenschaftsgesetzes 1973* wurden die gesetzlichen Anforderungen an das genossenschaftliche Prüfungswesen fortentwickelt, allerdings ohne grundlegende Neuerungen zum Prüfungsinhalt. Die Bestimmung über die Verbesserung der Qualität der genossenschaftlichen Verbandsprüfung (§ 63b Abs. 5 GenG) wurde neu gefasst und in Kraft gesetzt: Dem Verbandsvorstand soll mindestens ein Wirtschaftsprüfer angehören.

Die *Genossenschaftsrechtsnovelle von 2006* hat zwei wesentliche Änderungen gebracht. Kleine Genossenschaften, d. h. solche, deren jährliche Bilanzsumme 1 Mio. Euro und deren Jahresumsatz 2 Mio. Euro nicht überschreiten, sind von der kostenintensiven Rechnungslegungsprüfung befreit (§ 53 Abs. 2 GenG). Kleine Genossenschaften unterliegen der Pflichtprüfung nur im zweijährigen Abstand. Die Frage der Befangenheit von Prüfern bei der Ausübung ihrer Prüfungstätigkeit wurde neu geregelt (§ 55 Abs. 2 GenG). Festgelegt wurde ferner, dass der Bericht über die Ergebnisse der Verbandsprüfung künftig nicht nur dem Vorstand, sondern auch dem Aufsichtsratsvorsitzenden zu übergeben ist (§ 58 Abs. 3 GenG) bzw. bei Kleingenossenschaften ohne Aufsichtsrat dem Bevollmächtigten der Generalversammlung, die als „Ersatzaufsichtsrat" fungiert.

2.2 Art und Umfang der Prüfung

Träger der Prüfung ist der Genossenschaftsverband, dem die Genossenschaft als Pflichtmitglied angehört. Infolge des Anschlusszwangs kann die Genossenschaft ihren Prüfer nicht frei wählen. Die *Motive der Prüfung* waren von Anfang an der Schutz der Mitglieder und der Schutz der gesamten Genossenschaftsbewegung vor Rückschlägen. Folglich war die Prüfung immer mit einer zusätzlichen Beratungsleistung des Prüfungsverbandes verbunden. Hinzu kam der Schutz der Gläubiger. Im Mittelpunkt der Verbandtätigkeit steht die Erfüllung der Pflichtaufgaben als gesetzlicher Prüfungsverband für die angeschlossenen Mitgliederwirtschaften. Neben den ordentlichen *Pflichtregelprüfungen* nach § 53 GenG werden auch *Sonderprüfungen* durchgeführt und prüfungsnahe Beratungsdienstleistungen erbracht.

Zum Aktionsfeld eines Bundesverbandes können weitere Prüfungsdienstleistungen gehören. Neben Pflichtprüfungen bei Zentralgenossenschaften sowie Spezialinstituten werden Prüfungen der Konzernrechnungslegung, Abschlussprüfungen bei Tochtergesellschaften verschiedener Rechtsformen sowie die Prüfung der Rechnungslegung von Mitgliedsverbänden durchgeführt.

Die Verbandsprüfung ist ein Bündel von Maßnahmen, um die Mitgliedsgenossenschaften zu unterstützen und zu sichern, ohne in Konflikt mit deren Autonomie zu geraten. *Gegenstand* der Genossenschaftsprüfung ist die *formelle und materielle Ordnungsmäßigkeit der Geschäftsführung* einschließlich einer Bewertung. Letztere zeigt, ob die Entscheidungen und Maßnahmen des Leitungsorgans im Rahmen der genossenschaftlichen Grundsätze lagen und zweckmäßig waren, um den Förderauftrag gegenüber den Mitgliedern zu erfüllen. Diese Prüfungsanforderungen gelten sowohl für die Wirtschafts- als auch für die Sozial- und Kulturgenossenschaften.

Im Unterschied dazu soll im Falle der *Prüfung der Aktiengesellschaft* durch einen unabhängigen Prüfer sichergestellt werden, dass der Jahresabschluss, die Buchführung und der Geschäftsbericht Gesetz und Satzung entsprechen. Dabei wird auf die Frage der Zweckmäßigkeit von Geschäftsführungsmaßnahmen nicht eingegangen. Demgegenüber ergänzt die Genossenschaftsprüfung ein langfristiges Betreuungs- und Beratungsverhältnis; sie hilft den Selbstverwaltungsorganen der Genossenschaft, den Förderauftrag zu erfüllen. Es wird geprüft, ob die gesetzlichen und außerhalb der Gesetze geltenden Grundsätze und Regelungen der Genossenschaftsarbeit beachtet wurden, ob die Maßnahmen der Geschäftsführung zur Zweckverfolgung geeignet waren und inwieweit der Förderzweck erreicht wurde. Die Genossenschaftsprüfung ist in erster Linie auf die Gewährleistung der Mitgliederinteressen ausgerichtet.

Ziel der Prüfung ist die *Feststellung der wirtschaftlichen Verhältnisse der Genossenschaft* und der *Ordnungsmäßigkeit der Geschäftsführung.* Gegenstände der Prüfung sind die Einrichtungen, die wirtschaftliche Lage und die Geschäftsführung. Formell geprüft wird auch der Jahresabschluss unter Einbeziehung der Buchführung und des Lageberichts nach den Vorschriften des HGB. Allerdings hat die Prüfung bei den einzelnen Kriterien unterschiedliche Ausprägung und Gewichtung, je nachdem, ob eine Wirtschafts-, Sozial- oder Kulturgenossenschaft zu prüfen ist. Die materielle Prüfung der Geschäftsführung auf Zweckmäßigkeit soll vor allem beurteilen, ob der Vorstand das Förderziel der Mitglieder ausreichend berücksichtigt hat. Daraus ergeben sich drei Teilaufträge an den Prüfungsverband:

(1) Prüfung des Rechnungswesens und des Jahresabschlusses

Die Prüfung des Rechnungswesens umfasst die Prüfung der *Buchführung* (Grundsätze ordnungsmäßiger Buchführung und Bilanzierung, gesetzliche Gliederungs- und Bewertungsvorschriften), die *Belegprüfung* und *Bestandsaufnahmen*. Daraus ergibt sich ein vorläufiges Urteil über die Ordnungsmäßigkeit des Rechnungswesens. Doch erst die Prüfung des Jahresabschlusses (Bilanz, Gewinn- und Verlustrechnung mit den Erläuterungen im Anhang) erlaubt darüber ein abschließendes Urteil; sie ist unentbehrlich, um die wirtschaftlichen Verhältnisse und die Ordnungsmäßigkeit der Geschäftsführung zu beurteilen.

(2) Prüfung der wirtschaftlichen Verhältnisse

Die Aufgabe, die wirtschaftlichen Verhältnisse der Genossenschaft festzustellen, verlangt vom Prüfer, die Ergebnisse aus (1) unter allgemeinen betriebswirtschaftlichen Gesichtspunkten (betriebswirtschaftliche Rationalität) auszuwerten. Die Feststellung der wirtschaftlichen Verhältnisse setzt an der Bilanz- und der Gewinn- und Verlustrechnung an. Entsprechend sind die *wichtigsten Prüfungsobjekte* die Vermögens- und Finanzlage sowie die Ertrags- und Kostenlage. Auch Sozial- und Kultergenossenschaften brauchen einen effizienten und wirtschaftlich tragfähigen Förderbetrieb.

(3) Prüfung der Geschäftsführung

Eine Geschäftsführungsprüfung ist im Handelsrecht nicht vorgesehen und macht den zentralen Unterschied zwischen der Genossenschaftsprüfung und der Prüfung von Personen- und Kapitalgesellschaften aus. Diese über die Jahresabschlussprüfung hinausgehende Prüfung umfasst die *Bereiche*

▷ Geschäftsführungsorganisation (z.B. Stellenbesetzung, Besetzung der Organe, Aufgabenverteilung auf die Organe und Einhaltung, Berichtswesen),
▷ Geschäftsführungsinstrumente (z.B. Rechnungslegung, Unternehmensplanung, internes Kontrollsystem) und
▷ Geschäftsführungstätigkeit (z.B. allgemeine kaufmännische Regeln, Grundsätze ordnungsmäßiger Unternehmensführung und Überwa-

chung, Corporate Governance und besondere Anforderungen aus dem GenG).

Diese Prüfung hat insbesondere unter **Berücksichtigung des Förderauf-trags** anhand von **Förderplan und Förderbericht** als Bestandteil des La-geberichts festzustellen, ob die Geschäftsführung auf den Förderzweck ausgerichtet war. Hier sind Spezialkenntnisse des Genossenschaftsprüfers besonders gefordert. Dieses gilt insbesondere, wenn Sozial- oder Kultur-genossenschaften zu prüfen sind. Die erfolgreiche Umsetzung des För-derauftrags kann nur indirekt geprüft werden. Eine Kontrolle durch den Kapitalmarkt ist nicht gegeben und die Mitglieder sind in der Regel nicht in der Lage, die Entwicklung ihrer Genossenschaft ausreichend zu beur-teilen. Nicht zuletzt hat dieser Auftrag zur materiellen Prüfung durch Verbandsprüfer dazu beigetragen, die Zahl der wirtschaftlichen Zusam-menbrüche von Genossenschaften äußerst gering zu halten bzw. ganz zu vermeiden.

Vergleichs-kriterien	Prüfung von Genossenschaften	Prüfung von Aktiengesellschaften
(1) Zweck	Feststellung der wirtschaftlichen Verhältnisse und der Ordnungs-mäßigkeit der Geschäftsführung (§ 53 Abs. 1 GenG)	Prüfung des Jahresabschlusses
(2) Prüfungs-objekte	Einrichtungen, Vermögenslage und Geschäftsführung der Genossenschaft (§ 53 Abs. 1 GenG)	Jahresabschluss unter Einbe-ziehung des Geschäftsberichts (§ 162 Abs. 2 AktG) und der Buchführung (§ 317 HGB)
(3) Umfang	Gesetzmäßigkeits-, Ordnungs-mäßigkeits- und Zweckmäßig-keitsprüfung (formelle und materielle Prüfung) Fortlaufende umfassende Betreuungsprüfung	Gesetzmäßigkeits- und Ordnungsmäßigkeitsprüfung (formelle Prüfung) Pflichten enden mit der Bericht-erstattung über die Prüfung
(4) Träger	Zuständiger Prüfungsverband (Pflichtmitgliedschaft)	Von der Hauptversammlung zu wählender Abschlussprüfer
(5) Motiv	Schutz der Mitglieder und der gesamten Genossenschaftsbe-wegung, Schutz der Gläubiger	Schutz der Gläubiger und des Unternehmens im Interesse der Gesamtwirtschaft, Schutz der Aktionäre

Abb. 23: Genossenschaftliche und aktienrechtliche Prüfung

Es besteht ein natürliches *Spannungsverhältnis zwischen Autonomie* der Genossenschaft und *externer Prüfung* durch den Verband, zwischen *Freiheit und Bindung.* Denn genossenschaftliche Autonomie bedeutet das Recht der Genossenschaft, die eigenen Angelegenheiten selbstverantwortlich zu regeln und dabei die Interessen der Mitglieder zu berücksichtigen. Die Selbstverwaltung der Mitglieder drückt sich darin aus, dass sie Satzungshoheit und Entscheidungsrechte in der Generalversammlung haben. Dadurch können die Mitglieder darauf Einfluss nehmen, mit welchen Mitteln die Genossenschaft ihren Förderauftrag erfüllt. So ist die Prüfung der Geschäftsführung jeweils genossenschaftsindividuell, also ohne fest vorgegebene Fördernormen durchzuführen.

Hingewiesen sei auf *Sonderprüfungen* durch den Verband. Beispiele sind Gründungsprüfungen, Prüfungen bei Umwandlungsvorgängen, also Fusion oder Spaltung, bei begründetem Verdacht auf Unterschlagung in der Genossenschaft, ferner für ausgewählte Bereiche des internen Kontrollsystems, der Effizienz der internen Revision, EDV-Prüfungen, Prüfung von Entsorgungsleistungen oder von Kapitalerhöhungen mit Sacheinlagen. Kostenpflichtige Sonderprüfungen können vom Verband veranlasst werden oder auf Antrag des Aufsichtsrats oder der General-/Vertreterversammlung erfolgen.

2.3   Effektivität der gesetzlichen Prüfungen

Da die Prüfungsverbände eine relativ große Zahl gleichartiger genossenschaftlicher Unternehmen prüfen, verfügen sie über ein sehr hohes markt- und genossenschaftsspezifisches Wissen sowie über das Zahlenmaterial für einen Betriebsvergleich.

Die vom Verband planmäßig durchgeführte Prüfung vergleicht wie jede andere Soll-Objekt (Norm, Maßstab) und Ist-Objekt. *Effektivität* der Prüfung liegt vor, wenn sich aus den Beurteilungen und Beanstandungen ein Verwertungsnutzen einstellt, d.h. als zurechenbare Folge der Prüfung Verbesserungen eintreten. Im Falle negativer Soll-Ist-Abweichungen sind deren Ursachen zu untersuchen und Konsequenzen zu ziehen: durch Überzeugungsarbeit, Ermahnungen, Ratschläge und Empfehlungen, im Extremfall durch Auflagen, die für den Vorstand verbindlich sind.

Der Aufsichtsrat hat für die Einhaltung der gesetzlichen Vorschriften und Satzungsregeln zu sorgen.

Kriterien für die Effektivität genossenschaftlicher Prüfungen sind: Schutz der Mitgliederinteressen sowie Schutz des Bestands und der Leistungsfähigkeit des genossenschaftlichen Geschäftsbetriebs. Die mit einer Messung der Prüfungseffektivität verbundenen Probleme sind vor allem solche der Erstellung operationaler Effektivitätskriterien, der Zurechnung diesbezüglicher „Verbesserungen" auf die Kontroll- und Beratungsaktivitäten des Prüfungsverbandes sowie der Ermittlung eines zusammengefassten Urteils über die Effektivität.

Angeregt durch die Bestrebungen in der EU, die nationalen Regeln über die Prüfung von Wirtschaftsunternehmen und die Qualifikation von Prüfern anzugleichen, kommt die nur in Deutschland und Österreich besonders ausgeprägte genossenschaftliche Verbandsprüfung zunehmend unter *Anpassungsdruck.* In der Kritik stehen darüber hinaus unter Wettbewerbsgesichtspunkten und dem Aspekt der garantierten Vereinigungsfreiheit das Prüfungsmonopol der Genossenschaftsverbände und die Pflichtmitgliedschaft eingetragener Genossenschaften in Prüfungsverbänden. Hierzu wurde höchstrichterlich entschieden, dass die Wahl der eG als Rechtsform den Anschlusszwang an einen Prüfungsverband und die Pflichtprüfung zur Folge hat.

Auswirkung des Anpassungsdrucks ist z. B. die Pflicht der genossenschaftlichen Prüfungsverbände, mindestens einen Wirtschaftsprüfer in ihrem Vorstand zu haben. Die Genossenschaftsverbände selbst verstärken diese Angleichungstendenz bei Prüfungsinhalt und Prüferqualifikation noch dadurch, dass die genossenschaftliche Verbandsprüfung in der Regel die Ordnungsmäßigkeit der Geschäftsführung nur am Rande oder gar nicht unter dem Aspekt der Erfüllung des Förderauftrags gegenüber den Mitgliedern (Fördereffizienz, Mitgliederwert) bewertet. Die Anpassung an die aktienrechtliche Beglaubigungsprüfung zeigt sich auch darin, dass immer mehr Verbandsprüfer zusätzlich die Qualifikation des allgemeinen Wirtschaftsprüfers erwerben und dann der Genossenschaftsprüfung gewollt oder ungewollt Standards der Wirtschaftsprüfer zugrunde legen.

2.4 Zusammenarbeit von Verband und genossenschaftlichem Aufsichtsrat

Der Verband und die Verbandsprüfung müssen im Zusammenhang mit der Stellung des genossenschaftlichen Aufsichtsrats gesehen werden. Während der Verband *externe Kontrollaufgaben* ausübt, ist der Aufsichtsrat mit *internen Überwachungsfunktionen* betraut. Verbandsprüfung und Prüfung durch den Aufsichtsrat unterscheiden sich in Zielsetzung und Durchführung. Der Verband hat in regelmäßigen Abständen zu prüfen, weiterhin die Tätigkeit des Aufsichtsrats zu überwachen und ihn auf festgestellte Mängel hinzuweisen. Der Aufsichtsrat dagegen soll die Geschäftsführung fortlaufend überwachen. Als internes Kontrollorgan hat er einen besseren Einblick in das aktuelle Geschehen, während die Kontrollen der Verbandsprüfung mit einer zeitlichen Verzögerung erfolgen. Der Aufsichtsrat muss auch den in der Verbandsprüfung festgestellten Mängeln nachgehen und für deren Beseitigung sorgen. Dazu stehen ihm wirksamere Mittel zur Verfügung als dem Prüfungsverband.

Eine *wirksame Kontrolle* ist allerdings erst gewährleistet, *wenn Verband und Aufsichtsrat zusammenarbeiten.* Der Verbandsprüfer hat nicht nur den Aufsichtsrat mit Rat und Auskunft zu unterstützen, sondern umgekehrt soll der Aufsichtsrat aufgrund seiner Personen- und Sachkenntnis auch dem Verband zur Seite stehen. Die Prüfungen sind nicht Ausdruck des Misstrauens gegenüber der Geschäftsführung, sondern dienen dem Förderziel der Genossenschaften. Erst wenn Verbandsprüfer und Aufsichtsrat harmonisch zusammenarbeiten, lässt sich dieses Ziel erreichen. Die *externen und internen Kontrollen* konkurrieren nicht, sondern *sollen sich ergänzen* und dienen hauptsächlich den Mitgliederinteressen, aber auch den Interessen der Gläubiger und des Staates.

3 Weitere Aufgaben der Genossenschaftsverbände

Neben den Prüfungsaufgaben ist den Verbänden von ihren Mitgliedern im Sinne der Subsidiarität eine Reihe weiterer Aufgaben übertragen worden. Andere Aufgaben haben die Verbände selbst entwickelt und diese zum Teil in Tochtergesellschaften ausgegliedert, beispielsweise in Consulting-Unternehmen und Rechenzentren.

3.1 Beratung und Betreuung

Die Beratungsfunktion der Genossenschaftsverbände (z. B. betriebswirtschaftliche, Bilanz- und Steuerberatung, Rechtsberatung) wird verwirklicht, indem aus der umfassenden materiellen Prüfung heraus Ratschläge für das Genossenschaftsmanagement im Hinblick auf Fragen der Unternehmensführung erteilt werden. Der Zusammenhang zwischen Prüfung und Beratung der Genossenschaft durch den Genossenschaftsverband kommt auch in der Bezeichnung *„Betreuungsprüfung"* zum Ausdruck. Selbstverständlich darf die Beratung aber nicht so weit gehen, dass sich der Verband in die Geschäftsführung der Genossenschaft einschaltet.

Da wie bei anderen Unternehmen auch für Genossenschaften zukünftig die Rahmenbedingungen der wirtschaftlichen Betätigung (Gesetzesänderungen, Strukturwandel in Wirtschaft und Gesellschaft, Internationalisierung der Wirtschaft) komplexer werden, ist es für die Genossenschaftsverbände zunehmend notwendig, für ihre Mitglieder eine Unternehmensberatung als umfassende Consulting-Leistung anzubieten. Diese wird entweder direkt durch den Genossenschaftsverband oder durch ausgegliederte Consulting-Unternehmen durchgeführt.

Ebenso wie bei der Tätigkeit des Aufsichtsrats einer Genossenschaft stellt sich bezogen auf den Prüfungsverband die Frage nach der *Vereinbarkeit von* vorausgegangener *Beratung und* nachfolgender *Prüfung* der genossenschaftlichen Geschäftsführung. Werden Empfehlungen des Verbandes vom Vorstand der Genossenschaft in Handeln umgesetzt, besteht die Gefahr, dass der Verband bei der darauf folgenden Prüfung seine eigenen Ratschläge zu beurteilen hätte. Die Unbefangenheit des Prüfers und ein unparteiisches Prüfungsurteil könnten unter derartigen Gegebenheiten nicht mehr gewährleistet sein.

Eine Konfliktsituation zwischen Beratung und Prüfung entsteht dann, wenn beide Tätigkeiten in einer Hand liegen, zudem der Verhaltensempfehlung des Verbandes gefolgt wird und die Maßnahme auf Zweckmäßigkeit hin überprüfbar ist. Diesen Konflikt können die personelle Trennung von Prüfung und Beratung innerhalb des zuständigen Genossenschaftsverbandes sowie die Auslagerung der Beratungsfunktion auf Tochterunternehmen vermeiden: Externe Ressourcen werden anstelle eigener genutzt. Damit wird der Grundsatz beachtet: Wer berät, darf nicht nachfolgend den Gegenstand der Beratung beurteilen.

3.2 Aus- und Fortbildung

Die Bildungsfunktion der Genossenschaftsverbände wird schon seit Beginn des Genossenschaftswesens wahrgenommen. So formulierte Schulze-Delitzsch das Ziel, nachhaltige Maßnahmen einzuleiten, um die „Bildung unter den Vereinsmitgliedern zu fördern und damit das für die wirtschaftliche wie für jede andere Entwicklung unentbehrliche Fundament" zu schaffen. Auch in der Gegenwart wird der Aus- und Weiterbildung der Mitarbeiter, Führungskräfte und der in Genossenschaften ehrenamtlich tätigen Mitglieder durch die Genossenschaftsverbände große Aufmerksamkeit gewidmet. So ist für den allgemeinen Genossenschaftsbereich auf Bundesebene die *Akademie Deutscher Genossenschaften e.V. (ADG)* in Montabaur tätig, die von den genossenschaftlichen Bundesverbänden, den regionalen Prüfungs- und Fachprüfungsverbänden sowie den meisten genossenschaftlichen Zentralgeschäftsanstalten getragen wird. Im Bereich der ehemals gemeinnützigen Wohnungs- und Immobilienwirtschaft ist das entsprechend die *Führungsakademie der Wohnungs- und Immobilienwirtschaft (FWI)* in Bochum. Diese bietet sowohl ein weiterführendes Studium als auch Weiterbildungsmaßnahmen für Führungskräfte der Wohnungswirtschaft an.

Auf der Ebene der Regionalverbände wird zusätzlich ein weitreichendes Aus- und Weiterbildungsprogramm angeboten. Die dafür geschaffenen

Genossenschaftsakademien ermöglichen umfassende Aus- und Fortbildung. Es sind Lehrgangssysteme entwickelt worden, welche die Heranbildung qualifizierter Führungs- und Fachkräfte unterstützen und den Mitarbeitern Aufstiegsmöglichkeiten bieten.

Eine grundsätzliche Idee der Bildungsangebote der Genossenschaftsverbände ist, dass nur solche Mitglieder im Rahmen der demokratischen Selbstverwaltung, also z. b. im Aufsichtsrat, qualifiziert mitentscheiden und die Genossenschaftsidee mitverwirklichen können, die über spezifisches Fachwissen verfügen. Auch für die Mitarbeiter von Genossenschaften ist es von großer Bedeutung, dass ihnen über die genossenschaftliche Bildungsarbeit nicht nur fachliches Wissen vermittelt wird. Sie sollten auch Informationen über die Besonderheiten der Genossenschaft, die Funktionsweise des genossenschaftlichen Geschäftsbetriebs und den mitgliederbezogenen Förderauftrag erhalten.

3.3 Interessenvertretung

Die Funktion der wirtschafts- und gesellschaftspolitischen Einflussnahme kann in der pluralistischen Gesellschaft nicht mehr von der einzelnen Genossenschaft wahrgenommen werden. Dies ist weitaus wirksamer bzw. nur durch die *Genossenschaftsverbände* möglich. In der *politischen Interessenvertretung* kann ein Verband den direkten Kontakt mit den politischen Entscheidungsträgern suchen. Der Verband vertritt die Interessen seiner Mitglieder und wirkt auf die Beschlüsse der politischen Entscheidungsträger (Bundesregierung, Länderregierungen, Organe der Europäischen Union) ein.

Zu diesem Zweck arbeiten die *Regionalverbände* mit einem gebietsweiten Netzwerk von Zeitungs-, Hörfunk- und Fernsehjournalisten zusammen. Gleiches geschieht verstärkt auf der Ebene der *Bundesverbände.* Als Sprachrohr der Genossenschaften platzieren die Verbände gezielt Themen in den Medien und sensibilisieren so die Öffentlichkeit und die Politik für Anliegen der Genossenschaften. Foren dafür sind Verbandstage, Bilanzpressekonferenzen, Wirtschaftstage und Managementforen, die zum Teil auf großes Medieninteresse stoßen. Auf EU-Ebene wird in

Brüssel Lobbyarbeit durch die Vertretungen der Sektorverbände geleistet.

3.4 Öffentlichkeitsarbeit und Imageförderung

Die Funktion der Öffentlichkeitsarbeit von Genossenschaftsverbänden besteht primär darin, durch die *planmäßige Pflege vertrauensvoller Beziehungen* zu allen Teilen der Gesellschaft, insbesondere zu den gesellschaftlich relevanten Gruppen Informationen über das Wesen der Genossenschaft, ihre Tätigkeit und spezifischen Stärken zu geben. Auf diese Weise leistet die Öffentlichkeitsarbeit einen wichtigen *Beitrag zur Imageverbesserung.* Derartige Aktivitäten etwa in Tageszeitungen, Rundfunk und Fernsehen könnten zwar im Prinzip auch von einzelnen Genossenschaftsunternehmen ausgehen, sie werden aber deutlich wirkungsvoller für das gesamte Genossenschaftswesen einer Region oder einer Branche von den Verbänden mit entsprechend qualifizierten Mitarbeitern ausgeübt.

Öffentlichkeitsarbeit durch die Verbände ist für die Genossenschaftsunternehmen von entscheidender Bedeutung. Hierdurch werden ihre Charakteristika und Unterschiede gegenüber anderen Unternehmensarten – erwerbswirtschaftlichen, gemeinwirtschaftlichen Unternehmen oder staatlichen Regiebetrieben – qualifiziert dargestellt. Ziel ist es, die Genossenschaft als innovatives und zukunftsweisendes Kooperationsmodell zu positionieren.

Die Genossenschaftsverbände haben in den Angelegenheiten des Genossenschaftsrechts, der gesamtwirtschaftlichen und der branchenrelevanten Entwicklung die Regierung und das Parlament zu informieren und staatliche Entscheidungen den Mitgliedsunternehmen gegenüber zu erläutern (z.B. Einführung des Euro, Basel II, Altersvorsorge, Agrar- und Wohnungspolitik, Wettbewerbsordnung).

3.5 Kommunikation

Die Kommunikationsfunktion erfüllen die Genossenschaftsverbände, indem sie mit ihrem Mitgliederkreis kommunizieren und Beziehungen zu anderen genossenschaftlichen Organisationen im In- und Ausland unterhalten. Dies erfolgt auf nationaler und regionaler Ebene. Zum einen geschieht dies im Rahmen institutionalisierter Verbindungen – etwa zum Internationalen Genossenschaftsbund (IGB) oder zur Internationalen Raiffeisenunion (IRU) –, zum anderen in einer Vielzahl von nicht institutionalisierten Kontakten zwischen regionalen Genossenschaftsverbänden und nationalen Spitzenverbänden innerhalb Deutschlands und im internationalen Bereich.

3.6 Unterhaltung von Sicherungseinrichtungen

Um wirtschaftliche Schwierigkeiten von Genossenschaften und ihren Mitgliedern abzuwenden, haben Genossenschaften auf freiwilliger Basis Sicherungseinrichtungen geschaffen. Es gibt drei gemeinschaftlich unterhaltene genossenschaftliche Sicherungseinrichtungen. Hier ist besonders die *Sicherungseinrichtung des Bundesverbandes der Deutschen Volksbanken und Raiffeisenbanken e. V.* zu nennen, die aus dem Garantiefonds und dem Garantieverbund eines auf 60 % der Sammelwertberichtigung der angeschlossenen Banken begrenzten Haftungsvolumens besteht. Der Großteil der Mittel des Garantiefonds und das Haftungsvolumen des Garantieverbundes werden von den regionalen Genossenschaftsverbänden als Treuhänder verwaltet. Die Verbände sind auch für die Durchführung der eventuellen Sanierungsmaßnahmen primär zuständig. Reichen allerdings die regionalen Finanzmittel zur Durchführung von Sanierungsvorgängen nicht aus, kommt es zu einem überregionalen Ausgleich.

Die Sicherungseinrichtung für die deutschen Genossenschaftsbanken wird durch *Beiträge der Genossenschaftsbanken* selbst finanziert. Die hauptsächliche Zielsetzung der Sicherungseinrichtung des Bundesverbandes der Deutschen Volksbanken und Raiffeisenbanken ist nicht nur in der *Sicherung der Mitglieder- und Kundeneinlagen,* sondern auch in einer *Bestandssicherung* der genossenschaftlichen Unternehmen zu sehen. Auch aufgrund dieser Einrichtung hat seit nun fast 70 Jahren kein Mitglied einer Genossenschaftsbank irgendeinen Ausfall erlitten. Es sind also nicht Staatsgarantien, die hier zur Einlagensicherung beitragen, sondern im Sinne des Selbstverantwortungsprinzips die Genossenschaftsbanken selber. Sie haben die entsprechende Sicherungsorganisation auf den Bundesverband der Deutschen Volksbanken und Raiffeisenbanken bzw. die regionalen Genossenschaftsverbände übertragen und damit ein Beispiel auch für andere Wirtschaftsverbände gegeben.

Es ist zum anderen der Selbsthilfefonds zur *Sicherung von Spareinlagen von Wohnungsgenossenschaften* zu nennen, der vom Bundesverband deutscher Wohnungs-und Immobilienunternehmen e.V. (GDW) unterhalten wird. Ziel des Fonds ist der Einlegerschutz der Sparer. Und drittens gibt es einen *Genossenschaftlichen Hilfsfonds des Deutschen Raiffeisenverbandes e. V.* (DRV). Zweck dieses Sicherungsfonds ist es, einzelnen Genossenschaften Mittel zur Überwindung wirtschaftlicher Schwierigkeiten zur Verfügung zu stellen.

Träger der drei Sicherungseinrichtungen ist also jeweils der nationale genossenschaftlich Dachverband. Dieser entscheidet nach pflichtgemäßem Ermessen, ob und welche Sicherungshilfen gewährt werden. Einen Rechtsanspruch auf Hilfestellung hat die einzelne, in Schwierigkeiten geratene Genossenschaft nicht.

4 Der Verband als Motor zukunftsorientierter Entwicklung

Verbände sind nach außen und innen Kommunikatoren. Nach außen bringen sie Informationen über die Genossenschaften und ihre Organisation in vielfältige Kanäle. Nach innen informieren, beraten und betreuen sie ihre Mitgliedsgenossenschaften, um deren Wettbewerbsfähigkeit zu erhalten und zu stärken. Als Prüfungsorganisationen sorgen sie für Ordnung und eine tragfähige Vertrauensbasis. Insbesondere aber entwerfen sie aus ihrer Rolle als *Mittler* zwischen Vergangenheit und Zukunft, zwischen Tradition und Fortschritt, als **Bewahrer und Vordenker** der gesamten genossenschaftlichen Gruppe heraus Visionen und Zukunftsstrategien für die Entwicklung der Genossenschaftsbewegung.

Sie geben Diskussions- und Denkanregungen für die angeschlossenen Genossenschaften. Durch demokratische Abstimmung in den Verbandsgremien zeichnen sie überlegenswerte und zukunftsträchtige Entwicklungspfade vor und sind insofern **Fortschrittstreiber,** ohne einzelnen Genossenschaften verbindliche Vorgaben zu machen. Die Verbände sorgen als Interessenvertreter der ihnen angeschlossenen Genossenschaften dafür, dass diese auch in Zukunft nicht durch staatliche Vorgaben gezwungen werden, ihre Grundsätze und den so erfolgreichen Ansatz des kooperativen Wirtschaftens in der Synthese von Freiheit und Bindung zu verlassen. Ihnen fällt **die Rolle eines Hüters von Geistesgut der Gründer** zu, das die gemeinsame Arbeit auch heute und in der Zukunft untermauern und befruchten kann.

Resümee

1. Die *Pflichtmitgliedschaft* von Genossenschaften in Prüfungsverbänden und deren alleiniges *Prüfungsrecht* haben sich in Deutschland bewährt und zählen zu den Erfolgsfaktoren der deutschen Genossenschaftsentwicklung.

2. Die Genossenschaftsprüfung kann ihre positiven Wirkungen nur entfalten, wenn sie weiterhin als *formelle und materielle Prüfung* nicht nur die Richtigkeit und Vollständigkeit des Jahresabschlusses bescheinigt, sondern auch die Zweckmäßigkeit von Geschäftsführungshandlungen für die Erfüllung des Förderzwecks beurteilt. Sie muss sich klar von der aktienrechtlichen Prüfung unterscheiden. Die Verbandsprüfer müssen für diese besonderen Aufgaben speziell ausgebildet werden.

3. Unter den veränderten wirtschaftlichen Rahmenbedingungen gewinnen die *weiteren Aufgaben der Prüfungsverbände* wie Beratung und Betreuung, Aus- und Weiterbildung, Interessenvertretung und Öffentlichkeitsarbeit an Gewicht.

4. *Genossenschaftsgründer* wurden von Anfang an und werden noch bis heute von Genossenschaftsverbänden *inspiriert, gefördert und beraten.*

5. Verbände müssen ihrer Rolle als *kompetente Dienstleister, Bewahrer, Vordenker sowie Initiatoren neuer Entwicklungen* gerecht werden, um das Weiterbestehen der Genossenschaften im globalen Wettbewerb zu sichern.

Erwarteter Wandel und Anpassungen

1 Der Blick voraus

Wirtschaft, Technik und Gesellschaft befinden sich in einem außerordentlich starken Wandlungsprozess. Die *Veränderung der Bedingungen* unternehmerischer Betätigung nimmt zu. Unter dem Einfluss neuer „Spielregeln" und Mechanismen des Marktes, die es zu beherrschen gilt, gestaltet sich das Wirtschaften schwieriger. Kaum eine Branche bleibt davon unberührt. Angesichts erhöhter Anforderungen an Unternehmen zeigt sich in nicht wenigen Branchen eine *Tendenz zu* vermehrter *zwischenbetrieblicher Kooperation.* Im Wege der Zusammenarbeit wird versucht, zu verwirklichen, was man allein nicht oder nicht effizient genug leisten kann.

Der *Blick in die Zukunft* mag einerseits Hoffnungen wecken, andererseits angesichts des desolaten Zustandes der internationalen Finanz- und Wirtschaftswelt eher negative Erwartungen erzeugen. Erfahrungen aus Krisenjahren haben die Einsicht gestärkt, dass ein Streben nach kurzfristiger Hochrendite und ebenso nach kurzfristig orientierter Umweltpolitik abgelöst werden muss durch Strategien zur langfristigen Stabilität in Wirtschaft, Gesellschaft und Umwelt.

Weiter zunehmender Wettbewerbsdruck, steigende Anforderungen an nachhaltiges Wirtschaften, demografischer Wandel und Transparenz durch Soziale Medien weisen auf *Entwicklungen des 21. Jahrhunderts,* die sich seit einiger Zeit abzeichnen, hin. Daraus ergibt sich Handlungsbedarf. In einer Welt, die aller Voraussicht nach vor lang anhaltenden Veränderungen steht, bleiben auch Genossenschaftsunternehmen von diesen Megatrends nicht unberührt. Sie müssen auf die neuen Herausforderungen reagieren und Anpassungsstrategien entwickeln.

Genossenschaften haben eine lange Geschichte. Während ihres Bestehens waren sie schon immer gezwungen, sich im Wandel zu behaupten. Das wird ihnen auch künftig nicht erspart bleiben. Gewisse Anpassungen der genossenschaftlichen Identität sind dabei nicht auszuschließen. Solange jedoch die arttypischen Wesensmerkmale und -prinzipien klar erkennbar bleiben, ist dieser Prozess unschädlich.

2 Erwartete Entwicklungen und Konsequenzen für die Genossenschaften

2.1 Verschärfung des Wettbewerbs

Verantwortliches Wirtschaften ist die Wurzel des Wohlstandes, Vertrauens und Fortschritts. Mit Sicherheit haben wir in den nächsten Jahren eine deutliche Verschärfung des Konkurrenzumfeldes und Druck auf die Bewältigung des strukturellen Wandels zu erwarten. Die Wettbewerbsbedingungen verlangen einerseits, in neuen Größenordnungen zu denken und zu handeln, andererseits die regionalen Besonderheiten und Bedürfnisse noch stärker zu berücksichtigen. Es ist dabei eine Balance zu finden zwischen Anforderungen der globalen und der regionalen Wirtschaft. Die komplexer werdenden ökonomischen Entwicklungen erfordern zunehmend die Fähigkeit und Bereitschaft zur Kooperation, sowohl unternehmensintern als auch zwischenbetrieblich.

Die moderne Welt vernetzt alles mit allem. Globale Realmärkte und das globale Finanzsystem hängen weltweit zusammen. Eine Krise, wo immer auf der Welt sie ausgelöst wird, greift auf andere Länder über. Je mehr ein Unternehmen global agiert, umso deutlicher zeigen sich die Chancen, aber auch die Risiken der Globalisierung, von denen das Unternehmen betroffen ist.

Die Verschärfung des Wettbewerbs fördert Kooperation. Mit der Intensivierung des globalen Wettbewerbs und dem beschleunigten Wandel der Märkte wächst der Bedarf an Kooperation. Zusammenarbeit ist eine Antwort auf Herausforderungen des Wettbewerbs. Vielfach legen neue Anforderungen an Flexibilität, Kostensenkung und Innovation sowie die rasanten Entwicklungen im Bereich der Informations- und Kommunikationstechnologie eine Kooperation nahe.

Unter solchen Umständen haben Genossenschaften den *Vorteil der regionalen Orientierung.* Mit ihrer Verwurzelung in der Region sind sie wesentlich weniger anfällig für global verbreitete Krisen. Im Genossenschaftssektor haben sich in fast allen Sparten die regional agierenden Genossenschaften in einem mehrstufigen Verbund zusammengeschlossen, um über die Verbundzentralen auch an globalen Transaktionen teilnehmen zu können, wenn es die Mitgliederbedürfnisse erfordern. Dieses Unternehmensnetzwerk ist jedoch dem gleichen Wertesystem wie die Einzelgenossenschaften verpflichtet und somit deutlicher immun gegen negative Globaleinflüsse.

Welche Schlüsse sind daraus für Genossenschaften zu ziehen? Besonders für kleine und mittlere Mitgliedsunternehmen ist förderwirtschaftliche Zusammenarbeit vielfach nicht nur zweckmäßig, sondern unumgänglich, um im Wettbewerb bestehen zu können. Das setzt voraus, dass es der Genossenschaft gelingt, ihre eigene *Marktposition zu erhalten bzw. zu stärken,* nicht zuletzt durch:

▷ Aktivierung der Mitgliederbasis mittels deutlich spürbarer wirtschaftlicher Vorteile, die sich aus der Mitgliedschaft ergeben,
▷ Verbesserung der Wahrnehmung in der allgemeinen Öffentlichkeit und Erhöhung der Aufmerksamkeit in den Medien,
▷ Kommunikation der Werte, Vorteilhaftigkeit, Bedeutung und Vielfalt der genossenschaftlichen Gruppe sowie
▷ Vernetzung und Zusammenarbeit der Genossenschaften.

Hierfür bot das von der UNO proklamierte „Internationale Jahr der Genossenschaften 2012", das die weltweite Bedeutung von Genossenschaften und ihre Rolle für die wirtschaftliche und soziale Entwicklung vieler Länder würdigte, eine ideale Plattform. Es gab Gelegenheit, sich zu zeigen und die genossenschaftliche Idee in der Öffentlichkeit zu präsentieren. Die gemeinsame Kampagne aller Sparten des deutschen Genossenschaftssektors „Ein Gewinn für alle" vermittelte mit zahlreichen Aktionen und Veranstaltungen die genossenschaftliche Idee und Leistungsfähigkeit der Genossenschaft als moderne Unternehmensform.

Die in der *Stärkung der regionalen Wirtschaft* liegenden Chancen wurden von den Genossenschaften früh erkannt. Fast alle genossenschaftlichen Sparten sehen dort ihr primäres Betätigungsfeld – gewissermaßen als Alternative zur globalen Wirtschaftswelt. Nationale und internationale Geschäftsfelder werden überwiegend von den Zentralen der Spartenverbünde bearbeitet. Das Engagement der Primärgenossenschaften ist auf den aktuellen und künftigen Bedarf in der Region bzw. auf lokaler Ebene ausgerichtet. Neben der Erreichung ihrer wirtschaftlichen Ziele zum Wohle ihrer Mitglieder ist für sie auch die soziale und kulturelle Entwicklung der Heimatregion ein wichtiges Anliegen. Regionale Verbundenheit schafft Vertrauen und Identität. Diese dem „Regionalprinzip" folgende Linie gilt es konsequent fortzusetzen.

2.2 Nachhaltiges Wirtschaften

Der weithin unumstrittene Anspruch auf Nachhaltigkeit begegnet uns in gesellschaftlichen und politischen Debatten. Mehr und mehr stößt die Menschheit an wirtschaftliche, ökologische und soziale *Belastbarkeitsgrenzen*. Darin liegt der Ursprung des gegenwärtigen Verständnisses von Nachhaltigkeit als Ziel und Aktionsfeld. Durch die nur schwer abschätzbaren Folgen der globalen Finanz- und Wirtschaftskrise ausgelöst, fand der Nachhaltigkeitsgedanke verstärkt Eingang in das Bewusstsein, die Strategie und das Handeln von Unternehmen. Vielerorts wurde die nachhaltige Unternehmensentwicklung zu einem festen *Bestandteil der Unternehmensphilosophie* erklärt.

Neuere Entwicklungen im Agrarsektor, die eingeleitete Energiewende und die Auswirkungen der Finanzmarktkrise haben die Sensibilität der Verbraucher für nachhaltiges Wirtschaften gestärkt. Auch große Unternehmen sind mittlerweile diesem Zukunftsthema zugewandt. Nachhaltiges Wirtschaften heißt: Langfristig angelegt und stabilitätsorientiert wirtschaften mit dem Ziel, *ökonomische, ökologische, soziale und kulturelle Aspekte* zu verknüpfen und auszugleichen. In den letzten Jahren wurden neue Genossenschaften in den Bereichen ökologische Landwirtschaft, alternative Energieerzeugung, Entsorgung/Recycling und Umweltschutz gegründet.

Die Blickrichtung ändert sich, wenn gefragt ist, in welchen *Strukturmerkmalen und Werten* das Nachhaltigkeitsphänomen als ein arteigenes Element der Genossenschaften erkennbar wird. Dabei entspricht ihrer spezifischen Konstruktion, dass die Genossenschaft als ein „Hort der Nachhaltigkeit" und die wohl nachhaltigste aller Unternehmensformen angesehen werden kann. Im Kern geht es darum, die vielfache Präsenz der Eigenschaft „dauerhaft" in Genossenschaften und deren Relevanz für die Funktions- und Zukunftsfähigkeit des genossenschaftlichen Organisationstyps transparent zu machen. Was macht Genossenschaften „nachhaltig"?

▷ Genossenschaften sind auf Dauer angelegte Zusammenschlüsse. Das zeigt sich in der Beständigkeit ihrer Struktur (Doppelnatur, demokratischer Charakter, unteilbare Reserven).

▷ Die Mitgliedschaft in der Genossenschaft ist als langfristige Verbindung gedacht.

▷ Wichtigstes Merkmal einer Genossenschaft und zugleich die oberste Leitmaxime ist der Dauerauftrag zur Förderung der Mitglieder.

▷ Bewährte genossenschaftliche Grundsätze (Selbsthilfe, Selbstverwaltung und Selbstverantwortung, Identität von Geschäftspartner und Mitglied) sind relativ stabile Elemente des Wertesystems. Als „kultureller Kern" wirken sie auf das Entscheiden und Handeln im Gemeinschaftsunternehmen.

▷ Die eG-Unternehmensform konnte sich in vielen Sparten und Geschäftsfeldern insbesondere in Zeiten wirtschaftlicher Veränderungen als Anker der Stabilität behaupten.

▷ Genossenschaften meiden hohe Risiken, um Schaden von ihren Mitgliedern fernzuhalten.

▷ Ferner schützen die Konstruktion und die demokratischen Entscheidungsmechanismen vor feindlicher Übernahme.

Genossenschaften orientieren sich am Leitbild der Nachhaltigkeit. Der Begriff steht für Verlässlichkeit, dauerhaftes und spekulationsfreies Handeln und faire Spielregeln. Gerade wegen ihrer Kontinuität sind Genossenschaften ein zukunftsfähiges Modell, was auf verschiedene Weise deutlich wird. Ihre regionale Verankerung und Bindung an die Mitglieder bringen ein Geschäftsmodell hervor, das im Vergleich zu anderen Unternehmen nachhaltiger ist. Die Genossenschaft kann als die *nachhaltigste*

Unternehmensform bezeichnet werden. Nicht zuletzt, weil sie äußerst *widerstandsfähig* gegenüber Konjunkturschwankungen und Konkursen ist, wie die jüngste Vergangenheit zeigte.

Neuland für genossenschaftliche Selbsthilfe ist, „nachhaltig vor Ort" zu sein, indem sie unternehmerische Lösungen für langfristig bestehende *kommunale Aufgaben* bieten. So spielt die Genossenschaftsform zunehmend eine wichtige Rolle bei der Erfüllung kommunaler Zukunftsaufgaben. Es werden Aufgaben übernommen, die wegen fehlender finanzieller Mittel von der öffentlichen Hand nicht länger erfüllt werden können, sodass die betreffende Leistung den potenziellen Nutzern vorenthalten bliebe. Nachdem dieses Terrain betreten ist, dürften Genossenschaften künftig auf weiteren gesellschaftsnützlichen Betätigungsfeldern arbeiten.

2.3 Demografische Veränderungen

2.3.1 *Bevölkerungspyramide und Anpassungserfordernisse*

Der seit Jahren zu den bedeutenden gesellschaftlichen Megatrends gehörende demografische Wandel ist zumindest auf mittlere Sicht nicht umkehrbar. In Deutschland wie in anderen Industrieländern hat sich die *Alterspyramide dramatisch verändert*. Aus der Pyramide ist ein Pilz geworden. Verschiedene Trends kommen zusammen. *Medizinischer Fortschritt* und gesündere Lebensweise tragen dazu bei, dass die Kindersterblichkeit erheblich gesunken ist und immer mehr Menschen ein *hohes Alter* erreichen. Über Achtzigjährige sind keine Seltenheit mehr. Die absehbaren Konsequenzen des gesellschaftlichen demografischen Wandels sind seit einiger Zeit zu einem Gegenstand öffentlicher Diskussion geworden.

In den meisten Industrieländern sinkt die *Geburtenrate* und kann die Sterberate nicht mehr ausgleichen. In Dörfern und Kleinstädten ist vielfach ein Bevölkerungsschwund zu verzeichnen, der auf Abwanderung der dynamischen, jüngeren Leute in die Ballungszentren zurückgeht. Damit einhergehende Folgen sind die Schließung von Geschäften und öffentlichen Einrichtungen (z. B. Bankfilialen, Kindertagesstätten und

Schulen), Lücken in der medizinischen Versorgung sowie Leerstand von Häusern und Wohnungen. Zwangsläufig kommt es zur Verschlechterung der finanziellen Lage der betroffenen Kommunen, und die Verbleibenden sehen keine Perspektive mehr. Es stellt sich die Frage, ob durch genossenschaftliche Aktivitäten eine Verbesserung der Lebensqualität in strukturschwachen Räumen erreicht werden kann, um sie für junge Menschen und Familien attraktiv zu machen.

Der *Rückgang der Bevölkerungszahl,* Alterung der Gesellschaft mit steigender Zahl von Rentenempfängern und Pflegebedürftigen bei rückläufiger Zahl der Erwerbsfähigen gewinnen z.B. für den Bankensektor und die Wohnungswirtschaft an Brisanz. Allerdings ist es schwierig, aus den aktuell bekannten Fakten einen Trend für die Zukunft herzuleiten, da politische, wirtschaftliche und soziale Rahmenbedingungen nur begrenzt prognostizierbar sind.

Wie macht man eine *Genossenschaft* demografiefest? Auf einem schrumpfenden Arbeitsmarkt muss gerade unter Beachtung der Mobilität aus dem ländlichen Raum heraus der Bedarf an Führungskräften und qualifizierten Fachkräften sichergestellt werden. Zentrales Anliegen von Genossenschaften muss es sein, die Zahl der Mitglieder durch Werbung von Neumitgliedern zumindest konstant zu halten und für sie alle gilt, junge Mitglieder in großer Zahl zu gewinnen.

Also nicht nur als Arbeitgeber werden die Genossenschaften attraktiv sein müssen. Das Marketing der Bankgenossenschaften hat zur Mitglieder- und Nichtmitgliederseite verstärkt den Kundensegmenten und Geschäftsfeldern „Jugendliche" und „Senioren" Beachtung zu schenken. Dem vergleichbar werden die Wohnungsgenossenschaften, dem Slogan „Sicher und selbstbestimmt wohnen – genossenschaftliches Wohnen" verpflichtet, ein Garant dafür sein müssen, dass Wohnen für alle Altersgruppen sicher und bezahlbar bleibt und dem Bedarf entsprechend altersgerecht gestaltet wird. Schließlich tragen neue Modelle im Bereich der Sozialgenossenschaften (z.B. Familien-, Nachbarschafts- und Seniorengenossenschaften) auch dazu bei, demografische Probleme unserer Gesellschaft zu entschärfen.

2.3.2 Alterung und Generationengerechtigkeit

Dass in Industriestaaten der prozentuale Anteil der älteren Menschen deutlich zunimmt, ist ein anerkanntes Phänomen. Damit wird es schwieriger, die **Aufteilung von Ressourcen generationenübergreifend** so zu gestalten, dass sie als gerecht empfunden wird. Genossenschaften kommt eine Vorbildfunktion zu, wenn sie Gewinne für kommende Generationen thesaurieren statt sie auszuschütten. Würde dieses Prinzip auf den Verbrauch aller Ressourcen angewandt, gäbe es keine wachsenden Schulden, keine steigenden Umweltlasten und keine sozialen Schieflagen in der Gesellschaft.

Die im **Generationenwechsel** nachrückenden Inhaber kleiner bis mittelständischer **Mitgliedsbetriebe,** meist Familienangehörige, treten zugleich die Nachfolge als Mitglied der jeweiligen landwirtschaftlichen, Handwerker- oder Händlergenossenschaft an. Potenziale dieser Genossenschaften konnten über Generationen hinweg bis in die Gegenwart angepasst und ausgebaut werden. Darin kommt die häufig anzutreffende lange Lebensdauer vieler Genossenschaften zum Ausdruck.

Angesichts der demographischen Entwicklung gewinnt einerseits die **junge Generation** nicht nur als **Kundenzielgruppe** immer stärkere Bedeutung. Individueller Vermögensaufbau hat früh zu beginnen. Auch die stärkere Einbeziehung der Jungen in die genossenschaftlichen Gremien wird zu einem wichtigen zu verfolgenden Anliegen in Genossenschaften. Es ist bedeutsam, dass auch für die Jugend die nachhaltige Stärke genossenschaftlicher Unternehmen in den Medien herausgestellt wird. Andererseits ist die **Zielgruppe 60plus** relevant. Sie verfügt zum Teil über Vermögen, möchte dieses gut verwaltet wissen und ist dabei auf Vertrauen angewiesen.

2.4   Wertewandel

2.4.1   Individualisierung

Veränderungen, die über einen längeren Zeitraum Einfluss nehmen können (Megatrends), beeinflussen unser gesellschaftliches Weltbild, unsere Werte, unser Denken und unsere Lebensmuster. Unsere gegenwärtige Gesellschaft ist von Ich-Bezogenheit geprägt. *Individuelle Freiheiten* bestimmen das Leben. Alte gesellschaftliche Zuordnungen verlieren an Bedeutung. Unterschiedliche Lebensstile werden zunehmend toleriert. Jeder kann nach seiner Fasson selig werden. Bildungsstand und Spielraum für selbstbestimmtes Leben wachsen.

Am Ende der Entwicklung weg von der Großfamilie steht die Individualisierung, d. h. die *Herauslösung* des Einzelnen *aus dem Familienverband.* Sie kann als Befreiung von sozialen Zwängen und Pflichten gesehen werden, aber auch als Isolation des auf sich selbst gestellten Individuums. Die Individualisierung wird durch den Ausbau des Sozialstaates begünstigt, der die Daseinsvorsorge für den einzelnen Bürger übernimmt, wo früher die Familie das soziale Netz war.

Die steigende Zahl der unverheirateten Erwachsenen (Singles) und alleinerziehenden Eltern sowie die Ein-Kind-Familie bilden den Nährboden, auf dem Individualismus wächst. Ein weiterer Trend aus der Arbeitsorganisation begünstigt diese Entwicklung: Wo früher im Anschluss an die Ausbildung der Einstieg in das Arbeitsleben mit einem langfristigem Vertrag begann, müssen sich heute nach Abschluss von Lehre oder Studium mehr als die Hälfte der Berufsanfänger auf befristete Beschäftigungsverhältnisse einrichten. Aber kurzfristig Beschäftigte, Trainees und Praktikanten sind nicht fest in die Arbeitsorganisation eines Unternehmens einbezogen. Sie sind Mitarbeiter auf Zeit, die häufig schlechter als die Stammbelegschaft bezahlt werden. Doch ohne planbare Zukunft und ein mittelfristig gesichertes auskömmliches Einkommen wird Heirat, ja selbst der Abschluss eines Bausparvertrages zum unüberschaubaren Risiko. Der vielbeklagte Kindermangel geht nicht zuletzt auch auf diesen Trend zurück.

Genossenschaften als regional verwurzelte Unternehmen stellen sich dieser negativen Entwicklung entgegen und sorgen für stabilere Beschäftigungsverhältnisse bei den im Jahr 2015 rund 970.000 Mitarbeitern des Genossenschaftssektors. Entsprechend erzielen Genossenschaften in Studien zur Zufriedenheit, Loyalität und Engagement ihrer Mitarbeiter durchgängig sehr gute Ergebnisse, was sich als Wettbewerbsvorteil erweist.

Die Kehrseite der Individualisierung ist *Bindungslosigkeit*, ein Leben ohne soziale Beziehungssysteme. Wenn Familie und Ehe zerfallen oder ganz fehlen und auch die Solidarität am Arbeitsplatz ausbleibt, hilft gegen Vereinsamung das Eingehen neuer Bindungen in religiösen Gemeinschaften, Vereinen oder auch Genossenschaften. Ohne *Einbindung in Sozialsysteme* kommt es leicht zu Entfremdung und Isolation. Das wird besonders im Alter problematisch, wo der Einzelne zunehmend auf Hilfe angewiesen ist. Hier öffnet sich ein weites Betätigungsfeld für Wohnungs-, Senioren- sowie Sozial- und Kulturgenossenschaften.

2.4.2   Säkularisierung

Wir erleben eine fortschreitende *Säkularisierung in Gesellschaft und Politik*, insbesondere einen *Rückgang religiöser Bindungen.* Darin und in Begleiterscheinungen wird speziell in der westlichen Welt eine Gefahr der Bindungslosigkeit des Individuums und des Relativismus in Bezug auf Werte gesehen. Sonn- und Feiertage werden immer mehr wie gewöhnliche Werktage begangen.

Auswirkungen der wachsenden Säkularisierung der Gesellschaft *auf Genossenschaften* sind unmittelbar nicht erkennbar. Zieht jedoch zunehmende allgemeine Bindungslosigkeit eine Auflösung von Kundenbindung nach sich, könnte davon auch die *Mitgliederbindung an die Genossenschaft* wie auch die Genossenschaftsbindung an die Mitglieder negativ betroffen sein. Unter solchen Umständen muss den Genossenschaften daran gelegen sein, dass ihnen die Mitglieder *Vertrauen* schenken, und zwar dem Wert angebotener Leistungen (Leistungsvertrauen), den in der Genossenschaft haupt- und ehrenamtlich Tätigen (Personalvertrauen) sowie der Funktionsfähigkeit der Genossenschaft als Institution (Systemvertrauen). Die Genossenschaft der Zukunft wird auf den Aufbau und die Sicherung von Vertrauenspotenzial größten Wert legen.

2.4.3 Ökonomisierung

Dieser Begriff bezeichnet organisatorisches Handeln, bei dem durch *Rationalisierung und Effizienzkalkül* angestrebt wird, Leistungen ausschließlich unter kostenwirtschaftlichen Aspekten zu erbringen. Vor allem monetär messbare Werte zählen. Ökonomisierungsstrategien lehnen sich an das Modell des Konzerns an und werden aktuell u. a. in Dienstleistungsbereichen (Gesundheits- und Sozialwesen) sowie in den klassischen hoheitlichen Bereichen staatlicher Tätigkeit (Polizei, Militär, Hochschulen) angewendet.

Zwar betonen viele große Unternehmen ihre soziale Verantwortung, doch die treibende Kraft hinter ihrer Geschäftspolitik ist die Erwirtschaftung einer möglichst hohen Kapitalrendite. Zunehmende Ökonomisierung macht sich auch in Genossenschaften und besonders in *Großgenossenschaften* nach zahlreichen Fusionen bemerkbar. Die Frage, ob Genossenschaften anders wirtschaften sollten und können als ihre kommerziellen Konkurrenten, wird sehr unterschiedlich beantwortet. Für die Einen gilt „Betrieb ist Betrieb", für die Anderen gibt es einen Unterschied zwischen wertorientiertem Management, das nur in Zahlen auszudrückende Ergebnisse akzeptiert (Gewinn, Verlust), und einem werteorientierten Management, das Ziele anstrebt, die unter Beachtung typspezifischer Werte erreicht werden.

Mit Säkularisierung und Ökonomisierung geht ein Wertewandel einher, der von Vielen als Werteverfall gesehen wird. Das *öffentliche Aufbegehren* gegen übermäßiges Profitstreben von Investmentbanken und Hedgefonds (Schattenbanken) und gegen Spekulationen mit Rohstoffen und Nahrungsmitteln ist Ausdruck allgemeinen Missbehagens, das sich auch gegen Banken richtet. Viele Genossenschaftsbanken nehmen mit Recht für sich in Anspruch, bei ihrer Arbeit die genossenschaftlichen Werte einzuhalten. Es ist zeitgemäß, wenn die Genossenschaften, insbesondere alle Genossenschaftsbanken ihre Wertebasis noch stärker betonen und ihr Handeln klar erkennbar daran ausrichten.

2.4.4 Mobilität

Ortsveränderungen von Gütern und Personen sind eine grundlegende Funktion des Wirtschafts- und Privatlebens. *Personenmobilität* umfasst

234

die regelmäßigen Bewegungen, bei denen man zum Wohnsitz zurückkehrt (z. B. Berufspendler), und den Wechsel des Wohnsitzes. Viele Wege zum Arbeitsplatz werden dadurch kürzer, dass die Bevölkerung in großen Städten und Ballungszentren überdurchschnittlich stark wächst, während nicht wenige Kreise im ländlichen Raum durch Abwanderung massiv Einwohner verlieren.

Ältere Menschen weisen andere *Mobilitätsmuster* auf als jüngere. Mit zunehmendem Alter vollzieht sich eine Verlagerung von individuellen zu öffentlichen Verkehrsmitteln, das Aktionsfeld verkleinert sich auf das Wohnumfeld, was eine Orientierung an der kleinräumigen Erschließung erfordert. So werden die Filiale einer VR-Bank und ein Raiffeisenmarkt in der Nähe ebenso geschätzt wie die soziale Integration älterer Personen beim Wohnen in einer Seniorengenossenschaft, um nur einige Beispiele zu nennen.

Wachsende Mobilität, die insbesondere aus dem raschen technologischen *Wandel im Verkehrswesen* und der *Informationstechnologie* resultiert, ist ein Trend, der zu Wertewandel führt und Einfluss auf die genossenschaftliche Arbeit nimmt. Für Genossenschaften, die von ihrer Natur her ortsgebunden sind, ergeben sich neue Herausforderungen, wie z. B. bei Wohnungsgenossenschaften die Möglichkeit, dass ein Mitglied im Falle eines Wegzugs erworbene Anwartschaftsrechte zu einer Wohnungsgenossenschaft am neuen Wohnort mitnimmt oder wie bei Bankgenossenschaften, die eine Übertragung der Geschäftsverbindung zur Genossenschaftsbank am neuen Wohnort anbieten.

2.5   Nutzung digitaler Medien

Digitalisierung steht für technische Innovationen und Veränderungen. Unternehmen sind dazu herausgefordert, die digitale Transformation zu schaffen, indem sie sich nicht nur an den Wandel anpassen, sondern diesen auch aktiv mitgestalten. Die Verbreitung von Informationen wandelt sich grundlegend hin zu Interaktion und Dialog. *Digitale Kanäle* ermöglichen es den Nutzern, untereinander zu kommunizieren und mediale Inhalte einzeln oder in Gemeinschaft zu gestalten. Beispiele sind Diskussionsforen, Blogs und Social Communities. Soziale Interaktionen und Zusammenarbeit in sozialen Medien gewinnen mehr und mehr an Bedeutung. Die rasante Entwicklung des digitalen Fortschritts wird nicht nur als „digitale Revolution" bezeichnet, sondern verbreitet auch als solche empfunden.

Private Internetnutzer beurteilen und empfehlen Unternehmen und Produkte – oder raten davon ab. Sie kommentieren aktuelle Entwicklungen und tauschen sich mit Freunden, Bekannten und Kollegen aus. Dies geschieht über Länder-, Einkommens- und Altersgrenzen hinweg. Neue Technologien erweitern den Kreis potenzieller Nutzer. Sie ermöglichen einen schnellen Einblick in Themen und Meinungen aus dem Social Web.

Auch die *Geschäftswelt* kann sich den digitalen Möglichkeiten und dem grundlegend veränderten Nutzerverhalten nicht entziehen. Die Bedeutung im Rahmen von Multikanalstrategien wird weiter ansteigen. Auf Websites berichten Kunden über ihre Erfahrungen mit Produkten und bewerten Unternehmen bis auf die Filialebene. So erzeugen soziale Medien auch hier eine bisher nicht gekannte Transparenz. Früher erreichten Anbieter ihre Zielkunden mittels Absatzwerbung. Heute bieten soziale Netzwerke viele effiziente und kostengünstige Wege, um Kunden direkt auf sich aufmerksam zu machen. Unternehmer, Geschäftsführer, Fach- und Führungskräfte erkennen die neuen Chancen von Social Media für den gesamten kundenbezogenen Marketingbereich und Public Relations.

Moderne Informationstechnologien ermöglichen *Genossenschaften* in bisher nicht gekanntem Maße, sich im Social Web mit enormer Reichweite zu präsentieren sowie ihre Kontakte zu den Mitgliedern und zur Öffentlichkeit nachhaltig zu verbessern. Ein probates Mittel besteht darin, die Nutzung moderner technischer Möglichkeiten mit den Stärken regionaler Präsenz und Nähe in den Mitglieder-/Kundenbeziehungen zu verbinden. Digitale Lösungen unterstützen die Vernetzung mit den Mitgliedern und Kunden. Davon wird eine Stärkung der Identifikation mit der Genossenschaft erwartet. Bei heute schon großer Akzeptanz und hoher Nutzungsquote ist es Aufgabe der Genossenschaften, die Chancen der Digitalisierung durch Herstellung digitaler Nähe zum Wohl dieser Zielgruppen zu wahrzunehmen.

Dies stellt allerdings hohe Anforderungen an das Genossenschaftsmanagement, denn die im Internet verfügbaren Informationen müssen nicht nur professionell aufbereitet, sondern auch ständig aktualisiert werden. Außerdem ist für das Angebot eines Meinungsaustauschs mit den Mitgliedern und Kunden die personelle Ausstattung so zu gestalten, dass auf Anfragen, Anregungen und Kritik schnell und kompetent reagiert werden kann. Um als Genossenschaft für die Zukunft gut aufgestellt zu sein, müssen nicht zuletzt Führungskräfte wie Mitarbeiter über digitale Kompetenzen verfügen. Es wird nicht mehr genügen, die bereitgestellte Technik lediglich zu kennen. Sie muss auch offensiv genutzt und gelebt werden.

3 Genossenschaften der Zukunft

3.1 Der Förderauftrag gewinnt an Stellenwert

Die Genossenschaft der Zukunft wird weiterhin ein Unternehmen sein, das Bewahrung und Wandel in sich vereint. Die den Führungskräften des Genossenschaftsunternehmens vorgegebene oberste *Leitmaxime „Förderung der Mitglieder"* wird weiterhin die Besonderheit genossenschaftlichen Wirtschaftens ausmachen. So unveränderlich der Vorstand an diesen kollektiven förderwirtschaftlichen „Grundauftrag" und an die Mitgliederwidmung gebunden ist, so eigenverantwortlich sind die Vorstände bei der zweckmäßigen Auftragserfüllung.

Auch im eigenen Interesse werden die Vorstände diesen Auftrag künftig so interpretieren, dass die Mitglieder ihre Förderung noch deutlicher als bisher wahrnehmen können, bilden doch die Genossenschaften zusammen mit ihren Mitgliedern in erster Linie einen *Leistungsverbund.* Von der partnerschaftlichen Kooperation erwarten die Mitgliederwirtschaften höhere Zielerreichungsgrade als vom Alleingang. Slogans wie „Zusammen geht mehr" oder „Gemeinsam mehr erreichen" drücken dies aus. Bei Wirtschaftsgenossenschaften liegt die Anziehungskraft weitaus überwiegend in der Fähigkeit begründet, ökonomische Anreize (ein „Förderplus") zu bieten. Insoweit sind sie primär wirtschaftliche Vorteilsgemeinschaften. Dagegen liegt die Attraktivität von Sozial- und Kulturgenossenschaften in der Chance, gemeinsam soziale oder kulturelle Einrichtungen zu erhalten oder neu zu schaffen, was nur durch Zusammenwirken vieler Interessierter möglich ist.

3.2 Vertrauen – zentrales Thema der Zukunft

Die Genossenschaften werden zudem deutlich herausstellen, dass sie betont risikobewusst agieren und damit hohes Vertrauen in ihre Tätigkeit verdienen. „Werte schaffen Werte" wird eine Verstärkung dieser Aussage im Handeln der Genossenschaften finden. Den auf Dauer angelegten Genossenschaften muss daran gelegen sein, dass die Mitglieder ihnen vertrauen. Auch Vertrauen, das der Genossenschaft von außen entgegengebracht wird, stärkt den internen Zusammenhalt und trägt zur Intensivierung der Mitgliederbeziehungen bei.

Als bedeutender Sympathieträger von Unternehmen ist Vertrauen gerade in letzter Zeit ein zentrales Thema öffentlicher Diskussionen geworden und hat Genossenschaften zu einer neuen Beachtung verholfen. Von Mitgliedervertrauen gehen Positivwirkungen auf die *Einstellung zur Genossenschaft* (Zuerkennung von Glaubwürdigkeit, Identifikation mit der Genossenschaft und „Genossenschaftstreue") und das *Verhalten der Mitglieder* (Nutzung der genossenschaftlichen Leistungen, Teilnahme an der Selbstverwaltung, freiwillige finanzielle Beteiligung) aus. Eine organisationsinterne *Vertrauenskultur* strahlt nach außen auf das Image und die Beitrittsbereitschaft.

Zwar ist Vertrauen kein Alleinstellungsmerkmal einer Genossenschaft, jedoch handelt es sich für sie als mitgliederbezogenes Unternehmen um ein wichtiges Koordinationsinstrument, insofern um einen Erfolgsfaktor. Vertrauen und vertrauenswürdiges Image aufzubauen und zu sichern zählt zu den strategischen Zielen der Zukunft.

3.3   Betonung der Regionalität steigt

Der typische Aktionsraum von Genossenschaften ist die Region. Überschaubarkeit des Betätigungsfeldes und Mitgliedernähe sind wichtige Bestandteile des genossenschaftlichen Geschäftsmodells. Schon früh wurden die in der *Regionalorientierung* liegenden Chancen erkannt – gewissermaßen als Alternative zur globalen Wirtschaft. Während die Zentralen der Spartenverbünde bei Bedarf der Mitglieder überwiegend nationale und internationale Transaktionen durchführen, ist das Engagement von Primärgenossenschaften auf die aktuellen und künftigen Bedürfnisse in der Region gerichtet.

Die regionale Verbundenheit ist als *Stärke der Genossenschaften* zu werten und auf der Mitgliederseite als Bindekraft wirksam. Zu einem erheblichen Teil liegt dies daran, dass die Akteure in Genossenschaftsunternehmen die Wirtschaft und Menschen in der Region kennen, hier zu Hause sind und die Sprache der Menschen sprechen – und die Genossenschaft auch regionalspezifische Leistungen anbietet. Für Wohnungsgenossenschaften ohnehin selbstverständlich und darüber hinaus nicht nur bei Bankgenossenschaften ein wichtiges Geschäftsprinzip, widmen sich auch andere Sparten der regionalbezogenen Versorgung mit Sach- und Dienstleistungen. Die Mitgliederkunden schätzen bedarfsgerechte *Leistungsangebote in räumlicher Nähe, denen sie vertrauen können.*

Anziehungskraft dürfte im Übrigen für viele Mitglieder davon ausgehen, dass Genossenschaftsunternehmen keine Eigeninteressen und auch nicht die Förderung der Region als solche verfolgen, sondern der Mitgliederförderung verpflichtet sind. Was freilich nicht ausschließt, dass eine mit dem wirtschaftlichen und gesellschaftlichen Geschehen in ihrem Geschäftsbezirk verbundene Genossenschaft sich über ihren mitgliederzentrierten Zweck hinaus durch finanzielles, persönliches oder ideelles Engagement zur *Stärkung des Gemeinwohls* daran beteiligt, die regionalen Bedingungen für Bildung, Jugend, Integration, Soziales, Kultur oder/und Umwelt zu verbessern.

Regionalität begrenzt zwar die geschäftspolitischen Aktivitäten, bewirkt aber auch *Risikominderung.* Mit ihrer lokalen oder regionalen Ausrichtung und Einbindung in einen nationalen oder internationalen Verbund sind Genossenschaften weitgehend immun gegen negative Globaleinflüsse. In Zeiten wirtschaftlicher Umbrüche erweisen sie sich als Stabilisatoren der regionalen Wirtschaft.

3.4 Ansätze zu neuen Genossenschaftsmodellen

Bindungslosigkeit, Isolation, Wertewandel und erhöhte Mobilität sind Trends, denen Einzelne durch Selbsthilfe in der Gruppe entgegentreten können. Auf der Suche nach neuen Sozialstrukturen, die dem Zeitgeist entsprechen, entwickeln sich Genossenschaften in Form von Integrationsgenossenschaften, gewerblichen Kleingenossenschaften, Multi-Stakeholder-Genossenschaften, Sozial- und Kulturgenossenschaften sowie genossenschaftliche Kooperationen über nationale Grenzen hinweg, für die es die europäische Rechtsform der SCE gibt.

Integrationsgenossenschaften kommen im Bereich der Wohnungsgenossenschaften vor, die sich um die Eingliederung von Ausgegrenzten bemühen. In Wohnungsgenossenschaften mit Mehrgenerationenhäusern wird versucht, einen Interessenausgleich zu schaffen zwischen berufstätigen, alleinerziehenden Elternteilen, denen es an Zeit für ihre Kinder fehlt und alleinlebenden Senioren, die Zeit haben, aber sozial isoliert leben. Der Integration von Personen, die von der Gesellschaft und vom Arbeitsmarkt ausgegrenzt sind, widmen sich Sozialgenossenschaften und Genossenschaftsunternehmen zur Arbeitsbeschaffung.

Die seit 2006 geltenden Regeln für *kleine Genossenschaften,* welche die Mindestzahl der Mitglieder auf drei senken und eine vereinfachte Organisationsstruktur erlauben, haben zur Gründung zahlreicher gewerblicher Genossenschaften geführt. Auch im Gesundheitswesen nutzen Ärzte zunehmend die Genossenschaft zur Senkung ihrer Betriebskosten durch Gemeinschaftspraxen oder -dienste. Durch die Reduzierung der Mindestzahl der Gründer und Mitglieder wird die Rechtsform der Genossenschaft für Spezialisten attraktiv, die bisher in andere Rechtsformen ausweichen mussten, weil sie die Mindestmitgliederzahl von sieben nicht erreichen konnten.

Gegenüber dem herkömmlichen Genossenschaftsmodell mit einer nahezu homogenen Mitgliedergruppe entstehen zunehmend *Multi-Stakeholder-Genossenschaften.* Ziel dieses neuen Genossenschaftstyps ist die Mobilisierung aller interessierten Akteure (z.B. Bürger als Nutzer-Mitglieder oder Investoren-Mitglieder, ortsansässige Unternehmen als Fördermitglieder (Promotoren, Sponsoren) und/oder Gemeindeverwaltung) und ihrer Ressourcen zur Verwirklichung gemeinsamer Belange im Wege des Zusammenschlusses. Derartige Genossenschaften mit heterogener Mitgliedergruppe werden zu verschiedenen Zwecken gegründet und unterhalten. Beispiele finden sich im Bereich der neuen Energiegenossenschaften, in denen neben den unmittelbaren Abnehmern auch die Hersteller von Biomasse und die Gemeinden oder Stadtwerke Mitglieder sind. Ferner selbstverwaltete Dorfläden mit Beteiligung der Gemeinde und gegebenenfalls einer auswärtigen Konsumgenossenschaft zwecks Sicherstellung der Versorgung eines ländlichen Raumes mit Gütern des täglichen Bedarfs. In diese Kategorie fallen auch Genossenschaften zur Erhaltung kommunaler Einrichtungen (z.B. Schwimmbäder, Gemeinschaftshäuser).

Nach Erweiterung des Förderzwecks von Genossenschaften auf soziale und kulturelle Belange der Mitglieder sind seit 2006 *Genossenschaften mit sozialem oder kulturellem Hauptzweck* zulässig. Solche Genossenschaften gab es zwar bereits vor der Novellierung des GenG, jedoch wurden sie durch die neue Rechtslage ausdrücklich aufgewertet. Dazu zählen die in Kapitel X ausführlich erörterten Sozialgenossenschaften sowie genossenschaftliche Theater, Museen, Orchester, Schulen, aber auch soziale und kulturelle Vereinigungen, die mit Stiftungen verbunden sein oder die Form von Multi-Stakeholder-Genossenschaften annehmen können.

4 Zukunftschancen der Genossenschaften

Genossenschaften liegen voll im Trend. Um eine *Kooperationsform mit Perspektive* bleiben zu können, müssen die förderwirtschaftlichen Unternehmen ihre eigene *Marktposition erhalten bzw. stärken,* unter anderem durch:

- ▷ Intensivierung der Geschäftsbeziehungen zur Mitgliederbasis,
- ▷ Verbesserung der Wahrnehmung in der allgemeinen Öffentlichkeit und Erhöhung der medialen Aufmerksamkeit,
- ▷ Kommunikation der Werte, Bedeutung und Vielfalt der genossenschaftlichen Gruppe,
- ▷ Vernetzung und Zusammenarbeit der Genossenschaften.

Die weltweite Bedeutung der Genossenschaftsidee, der Genossenschaften und ihrer Rolle für die wirtschaftliche und soziale Entwicklung vieler Länder bietet eine ideale Plattform, Merkmale und Leistungsfähigkeit der Genossenschaft als *moderne Unternehmensform* zu vermitteln:

- ▷ Das Genossenschaftskonzept zeichnet sich durch außergewöhnlich *vielseitige Anwendbarkeit* aus.

- ▷ Mit ihren Mitgliederbeziehungen verfügen Genossenschaften über ein *starkes Bindungssystem.*

- ▷ Genossenschaften leisten oft einen wesentlichen Beitrag zur *wirtschaftlichen und sozialen Stabilisierung* und Entwicklung in ihrem Geschäftsbezirk.

- ▷ Die *Zusammenarbeit im Verbund* trägt zur Existenz- und Erfolgssicherung, somit zur Entstehung von Präferenzen für die eG-Rechtsform bei.

- ▷ Neugründungen von Genossenschaften in innovativen Bereichen können als Indiz dafür gelten, dass die traditionelle genossenschaftliche Unternehmensform auch für *neue Betätigungsfelder* einen geeigneten organisatorischen Rahmen abgibt.

- ▷ Die Genossenschaften erweisen sich als besonders insolvenzsicher und bieten einen sicheren Schutz vor einer „feindlichen Übernahme".

Diese Besonderheiten machen den Kooperationstyp „Genossenschaft" unverwechselbar und wettbewerbsfähig. Durch ihre Eigenart gewinnen die Genossenschaften in ihrem überschaubaren Geschäftsfeld hohe *Sympathiewerte, Vertrauen* und *Wertschätzung* ihrer Mitglieder und werden als kompetente Geschäftspartner anerkannt.

Es ist zu erwarten, dass die genossenschaftliche Kooperation angesichts der weltweiten Entwicklungstrends an Zuspruch gewinnt. Eine größere Zahl der Genossenschaftsunternehmen existiert schon seit mehr als 100 Jahren stabil und krisenfest. Sie brauchen ihre Zukunftsfähigkeit nicht mehr zu beweisen, wenn sie auch weiterhin ihrem Wesenskern (Realisierung der Förderung ihrer Mitglieder, dezentral und selbstständig in ihrer Region, eingebunden in ein genossenschaftliches Netzwerk) treu bleiben und zu ihrer unverwechselbaren Identität stehen.

Resümee

1. Wirtschaft, Technik und Gesellschaft befinden sich in einem außerordentlich starken Wandlungsprozess. *Anpassungen an die Zeittrends* bleiben zentrale Aufgaben auch für Genossenschaften.

2. Genossenschaften können als die *nachhaltigste Unternehmensform* bezeichnet werden, weil der Zusammenschluss und die Mitgliedschaft auf Dauer angelegt sind, zudem der unverrückbare Dauerauftrag der Mitgliederförderung verfolgt wird und Genossenschaften, von ihrem besonderen Wertesystem geleitet, anders wirtschaften als ihre Konkurrenten.

3. *Überschaubarkeit* des Geschäftsbereichs und Nähe zum Mitglied sind in allen Sparten bewährte Tradition. Mit ihrer *regionalen Verbundenheit* und ihrer Ausrichtung darauf, nicht gewinn-, sondern bedarfsorientiert und nachhaltig zu arbeiten sind Genossenschaften deutlich *weniger anfällig* für global herangetragene Krisen als ihre kommerziellen Konkurrenten.

4. Individualisierung, Überalterung, zunehmende Mobilität und Informationsvernetzung charakterisieren den *gesellschaftlichen Wandel.* Wer daraus resultierende Probleme allein nicht zu lösen vermag, entwickelt aus Eigeninteresse *Kooperationsbereitschaft*. Genossenschaften sind die geeignete Organisationsform, um gemeinsame Pläne für Problemlösungen umzusetzen.

5. *Genossenschaften der Zukunft* werden verstärkt die Förderung ihrer Mitglieder in den Vordergrund stellen, ihre Regionalität betonen, das Vertrauenspotenzial ausbauen und neue Informationswege nutzen.

Kapitel XIV:

Genossenschaften in internationaler Sicht

Seite

1 Genossenschaften außerhalb Deutschlands

Die modernen Genossenschaften entstanden fast zeitgleich in England, Frankreich und Deutschland in der Mitte des 19. Jahrhunderts als Reaktion auf tiefgreifende Veränderungen der wirtschaftlichen, sozialen, politischen und technologischen Verhältnisse. Diese Zeit wurde geprägt durch den Kampf um Freiheits- und Menschenrechte mit der Forderung nach Vereinigungsfreiheit, den Zerfall alter Herrschaftsstrukturen und die Suche nach neuen Formen von Kooperation. Armut und Hunger breiteten sich aus. Die Entwicklung mechanisierter Produktion in Fabriken führte zur Entstehung eines städtischen Arbeiterproletariats. Kleinbauern wurden durch Geldverleiher und Viehhändler, Arbeiter durch Fabrikanten ausgebeutet.

1.1 England

Die Ansätze der Genossenschaftsgründer in England und Frankreich unterschieden sich von denen in Deutschland. In England war es eine Gruppe von Webern in Rochdale, die sich 1844 gegen Übervorteilung durch Händler bei Preisen, Warenqualität und Gewicht zur Wehr setzten. Ihr Grundkonzept war, durch Zusammenschluss zu gemeinsamem Einkauf die günstige Abgabe von Lebensmitteln, Kleidung und anderen Bedarfsartikeln an Mitglieder zu ermöglichen, eigene Verkaufsstellen zu errichten und später auch eigene Produktionsstätten zu unterhalten. Die dazu entwickelten Grundsätze, die als *„Rochdaler Prinzipien"* in die Genossenschaftsgeschichte eingingen, bilden bis heute den Kern der Genossenschaftsprinzipien des Internationalen Genossenschaftsbundes (IGB). Die Regeln sind: Offene Mitgliedschaft, demokratische Verwaltung (ein Mitglied – eine Stimme), Überschussverteilung nach Umsatz, beschränkte Kapitalverzinsung, Verkauf nur gegen Barzahlung, politische und religiöse Neutralität und Förderung des Erziehungswesens.

Robert Owen (1771–1858) plädierte für Sozialreformen und die Ausschaltung von übermäßigen Gewinnspannen. Dieses sollte durch Zusammenschluss erreicht werden. Er trat für freiwillige Wirtschaftsassoziationen bei Erhaltung von Privateigentum ein. Owen gilt als Vater des englischen Sozialismus. Er verstand Kooperation nicht allein als Mittel zur Erwirtschaftung individuellen Gewinns, sondern auch zur moralischen Hebung und Erziehung der Arbeiter zu wirtschaftlicher Selbstständigkeit.

William King (1786–1865) sah Selbsthilfe als Quelle des Reichtums und lehnte fremde Kapitalhilfe ab. Er wirkte als christlicher Sozialreformer, verbreitete genossenschaftliche Ideen und trat für strikte wirtschaftliche und politische Neutralität ein. Durch schrittweise realisierten Erwerb von eigenem Kapital sollte die Bildungs- und Erziehungsarbeit finanziert werden.

Die englischen Genossenschaftspioniere wollten nicht das System der Marktwirtschaft verändern, sondern eigenes Kapital schaffen, um ihren Mitgliedern in selbstverwalteten Unternehmen Konsumgüter und andere Leistungen zu fairen Bedingungen anzubieten. Erzielte Jahresüberschüsse wurden in unteilbare Reserven eingestellt oder als Warenrückvergütung an die Mitglieder zurückgezahlt. Dieses Konzept erwies sich als sehr erfolgreich und fand viele Nachahmer.

1.2 Frankreich

In Frankreich begann die Genossenschaftsentwicklung mit anderer Zielsetzung und nahm einen anderen Verlauf. Zu den französischen Gründervätern zählen *Claude-Henri de Saint-Simon* (1760–1825), *Charles Fourier* (1772–1837), *Philippe Buchez* (1796–1865) und *Louis Blanc* (1811–1882).

Die französischen Genossenschaftspioniere wollten einen Gegenentwurf zu dem von ihnen als ungerecht und ausbeuterisch empfundenen Wirtschafts- und Sozialsystem bieten. In Frankreich litten besonders die Handwerker unter der neuen industriellen Konkurrenz und die Fabrikarbeiter unter schlechten Arbeits- und Lebensbedingungen. So gab es in Frankreich zum Beispiel erst nach 1945 eine staatliche Sozialversicherung, wie sie in Deutschland schon 1890 eingeführt wurde.

Die Gründungskonzepte richteten sich auf die Schaffung einer gerechteren und humaneren Wirtschafts- und Gesellschaftsordnung, teils nach christlich-sozialen, utopisch-sozialistischen oder marxistischen Vorstellungen. Dementsprechend waren die ersten Genossenschaftsgründungen in Frankreich in der Mitte des 19. Jahrhunderts *Handwerkerproduktivgenossenschaften,* selbstverwaltete Unternehmen und staatlich finanzierte Werkstätten. Der französische Staat stand Genossenschaften mit Misstrauen gegenüber. Erst 1901 wurde mit Erlass des Vereinsgesetzes ein Rahmen für freie Vereinsbildung geschaffen. Das allgemeine Rahmengesetz für Genossenschaften in Frankreich stammt aus dem Jahr 1947.

1.3 Ehemalige Sowjetunion

Lenins Plan von 1923 zur Verbreitung von Genossenschaften in der Sowjetunion basierte auf einem *anderen Genossenschaftsverständnis.* In der Sowjetunion sah man Aufgaben und Ziele von Genossenschaften darin, als Steuerungsinstrumente in einer zentral geplanten *Staatswirtschaft* zu dienen. Sie sollten eine wichtige Rolle bei der Transformation von Privateigentum in Staatseigentum und von privater Wirtschaftstätigkeit in staatlich kontrollierte Produktivgenossenschaften oder Staatsbetriebe übernehmen – nach dem Motto: „Was wir nicht verstaatlichen können, vergenossenschaftlichen wir". Konsumgenossenschaften galten als Massenorganisationen der sozialistischen Partei mit wirtschaftlichen und sozialen Aufgaben.

1.4 Weltweite Entwicklung

Die deutschen Erfahrungen mit erfolgreichen Genossenschaften zogen gegen Ende des 19. Jahrhunderts *zahlreiche Interessenten* an. So studierten zwei japanische Wirtschaftswissenschaftler jahrelang das deutsche Genossenschaftsmodell und führten 1900 in Japan ein Gesetz nach dem Vorbild von Schulze-Delitzsch ein, das wiederum Interesse chinesischer Wissenschaftler fand, die in Japan studierten. Die Verwaltung des Britischen Empire in Indien ließ 1895 auf der Suche nach Lösungen für Probleme mit Hungersnöten und sozialen Unruhen die Genossenschaftsentwicklung in Europa untersuchen. Als Ergebnis dieser Studien wurde empfohlen, in Indien das deutsche Modell von Raiffeisen und das von

Schulze-Delitzsch geprägte Genossenschaftsgesetz zu nutzen, mit dem Vorschlag: „Finden Sie einen indischen Raiffeisen". *Das deutsche Genossenschaftsgesetz* wurde so zum *Vorbild* für das indische Genossenschaftsgesetz von 1904 und 1946 für ein Modell-Genossenschaftsgesetz für das gesamte englische Kolonialreich.

In Europa wurden nach 1860 die Modelle von Schulze-Delitzsch und Raiffeisen in der damaligen Habsburger Monarchie verbreitet und gelangten auch nach Italien. Später kamen sie mit italienischen und deutschen Einwanderern nach Südbrasilien, Argentinien und Paraguay und schlugen dort Wurzeln.

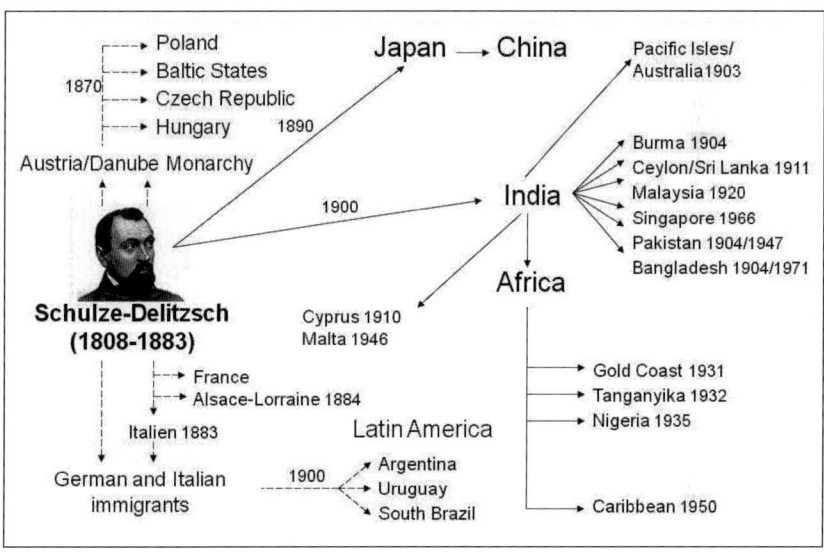

Abb. 24: Verbreitung der Ideen von Schulze-Delitzsch
Quelle: Münkner, Hans-H.: Internationale Ausstrahlung von Hermann Schulze-Delitzsch und Friedrich Wilhelm Raiffeisen, in: Hermann Schultze-Delitzsch zum 200sten Geburtstag und Friedrich Wilhelm Raiffeisen zum 190sten Geburtstag – Verwirklichung einer Idee, Schriftenreihe zur Genossenschaftsgeschichte Bd. 9, München 2009, S. 105

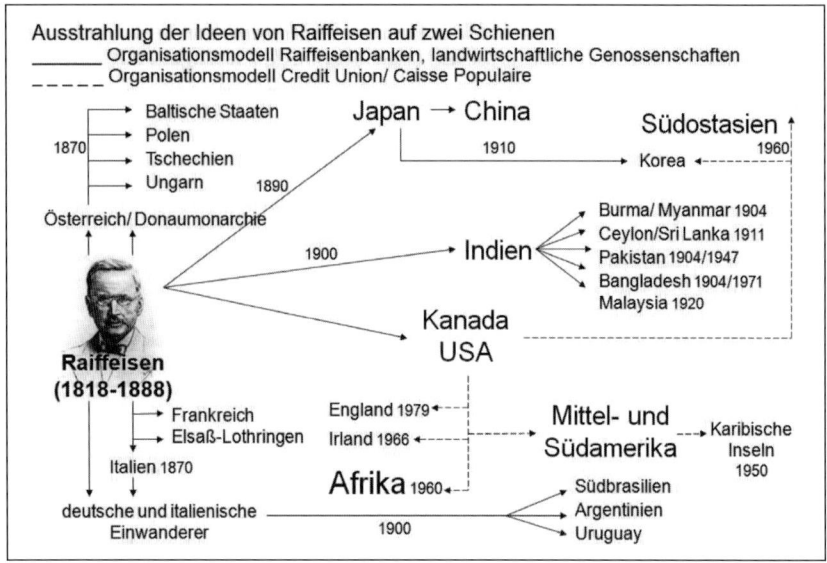

Ausstrahlung der Ideen von Raiffeisen auf zwei Schienen
_____ Organisationsmodell Raiffeisenbanken, landwirtschaftliche Genossenschaften
_ _ _ _ _ Organisationsmodell Credit Union/ Caisse Populaire

Baltische Staaten
Polen
Tschechien
Ungarn

1870

1890

Japan → China

1910

Südostasien
Korea

1960

Österreich/ Donaumonarchie

1900

Indien

Burma/ Myanmar 1904
Ceylon/Sri Lanka 1911
Pakistan 1904/1947
Bangladesh 1904/1971
Malaysia 1920

**Raiffeisen
(1818-1888)**

Kanada
USA

Frankreich
Elsaß-Lothringen

England 1979
Irland 1966

Mittel- und
Südamerika

Karibische
Inseln
1950

Italien 1870

Afrika 1960

Südbrasilien
Argentinien
Uruguay

deutsche und italienische
Einwanderer

1900

Abb. 25: Verbreitung der Ideen von Raiffeisen
Quelle: Münkner, Hans-H.: Internationale Ausstrahlung von Hermann Schulze-Delitzsch und Friedrich Wilhelm Raiffeisen, a. a. O., S. 106

2   Der internationale Genossenschaftsbund (IGB)

2.1   IGB als Organisation

Der IGB mit Sitz in Brüssel wurde 1895 in London gegründet. Er ist eine unabhängige nicht-staatliche *Organisation, die weltweit Genossenschaften vereinigt* und *vertritt,* mit Beobachterstatus bei den Vereinten Nationen. Nach Schätzungen der UNO erreicht der IGB mit seinen Organisationen etwa drei Mrd. Menschen. Mitglieder des IGB sind über 200 nationale Genossenschaftsverbände und Genossenschaften aus allen Bereichen der Wirtschaft, die rund eine Milliarde Einzelmitglieder vertreten, sowie Organisationen, die Genossenschaften unmittelbar fördern. Der IGB fasst genossenschaftliche Organisationen in 97 Ländern mit unterschiedlicher sozialer und politischer Ausrichtung und aus verschiedenen Gesellschafts- und Wirtschaftssystemen zusammen und sieht sich selbst als politisch unabhängig.

Die zum Zeitpunkt ihrer Gründung besonders von den Genossenschaftsprinzipien der Rochdaler Pioniere, also den englischen Konsumgenossenschaften geprägte Organisation versteht sich als *Hüter der genossenschaftlichen Werte und Prinzipien.* Der IGB hat seinen Prinzipienkatalog mehrmals umformuliert (1937, 1966, 1995) und den Bedürfnissen der Zeit angepasst. Die 1995 anlässlich seines 100-jährigen Bestehens angenommene Erklärung zur genossenschaftlichen Identität enthält eine Definition der Genossenschaft, einen Wertekatalog und sieben Genossenschaftsprinzipien.

2.2 Wirtschaftliches Gewicht

In vielen Staaten spielen Genossenschaften wirtschaftlich eine wichtige Rolle. In bestimmten Bereichen werden hohe Prozentsätze der Wirtschaftsleistung von Genossenschaften erbracht. 2008 veröffentlichte der IGB in seinem *„Global 300 Projekt"* eine Übersicht über die 300 größten Genossenschaftsunternehmen der Welt, aus der hervorgeht, dass der zusammengefasste Umsatz dieser Großgenossenschaften von insgesamt 1,1 Billionen US-Dollar etwa dem Bruttosozialprodukt von Spanien oder Kanada entspricht. Trotz dieser eindrucksvollen Zahlen taucht der Genossenschaftssektor als Wirtschaftsgröße in der öffentlichen internationalen Diskussion relativ selten auf. Die Gründe dafür werden im folgenden Abschnitt angesprochen.

2.3 Internationale Anerkennung

Die internationale Anerkennung des IGB zeigt sich in der *Vernetzung des IGB im UN-System.* Artikel 12 der Verfassung der Internationalen Arbeitsorganisation (IAO/ILO) enthält die Verpflichtung zu offiziellen Konsultationen mit international anerkannten Organisationen der Arbeitgeber, Arbeitnehmer, Landwirte und Genossenschaften. Der IGB hält einen der sieben Sitze für ständige Beobachter im Verwaltungsrat (Governing Body) der *ILO* und nimmt an den Internationalen Arbeitskonferenzen teil. 2002 beschloss die Internationale Arbeitskonferenz eine *Empfehlung zur Förderung von Genossenschaften* (Nr. 193 von 2002).

Weltweit zeigt sich ein wachsendes Interesse an dem Organisationsmodell Genossenschaft, wie es z. B. in den UN-Richtlinien für die Schaffung eines förderlichen Umfelds für Genossenschaften von 2001, in der Empfehlung der IAO zur Förderung von Genossenschaften von 2002 und in der Erklärung der UN-Vollversammlung des Jahres 2012 zum internationalen Jahr der Genossenschaften zum Ausdruck kommt. Schließlich nahm das internationale Komitee zur Erhaltung des immateriellen Kulturerbes der UNESCO am 30. November 2016 die traditionsreiche und zugleich moderne Genossenschaftsidee in die Repräsentative Liste des Immateriellen Kulturerbes der Menschheit auf. Diese Auszeichnung trägt zu einer größeren Sichtbarkeit und einem wachsenden Bewusstsein für ihre weltweite Bedeutung bei.

3 Genossenschaften in der Entwicklungspolitik

Für die Entwicklungspolitik ist die *Genossenschaft als Organisationsmodell interessant,* weil es die Kombination von Eigenheiten erlaubt, die oft für gegensätzlich und unvereinbar gehalten werden:

▷ Eigen- und Gruppeninteresse,
▷ Freiheit und Bindung (kooperativer Individualismus),
▷ Doppelnatur der Organisation: Mitgliedergruppe und Gemeinschaftsbetrieb sowie Doppelrolle der Mitglieder als Träger und Nutzer der gemeinsamen Einrichtungen,
▷ wirtschaftliche Effizienz und soziale sowie ökologische Verantwortung sowie
▷ Kleinzelligkeit vor Ort (Ortskenntnis und Vertrauen der örtlichen Bevölkerung) und die Vorteile großbetrieblicher Organisation im vertikalen Verbund (Kostenersparnis und Marktmacht), wobei der Genos-

senschaftsverbund nach dem Subsidiaritätsprinzip arbeitet – mit dem Ziel der Stärkung der Mitgliedsunternehmen auf örtlicher Ebene – statt wie ein hierarchisch konstruierter Konzern zur Umsetzung der Konzernstrategie.

Genossenschaftliche Zusammenarbeit erlaubt die Schaffung neuer Einkommensquellen in der örtlichen und regionalen Wirtschaft und Stärkung der örtlichen Wertkette.

Die Förderung von Selbsthilfeorganisationen ist breiter anzulegen. Nicht nur in den klassischen Bereichen von Landwirtschaft, Kredit und Konsum sind Genossenschaftsgründungen zu fördern. Neue Aufgaben entstehen auch für soziale Genossenschaften, Gesundheits- und Ausbildungsdienste, Organisationen zum sparsamen Umgang mit knappen Ressourcen (effiziente Wassernutzung, Recycling, erneuerbare Energien). Um diesen neuen Herausforderungen erfolgreich zu begegnen, bedarf es eines *klaren Konzeptes* und einer *realistischen Einschätzung des Potenzials* von Genossenschaften. Wichtigste Voraussetzung für den Erfolg von Genossenschaftsförderung ist aber eine langfristige *Ausbildung von* qualifizierten und motivierten *Promotoren und Multiplikatoren.*

Grundelement echter genossenschaftlicher Aktivitäten ist die freiwillige (private) Selbsthilfe in Gruppen, durch die Einzelne erreichen können, was sie allein nicht leisten könnten. Der Selbsthilfemechanismus macht Genossenschaften für Einzelne, aber auch für Politiker und Regierungen attraktiv, weil die Mitgliedschaft in einer Genossenschaft den Beteiligten spürbare wirtschaftliche und/oder soziale Vorteile bringt, als Gegenleistung für Beiträge und übernommene Verpflichtungen. Genossenschaften wachsen, wenn sie zusätzliche Personen als Mitglieder anziehen. Sie schrumpfen, wenn Mitglieder sie verlassen, weil die Genossenschaftsvorteile kleiner sind als die geforderten Beiträge.

Für die Entwicklungspolitik sind also Genossenschaften von großem Interesse, weil sie geeignet sind, örtliche Ressourcen für örtliche Entwicklung zu mobilisieren und weil sie relativ Arme und Benachteiligte (aber Genossenschaftsfähige) erreichen können, indem sie ihnen Chancen zur Teilnahme geben (Prinzip der offenen Tür).

Personen ohne eigene Ressourcen, die von externer Hilfe abhängig sind, können sich nicht selbst helfen. Im Rahmen von Genossenschaftsförderung ist wichtig, zunächst bei potenziellen Mitgliedern deren Selbsthilfe- und Genossenschaftsfähigkeit zu entwickeln, durch Information, Ausbildung, Weiterbildung oder Integration in Gruppen. Wer glaubt, dass Genossenschaften generell den Armen helfen, verkennt die Eigenart der Genossenschaft als Selbsthilfeorganisation. Durch organisierte Zusammenarbeit können sich die relativ Armen, aber Selbsthilfefähigen individuell und gemeinsam aus der Armut herausarbeiten. Direkte externe Förderung von Genossenschaften durch das Angebot von finanzieller Unterstützung, Subventionen oder Privilegien führt in der Regel nicht zu den erhofften Ergebnissen.

Durch Schaffung günstiger Rahmenbedingungen für Genossenschaften können Regierungen einen genossenschaftlichen Selbsthilfemechanismus mit positiven wirtschaftlichen und sozialen Effekten in Gang setzen, der dazu beiträgt, soziale, wirtschaftliche und politische Spannungen zu verringern und diejenigen, die „genossenschaftsfähig" sind, zur Zusammenarbeit anzuregen.

Ein positives *politisches Umfeld* bedeutet:

▷ Autonome Selbsthilfeorganisationen zuzulassen und Staatskontrolle zu reduzieren;
▷ Entwicklungsprogramme zur Entwicklung von Selbsthilfefähigkeit marginaler Gruppen anzubieten.

Ein günstiges *rechtliches Umfeld* bedeutet:

▷ Partizipative Gesetzgebung, d. h. Beteiligung der Bürger und ihrer Organisationen an der Entwicklung von Rechtsrahmen für organisierte Selbsthilfe,
▷ Anerkennung von Genossenschaften als private Selbsthilfeorganisationen,
▷ Ausbildung qualifizierter und motivierter Genossenschaftspromotoren,
▷ möglichst geringer Gründungsaufwand, damit Gründer nicht von der Wahl dieser Rechtsform abgehalten werden sowie

▷ Satzungsautonomie, die es erlaubt, die allgemeinen Vorschriften des Genossenschaftsrechts an die Bedürfnisse der einzelnen Genossenschaft anzupassen.

4 Transnationale Zusammenarbeit von Verbünden und Verbänden

Die Zusammenarbeit in Genossenschaften macht nicht an den nationalen Grenzen halt, besonders nicht im Zeitalter der Globalisierung. Zu den ältesten *internationalen Genossenschaftsunternehmen* zählen z. B. die Skandinavische Großeinkaufsgesellschaft der nationalen Einkaufszentralen der *Konsumgenossenschaften* von Dänemark, Finnland, Island, Norwegen und Schweden (NAF), die 1918 mit Sitz in Kopenhagen gegründet wurde und neben dem gemeinsamen Einkauf insbesondere in Übersee auch Plantagen, Transportdienste und Warenproduktion betrieb. Auf dem Handelssektor fusionierte die dänische Genossenschaftskette FDB, die landesweit Geschäfte mit Konsumwaren für den täglichen Bedarf unterhält, mit den Konsumgenossenschaften in Norwegen und Schweden. Sie gründeten eine neue gemeinsame Aktiengesellschaft, COOP Norden AB, die ihre Geschäfte am 1. Januar 2002 aufnahm. Nachfolgeorganisation ist die Coop Norden mit Sitz in Stockholm. Nach ähnlichem Muster arbeitet seit 1954 die Skandinavische genossenschaftliche Exportgesellschaft (NAE), deren Mitglieder die Zentralen der Konsumgenossenschaften der skandinavischen Länder sind und die Überschüsse aus ihrer Eigenproduktion über die NAE vermarkten.

Im Bereich der *landwirtschaftlichen Genossenschaften* wurde 1929 die Internationale Landwirtschaftliche Genossenschaft InterCoop GA mit Sitz in Rotterdam und 16 Mitgliedsorganisationen (neben den skandinavischen Ländern auch aus Belgien, Luxemburg, der Schweiz, Österreich und Argentinien) errichtet. Sie beschafft für ihre Mitglieder Bedarfsartikel für landwirtschaftliche Betriebe und vermittelt derartige Ankäufe.

Versuche, auf europäischer Ebene gemeinsame Unternehmen nationaler Genossenschaftsbanken zu gründen, waren bisher nicht erfolgreich. Es bestehen aber finanzielle *Verflechtungen über nationale Grenzen hinweg.*

Heute gibt es zahlreiche genossenschaftliche Unternehmen, die transnational arbeiten und oft als *Genossenschaften nach nationalem Recht* des Sitzstaates gegründet sind, aber *internationale Mitglieder* haben. Beispiele sind Intersport und Nord-West Ariston. In der Europäischen Union haben besonders Zusammenschlüsse von Molkereigenossenschaften (CAMPINA), Pelztierzüchtern (Danish Fur Association) und Blumenauktionshäusern (Niederlande) die Wettbewerbshüter der EU beschäftigt. Dabei geht es um die Frage, ob Organisationen von Genossenschaften zu gemeinsamem Einkauf oder Verkauf bereits unter das Kartellverbot fallen, oder ob Zusammenschlüsse von Genossenschaften, die nach den Grundsätzen der freiwilligen Zusammenarbeit, der offenen Mitgliedschaft und ohne Ausschließlichkeitsverpflichtungen operieren, anders zu bewerten sind als Zusammenschlüsse erwerbswirtschaftlicher Unternehmen. Hier fehlt es bis heute an klaren Regeln.

Auf *Verbandsebene* ist die Lage übersichtlicher. Die nationalen Spitzenverbände sind durch *europäische Sektororganisationen* in Brüssel vertreten:

▷ landwirtschaftliche Genossenschaften durch COGECA,
▷ Volks- und Raiffeisenbanken durch die Vereinigung der europäischen Genossenschaftsbanken,
▷ gewerbliche Genossenschaften durch UGAL
▷ Konsumgenossenschaften durch EURO COOP,
▷ Wohnungsgenossenschaften durch CECODHAS und
▷ Arbeiterproduktivgenossenschaften durch CECOP.

Mit Ausnahme der Organisation der gewerblichen Genossenschaften (UGAL) haben sich diese europäischen Sektororganisationen seit 2006 mit dem Regionalbüro des Internationalen Genossenschaftsbundes für Europa in der Organisation *„Co-operatives Europe"* zusammengeschlossen. Das erlaubt ihnen, gegenüber den Organen der EU für alle angeschlossenen Genossenschaften mit einer Stimme zu sprechen und die Interessen der europäischen Genossenschaften gegenüber der EU und der Öffentlichkeit zu vertreten.

Nach einer aktuellen Statistik vertritt Co-operatives Europe 171 Mitgliedsorganisationen aus 37 der insgesamt 42 Länder Europas innerhalb und außerhalb der EU, fünf von sechs europäischen Sektororganisationen, 250.000 Genossenschaftsunternehmen mit 160 Mio. Mitgliedern und 5,4 Mio. Mitarbeitern.

5 Die Europäische Genossenschaft (SCE)

Nach langen und zähen Verhandlungen der genossenschaftlichen Sektororganisationen untereinander und mit den Institutionen der EU gibt es seit 2003 eine *EU-Verordnung* über die *Europäische Genossenschaft* (Societas Cooperativa Europea – SCE), die seit 2006 in Deutschland angewendet werden kann. Damit ziehen die Genossenschaften gleich mit anderen Organisationsformen mit eigenem Rechtsrahmen auf europäischer Ebene, der Europäischen Wirtschaftlichen Interessenvereinigung (EWIV, seit 1985) und der Europäischen Aktiengesellschaft (seit 2001).

Die Verordnung über die SCE hat kurz gefasst folgenden *Inhalt:* SCE können von mindestens fünf natürlichen und mindestens zwei juristischen Personen aus mindestens zwei verschiedenen EU-Mitgliedsstaaten errichtet werden. Ihr Zweck kann die Förderung der wirtschaftlichen und/oder sozialen oder kulturellen Interessen ihrer Mitglieder sein. Neben den nutzenden Mitgliedern kann die Satzung vorsehen, auch nicht nutzende, nur investierende Mitglieder aufzunehmen, die allerdings die nutzenden Mitglieder nicht dominieren dürfen. Die Verordnung gibt der SCE die Möglichkeit zur Wahl zwischen dem in Deutschland angewendeten dualistischen System des Organisationsaufbaus mit Vorstand und Aufsichtsrat und dem u.a. in England und Frankreich üblichen monistischen System mit einem Verwaltungsrat als einzigem Leitungs- und Kontrollorgan.

Der genossenschaftliche Geschäftsanteil wird bei der SCE für Investoren attraktiver gemacht. Zur Stärkung ihrer Kapitalbasis können die SCE in ihrer Satzung ein stabiles Mindestkapital vorsehen, das nicht durch Rückzahlungen von Geschäftsguthaben an ausscheidende Mitglieder unterschritten werden darf. Besonderes Merkmal der EU-Verordnung über die SCE ist, dass es sich um ein *Rahmengesetz* handelt, das die Ausfüllung der zahlreichen Lücken durch das Genossenschaftsrecht desjenigen EU-Mitgliedsstaates vorsieht, in dem die SCE ihren Sitz hat. Dieser neue Rechtsrahmen für transnationale genossenschaftliche Kooperation wird in der Praxis bisher noch selten genutzt.

Nach einer für die EU erarbeiteten Studie über die Anwendung der neuen SCE-Verordnung in der Praxis zeigte sich, dass es *2010 nur 18 SCE* mit weniger als 200 Mitgliedern gab. Als *Gründe für das geringe Interesse* an dieser neuen Rechtsform wurden genannt: Kompliziertheit des Rechtsrahmens, der erlaubt, aber auch fordert, europäisches und nationales Genossenschaftsrecht zu kombinieren, geringer Bekanntheitsgrad und einfacher zu realisierende Alternativen. Bereits lange vor dem Inkrafttreten der EU-Verordnung über die SCE haben zahlreiche deutsche Genossenschaften grenzüberschreitende Aktivitäten entwickelt. Beispiele sind Intersport und Ariston-Nord-West-Ring eG. Diese Genossenschaften arbeiten unter deutschem Genossenschaftsrecht mit einer Satzung, welche die Aufnahme von ausländischen Mitgliedern erlaubt.

Resümee

1. Von den unterschiedlichen Konzepten der Gründerväter der modernen Genossenschaften in England, Frankreich und Deutschland sind die *Modelle von Raiffeisen und Schulze-Delitzsch am weitesten verbreitet.*

2. Genossenschaften sind in einer weltweiten Bewegung im Internationalen Genossenschaftsbund (IGB) zusammengeschlossen. Mit seiner *Erklärung zur genossenschaftlichen Identität* hat der IGB allgemeine Beachtung gefunden.

3. Die internationale Anerkennung der Genossenschaften zeigt sich daran, dass der IGB *Beobachterstatus* in UN-Organisationen hat.

4. *Genossenschaften* können effektive *entwicklungspolitische Akteure* für wirtschaftlichen und sozialen Wandel sein, wenn ihnen ein förderliches institutionelles, rechtliches und wirtschaftliches Umfeld geboten und auf direkten Einfluss von außen verzichtet wird.

Verzeichnis der Abbildungen

Autorenverzeichnis

Grosskopf, Werner

Prof. Dr. Werner Grosskopf, Studium der Wirtschaftswissenschaften an den Universitäten Göttingen und Saarbrücken (1963–1967), Promotion zum Dr. sc. agr. in Göttingen (1970), Gastwissenschaftler an der University of California, Berkeley (1970–1971), Dozent an der Hochschule für Wirtschaft und Politik in Hamburg (1971–1973), Professur für Marktlehre an der Universität Göttingen (1973–1981), Professur für Wirtschafts- und Agrarpolitik an der Universität Stuttgart-Hohenheim (1981–2006), Leiter der Forschungsstelle für Genossenschaftswesen an der Universität Stuttgart-Hohenheim (1982–2007).
E-Mail: w_grosskopf@web.de

Münkner, Hans-H.

Prof. Dr. Hans-H. Münkner, Studium der Rechtswissenschaften an den Universitäten Marburg, Mainz und Berlin (1955–1961), Promotion zum Dr. iur. mit einer Arbeit über afrikanisches Genossenschaftsrecht an der Philipps-Universität Marburg/Lahn (1970), Professor für in- und ausländisches Gesellschaftsrecht und Genossenschaftslehre an der Philipps-Universität Marburg/Lahn (1972–2000), Geschäftsführender Direktor des Instituts für Kooperation in Entwicklungsländern der Philipps-Universität Marburg/Lahn (1991–2000).
E-Mail: muenkner@mailer.uni-marburg.de

Ringle, Günther

Prof. Dr. Günther Ringle, Industriekaufmann, Studium der Wirtschaftswissenschaften an den Universitäten Saarbrücken und Hamburg (1961–1965), Promotion zum Dr. rer. pol. (1968) in Hamburg, Habilitation an der Universität Freiburg/Schweiz (1980), Vertretungsprofessur für Marketing an der Hochschule für Wirtschaft und Politik in Hamburg, Professor für Allgemeine Betriebswirtschaftslehre und Genossenschaftsbetriebslehre an der Universität Hamburg, Leiter des Arbeitsbereichs Genossenschaftswesen der Universität Hamburg (1993–2005), Mitherausgeber der Zeitschrift für das gesamte Genossenschaftswesen (2001–2016).
E-Mail: guenther@ringle-online.de

Literaturhinweise

Beuthien, Volker: Die eingetragene Genossenschaft im Strukturwandel, Marburger Schriften zum Genossenschaftswesen Band 98, Göttingen 2003.

Beuthien, Volker/Dierkes, Stefan/Wehrheim, Michael: Die Genossenschaft – mit der Europäischen Genossenschaft, Berlin 2008.

Beuthien, Volker/Hanrath, Stephanie/Weber, Heinz-Otto: Mitglieder-Fördermanagement in Genossenschaftsbanken. Analysen, Erläuterungen und Gestaltungsempfehlungen aus ökonomischer, rechtlicher und steuerlicher Sicht, Marburger Schriften zum Genossenschaftswesen Band 106, Göttingen 2008.

Beuthien, Volker/Schöpflin, Martin: Genossenschaftsgesetz mit Umwandlungs- und Kartellrecht sowie Statut der Europäischen Genossenschaft, 16. Aufl., München 2017.

Blisse, Holger: Differenzierungspotenzial in der genossenschaftlichen Kooperationsform, in: Hans-H. Münkner/Günther Ringle (Hrsg.): Alleinstellungsmerkmale genossenschaftlicher Kooperation – Der Unterschied zählt, Göttingen 2008, S. 53–66.

Blome-Drees, Johannes: Genossenschaftslehre und Genossenschaftspraxis. Plädoyer für eine systemtheoretische Betrachtung, Regensburg 2003.

Blome-Drees, Johannes/Schmale Ingrid: Unternehmenskultur von Genossenschaftsbanken. Eine empirische Untersuchung, Neue Kölner Genossenschaftswissenschaft Band 1, hrsg. von Hans-Jürgen Rösner/Frank Schulz-Nieswandt, Münster 2004.

Blome-Drees, Johannes: Authentizität und Förderorientierung. Grundsätzliche Überlegungen zu einem typgerechten Management von Genossenschaftsbanken, in: Hans-H. Münkner/Günther Ringle (Hrsg.): Alleinstellungsmerkmale genossenschaftlicher Kooperation – Der Unterschied zählt, Göttingen 2008, S. 194–219.

Blümle, Ernst-Bernd: Der Förderauftrag als Mission der Genossenschaft, in: Robert Purtschert (Hrsg.): Das Genossenschaftswesen in der Schweiz, Bern/Stuttgart/ Wien 2005, S. 219–242.

Böök, Sven Ake: Genossenschaftliche Werte in einer sich wandelnden Welt. Bericht an den IGB-Kongress vom Oktober 1992 in Tokio, hrsg. vom Internationalen Genossenschaftsbund, Genf 1992.

Boettcher, Erik: Die Genossenschaft in der Marktwirtschaft. Einzelwirtschaftliche Theorie der Genossenschaften, Tübingen 1980.

Bonus, Holger: Das Selbstverständnis moderner Genossenschaften. Rückbindung von Kreditgenossenschaften an ihre Mitglieder, Tübingen 1994.

Borns, Rainer/Hofinger Hans: Der Verbund. Die Alternative zum Konzern, Wien 2000.

Bundesministerium für Verkehr, Bau- und Wohnungswesen: Wohnungsgenossenschaften. Potenziale und Perspektiven (Bericht der Expertenkommission Wohnungsgenossenschaften), Berlin 2004, bes. Abschnitt 5.2: Kommunikation und Marketing.

Bülent, Temel (Ed.): Cooperativism around the World, Cambridge Institute Publications, New York 2017.

DGRV – Deutscher Genossenschafts- und Raiffeisenverband e.V.: Zahlen und Fakten der genossenschaftlichen Banken, Waren- und Dienstleistungsgenossenschaften 2016, Wiesbaden 2016.

Donschen, Alexander: Die genossenschaftliche Pflichtprüfung. Vergleich mit Vereins- und Aktienrecht, Bd. 81 Münstersche Schriften zur Kooperation 2008.

Dülfer, Eberhard: Betriebswirtschaftslehre der Genossenschaften und vergleichbarer Kooperative, 2. Aufl., Göttingen 1995.

Draheim, Georg: Die Genossenschaft als Unternehmungstyp, 2. Aufl., Göttingen 1955.

Europäische Kommission, Sozialwirtschaft und soziales Unternehmertum, Leitfaden, Soziales Europa 1, Teil 4, Brüssel 2013.

Faust, Helmut: Geschichte der Genossenschaftsbewegung, 3. Aufl., Frankfurt a. M. 1977.

Fehl, Ulrich: Subsidiarität in der Genossenschaft und im genossenschaftlichen Verbund, in: Thomas Brockmeier/Ulrich Fehl (Hrsg.): Volkswirtschaftliche Theorie der Kooperation in Genossenschaften, Göttingen 2007, S. 455–478.

George, Wolfgang/Berg, Thomas: Regionales Zukunftsmanagement Band 5: Energiegenossenschaften gründen und erfolgreich führen, Lengerich 2011.

Geschwandtner, Marcus/Helios, Marcus: Genossenschaftsrecht. Das neue Genossenschaftsgesetz und die Einführung der europäischen Genossenschaft, Freiburg/Berlin/München 2006.

Grosskopf, Werner: Der Förderungsauftrag moderner Genossenschaftsbanken und seine Umsetzung in der Praxis, Frankfurt a. M. 1990.

Grosskopf, Werner: Marktorientierung und Mitgliederbindung genossenschaftlichen Managements – ein Spannungsfeld der Zukunft?, in: Perspektiven des genossenschaftlichen Führungssystems, hrsg. von Armin Herrmann/Günther Ringle, Göttingen 1996, S. 33–43.

Grosskopf, Werner/Münkner, Hans-H./Ringle, Günther: Zukunftssicherung der Genossenschaften, Hamburger Beiträge zum Genossenschaftswesen Heft 19, Hamburg 1998.

Göler von Ravensburg, Nicole: Gesellschaftlicher Auftrag für Genossenschaften?, in: Günther Ringle/Nicole Göler von Ravensburg: Der genossenschaftliche Förderauftrag, Wismarer Diskussionspapiere 4/2010, S. 30–45.

Göler von Ravensburg, Nicole: Sozialgenossenschaften in Deutschland. Eine diskursgeleitete phänomenologische Annäherung, in: Zeitschrift für das gesamte Genossenschaftswesen Band 65 (2015), S. 135–154.

Hammerschmidt, Michael: Kundenbindung durch Mitgliedschaft in Genossenschaftsbanken, Band 58 Münstersche Schriften zur Kooperation, Aachen 2003.

Harbrecht, Wolfgang: Zukunftsaufgaben der Genossenschaften im wirtschaftlichen Wandel, in: Die Genossenschaften an der Jahrtausendwende, Veröffentlichungen der DG BANK Deutsche Genossenschaftsbank Band 21, Frankfurt a. M. 2000, S. 18–56.

Henzler, Reinhold: Der genossenschaftliche Grundauftrag: Förderung der Mitglieder. Gesammelte Abhandlungen und Beiträge, Veröffentlichungen der Deutschen Genossenschaftskasse Band 8, Frankfurt a. M. 1970.

Kneußel, Hubert: Kooperation und Partizipation im Energiesektor Deutschlands. Eine Analyse von Energiegenossenschaften und sozialer Bewegung, Wismarer Schriften zu Management und Recht Band 73, Bremen 2014.

Kramer, Jost W.: Erfolgsaspekte genossenschaftlichen Wirtschaftens aus betriebswirtschaftlicher Perspektive, Heft 14/2007, Wismar.

Kring, Thorn/Walther, Gerhard: Wider die Glaubwürdigkeitsdefizite in der Führung: Ansätze zur Revitalisierung der genossenschaftlichen Mitarbeiterführung, in: Zeitschrift für das gesamte Genossenschaftswesen, Sonderheft 2012, S. 49–63.

Laurinkari, Juhani/Schediwy, Robert/Todev, Tode (Hrsg,): Genossenschaftswissenschaft zwischen Theorie und Geschichte, Festschrift für Johann Brazda, Bremen 2014.

Mändle, Eduard/Swoboda, Walter (Hrsg.): Genossenschaftslexikon, Wiesbaden 1992.

Mändle, Markus: Existenz und Entwicklung von Wohnungsgenossenschaften. Eine Analyse unter besonderer Berücksichtigung der Neuen Institutionenökonomik und der Gesamtleistungstheorie, Stuttgart-Hohenheim 2000.

Münkner, Hans-H.: Genossenschaftliche Identität und Identifikation der Mitglieder mit ihrer Genossenschaft, Frankfurt a. M. 1990.

Münkner, Hans-H.: (Hrsg.): „Nutzerorientierte" versus „Investororientierte" Unternehmen. Argumente für eine besondere Betriebswirtschaftslehre förderungswirtschaftlicher Unternehmen, Marburger Schriften zum Genossenschaftswesen 97, Göttingen 2002.

Münkner, Hans-H.: Instrumente zur Lösung genossenschaftsspezifischer Finanzierungsprobleme, in: Münkner, Hans-H./Ringle, Günther (Hrsg.): Zukunftsperspektiven für Genossenschaften, Bausteine für typgerechte Weiterentwicklung, Bern/Stuttgart/Wien 2006, S. 237–256.

Münkner, Hans-H.: Internationale Ausstrahlung von Hermann Schulze-Delitzsch und Friedrich Wilhelm Raiffeisen, in: Historischer Verein des bayerischen Genossenschaftsverbandes (Hrsg.): Hermann Schulze-Delitzsch zum 200sten Geburtstag und Friedrich Wilhelm Raiffeisen zum 190sten Geburtstag – Verwirklichung einer Idee, Schriftenreihe zur Genossenschaftsgeschichte Band 9, München 2009, S. 84–106.

Münkner, Hans-H.: Organisiert Euch in Genossenschaften! Anders Wirtschaften für eine bessere Welt, Kölner Beiträge zum Genossenschaftswesen Band 5, Berlin 2014.

Münkner, Hans-H./Ringle, Günther: Neue Genossenschaften und innovative Aktionsfelder. Grundlagen und Fallstudien, Marburger Schriften zur genossenschaftlichen Kooperation Band 108, Baden-Baden 2010.

Paulick, Heinz: Das Recht der eingetragenen Genossenschaft, Karlsruhe 1956.

Purtschert, Robert/Beccarelli, Claudio: Mitgliederförderung – ein unausgeschöpftes Marketinginstrument im Genossenschaftsmanagement, in: Zeitschrift für das gesamte Genossenschaftswesen, Band 55 (2005), S. 114–122.

Raiffeisen, Friedrich Wilhelm: Die Darlehnskassen-Vereine als Mittel zur Abhilfe der Noth der ländlichen Bevölkerung sowie auch der städtischen Handwerker und Arbeiter, 1. Aufl., Neuwied 1866.

Ringle, Günther: Aktive Mitgliedschaft – ein strategischer Wettbewerbsvorteil für Genossenschaften, in: Münkner, Hans-H./Ringle, Günther (Hrsg.): Zukunftsperspektiven für Genossenschaften. Bausteine für typgerechte Weiterentwicklung, Bern/Stuttgart/Wien 2006, S. 153–177.

Ringle, Günther: Der Faktor „Vertrauen" in Genossenschaften, in: Zeitschrift für das gesamte Genossenschaftswesen Band 57 (2007), S. 284–298.

Ringle, Günther: Der genossenschaftliche Förderauftrag: Missverständnisse und Präzisierungsversuche, in: Zeitschrift für das gesamte Genossenschaftswesen Band 60 (2010), S. 176–190.

Ringle, Günther: Neugründungen stärken das Image der eG-Unternehmensform, in: Münkner, Hans-H./Ringle, Günther (Hrsg.): Neue Genossenschaften und innovative Aktionsfelder. Grundlagen und Fallstudien, Baden-Baden 2010, S. 11–22.

Ringle, Günther: Analyse der Relevanz genossenschaftlicher Werte, in: Zeitschrift für das gesamte Genossenschaftswesen Band 63 (2013), S. 277–289.

Ringle, Günther/Keebingate, Frank: Die Fusion – eine Wachstumsstrategie der Primärgenossenschaften zwischen Chance und Risiko, Hamburger Beiträge zum Genossenschaftswesen Heft 26, Hamburg 2001.

Roth, Katja: Corporate Citizenship von Kreditgenossenschaften in Deutschland. Eine empirische Studie, Neue Kölner Genossenschaftswissenschaft Band 3, Berlin 2006.

Schmale, Ingrid (Hrsg.): Zur Diffusion der Genossenschaften in neue Geschäftsfelder, Neue Kölner Genossenschaftswissenschaft Band 11, Berlin 2016.

Schmale, Ingrid/Blome-Drees, Johannes (Hrsg.): Genossenschaft innovativ. Genossenschaften als neue Organisationsform in der Sozialwirtschaft, Wiesbaden 2017.

Schulze-Delitzsch, Hermann: Associationsbuch für deutsche Handwerker und Arbeiter, Leipzig 1853.

Stappel, Michael: Zur Aktualität der Genossenschaftsidee, in: Zeitschrift für das gesamte Genossenschaftswesen Band 50 (2000), S. 38–48.

Stappel, Michael: Die deutschen Genossenschaften. Entwicklungen – Meinungen – Zahlen, Ausgaben 2001–2016, Wiesbaden.

Steding, Rolf: Der Förderzweck – nach wie vor punctum saliens der genossenschaftlichen Rechtsform? Ein Diskussionsbeitrag zu einem fundamentalen Aspekt der Reform des GenG, in: Zeitschrift für das gesamt Genossenschaftswesen Band 51 (2001), S. 131–138.

Steding, Rolf: Mitgliederbindung – identitätsstiftendes Merkmal der Genossenschaft, in: Gewerbliche Genossenschaft 3/2003, S. 13–14.

Taisch, Franco/Jungmeister, Alexander/Gernet, Hilmar: Genossenschaftliche Identität und Wachstum, Bericht der XVIII. Internationalen Tagung IGT 2016 in Luzern, St. Gallen 2016.

Theurl, Theresia: Genossenschaftliche Mitgliedschaft und Member Value als Konzepte für die Zukunft, in: Zeitschrift für das gesamte Genossenschaftswesen Band 55 (2005), S. 136–145.

Theurl, Theresia: Gesellschaftliche Verantwortung von Genossenschaften durch Member Value-Strategien, in: Zeitschrift für das gesamte Genossenschaftswesen Band 63 (2013), S. 81–94.

Theurl, Theresia/Schweinsberg, Andrea: Neue kooperative Ökonomie. Moderne genossenschaftliche Governancestrukturen, Tübingen 2004.

Tschöpel, Michael: Operationalisierungsversuche des Förderauftrages – Ergebnisse und Implikationen einer Literaturstudie, Göttingen 2010.

Zerche, Jürgen/Schmale Ingrid/Blome-Drees, Johannes: Einführung in die Genossenschaftslehre. Genossenschaftstheorie und Genossenschaftsmanagement, München/Wien 1998.